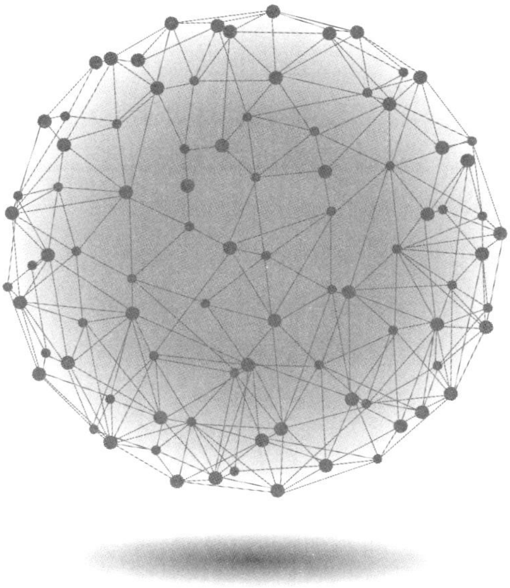

深圳市人文社会科学重点研究基地成果
国家高端智库综合开发研究院（中国·深圳）出品

未来产业发展的全球模式和主要演化路径研究

Future Industries: Global Patterns and Main Evolution Paths

马朝良◎著

中国经济出版社
CHINA ECONOMIC PUBLISHING HOUSE
北京

图书在版编目（CIP）数据

未来产业发展的全球模式和主要演化路径研究/ 马朝良著. --北京：中国经济出版社，2024. 12.

ISBN 978-7-5136-7984-8

Ⅰ. F269. 1

中国国家版本馆 CIP 数据核字第 2024YR0944 号

责任编辑　赵静宜
责任印制　马小宾
封面设计　久品轩

出版发行　中国经济出版社
印 刷 者　北京艾普海德印刷有限公司
经 销 者　各地新华书店
开　　本　710mm×1000mm　1/16
印　　张　13
字　　数　220 千字
版　　次　2024 年 12 月第 1 版
印　　次　2024 年 12 月第 1 次
定　　价　98. 00 元
广告经营许可证　京西工商广字第 8179 号

中国经济出版社 **网址** http：//epc. sinopec. com/epc/ **社址** 北京市东城区安定门外大街 58 号 **邮编** 100011

本版图书如存在印装质量问题，请与本社销售中心联系调换（联系电话：010-57512564）

前　言

未来产业是基于前沿重大科技创新而形成的产业，是面向未来社会需求并决定产业竞争力和区域竞争力的前瞻性产业，是处于萌芽期和成长初期但能够对经济体系起到关键性、支撑性和引领性作用的战略性先导产业。全球科技竞争加剧，高端技术国际封锁势头明显，未来产业作为新质生产力的重要载体和现代化产业体系的重要组成部分，在推动长期经济发展，确保关键核心技术、供应链环节自主可控等方面，发挥重要的战略作用。

未来产业代表着科技和产业长期发展方向，包含了多个赛道和领域。从“十四五”规划纲要到中央经济工作会议，再到工信部等七部门联合发布的《关于推动未来产业创新发展的实施意见》，提出了多个未来产业的领域。结合全球科技创新、产业发展趋势以及我国自身发展优势，需要统筹下好“先手棋”，因地制宜，找准未来产业着力点，加快培育新质生产力。本书梳理了元宇宙、脑机接口、量子信息、人形机器人、生成式人工智能、生物制造、未来显示、未来网络和新型储能等九大未来产业的内容及关键技术，并介绍了未来制造、未来信息、未来材料、未来能源、未来空间和未来健康等未来产业六大赛道和具体细分领域，为读者详细介绍了未来产业的内容及可能的发展方向。

纵观历史，历次未来产业发展进程都深刻改变了国家力量与国际竞争格局。近年来，美国、欧盟、日本、韩国等发达国家和组织都积极推进前沿技术与未来产业的战略预见，出台实施了一系列战略规划、法规法案、投资计划及政策举措，对我国前瞻布局未来产业发展具有重要借鉴意义。

发展未来产业需要明确战略目标，聚焦关键领域，特别是在全球竞争最为激烈的高端技术和核心技术上实现突破。未来产业的发展应围绕中国当前科技的“卡脖子”问题，明确分阶段发展的重点领域，近期可重点发展人工智能、量子计算、生物技术、新能源等领域，制订有针对性的技术攻关计划，推动这些领域实现自主可控。

创新生态系统为未来产业提供了一个综合性的平台，可以聚集科研、产业、政府、资本和人才等多方面的资源与力量，促进技术的商业化与市场应用，推动跨行业协作与产业融合。本书提出了未来产业创新生态系统体系，并提出了创新链、产业链、资金链、人才链、政策链和技术链“六链融合”框架，通过多维度的协同，实现未来产业技术突破和成果转化。

基于对“六链融合”的解构分析，本书从产业链协同创新、新型研发机构、综合性国家科学中心、区域创新体系、新型举国体制等角度提出了多条推动未来产业发展和演化的路径。第一，要充分发挥企业主体作用，尤其是龙头企业的作用，推动产业链协同创新。第二，借鉴发达国家的经验，大力发展新型研发机构，引领关键技术创新和未来产业成果转化。第三，充分利用综合性国家科学中心和科学城的战略作用，为未来产业提供从基础研究到产业集群发展等全链条的支撑。第四，通过完善国家创新体系和区域创新体系，为未来产业提供高质量发展的动力源。第五，可以利用新型举国体制的优势，重点应用到部分事关国家重大安全的关键技术领域，加快实现科技自立自强。

未来产业发展既关系到我国竞争新优势的塑造，又关系到我国能否抓住全球产业结构和布局调整过程中孕育的新机遇，在激烈的国际竞争中赢得主动。本书提出了一系列加快未来产业发展的建议，包括培育科技领军企业、加强产业链上下游协同、提升新型研发机构水平、推动综合性国家科学中心建设、优化区域创新布局等，为我国未来产业发展提供了系统的政策建议与实施路径。

未来已来，时不我待。无论是从科技水平和能力还是从新兴产业培育的历程来看，我国都已具备超前布局未来产业的能力和基础。未来，要瞄准未来科技和产业发展制高点，把握未来产业的方向重点，以颠覆性技术和前沿技术催生未来产业，培育发展新质生产力，增强发展新动能，打造引领带动经济社会发展的未来引擎。

希望本书梳理的素材、做出的分析以及提出的观点能为读者带来一些启示。书中难免有疏漏及不足之处，敬请读者予以包容并提出建议。

马朝良
2024 年 10 月 9 日

目　录

第一章　未来产业概述

当前，新一轮科技革命和产业变革加速演进，伴随重大前沿技术、颠覆性技术持续涌现，科技创新和产业创新融合持续深化，不断催生出未来产业发展的新领域新赛道。未来产业不仅是我国打造全球竞争新优势、抢占国际竞争制高点的战略"先手棋"，也是我国打造经济增长新引擎、建设现代化产业体系的关键"胜负手"。随着我国经济由高速增长阶段转向高质量发展阶段，培育未来产业在我国建设现代化产业体系中的重要性进一步提升。

一、未来产业发展的时代背景

1. 新一轮科技革命和产业变革深度演进

进入21世纪以来，全球科技创新进入空前密集活跃的时期，新一轮科技革命和产业变革正在重构全球创新版图、重塑全球经济结构。这一轮革命不同于以往，它不以具体生产工具为标志，而是以系统性突破为特征。习近平总书记强调，关键技术交叉融合、群体跃进是第四次产业革命的特点。这一革命的标志性转变是"知识经济"，即知识创新成为经济发展的第一驱动力，机器可以从事"非常规性脑力劳动"。

近年来，以人工智能、量子信息、移动通信、物联网、区块链为代表的新一代信息技术加速突破应用。习近平总书记高度重视以合成生物制造为代表的未来产业，强调"以合成生物学、基因编辑、脑科学、再生医学等为代表的生命科学领域孕育新的变革""要瞄准世界科技前沿，抓住大趋势，下好'先手棋'"。以融合机器人、数字化、新材料为代表的先进制造技术也正在加速推进制造业向智能化、服务化、绿色化转型，并催生出一批先进制造业集群。科技与经济、社会、文化、生态深入协同发展，以科技创新推动可持续发展，成为破解各国关心的一些重要全球性问题的必由之路。

科技创新促进了学科之间的交叉与融合，传统学科边界逐渐模糊，新兴交叉学科不断涌现。生物信息学、纳米医学、量子金融等新兴交叉学科的出现，不仅推动了相关领域的快速发展，还促进了跨学科研究方法的创新和应用。这种学科交叉与融合的趋势，为科技创新提供了更加广阔的空间和更加丰富的资源。

新一轮科技革命和产业变革还加剧了国际竞争态势，高技术领域已经成为各国竞相角逐的焦点。为了抢占科技制高点和市场份额，各国纷纷加大科技创新投入和政策支持力度。随着前沿技术的不断突破和应用场景的拓展以及学科交叉与融合的深入发展，未来技术创新将持续加速并呈现出更加多元化和复杂化的特点。

2. 前沿和颠覆性技术迭代加速

在新一轮科技革命的推动下，一批新兴产业迅速崛起并成为经济增长的新动力。信息技术、生物技术、新材料技术、新能源技术等领域取得突破性进展，正在重塑全球创新版图和经济格局。人工智能产业、量子信息产业等新兴产业以其独特的技术优势和广阔的市场前景，吸引了大量资本和人才的涌入。前沿技术和颠覆性技术的发展不仅催生新的产业，还对现有产业结构和商业模式产生深刻影响，推动着产业的转型升级。人工智能作为其中的佼佼者，不仅在算法、算力、数据等方面取得了显著成就，还逐渐广泛应用于智能制造、智慧城市、智慧医疗等多个领域，极大地提升了生产效率和服务质量。量子信息技术作为未来科技的“颠覆者”，在量子计算、量子通信、量子测量等领域展现出巨大潜力，有望引领新一轮信息技术革命。高盛预测，到 2035 年全球人形机器人市场规模有望达到 1540 亿美元，呈指数级增长态势。麦肯锡也预测全球脑机接口医疗应用的潜在市场规模到 2030 年有望达到 400 亿美元，市场规模不断壮大。在“十五五”期间，前沿和颠覆性技术迭代将继续加速，一系列的新技术新业态将不断涌现，还可能呈现喷发态势，从发明到技术创新再到产业落地的窗口期将进一步收窄。

面对新兴产业的冲击和市场需求的变化，传统产业纷纷开始数字化转型升级。从国家到地方都在积极推动实施“智改数转”（智能化改造和数字化转型）战略，应用新一代信息技术，如大数据、云计算、人工智能等，对传统制造业进行全方位、深层次的改造和升级，实现生产过程的智能化、数字化和网络化，提升企业的竞争力，推动产业的转型升级。通过引入数字技术、智能装备和工业互联网等先进技术手段，不仅实现了传统产业生产过程的智能化、网络化和协同化，也增强了企业的竞争力和可持续发展能力。

3. 前沿科技竞争加剧带来更多国际合作的不确定性

在当前的科技竞争格局中，全球进入创新密集和产业振兴时代，各国越来越重视前沿科技创新能力的提升，对于一些关键和新兴技术领域的重视度也越来越高。人工智能、量子计算、生物技术等领域的突破，不仅推动了科技进步，也带来了全球范围内的竞争与合作。一方面，大数据、物联网、人工智能、区块链等数字技术仍处于技术爆发阶段，这些技术已经展现出良好发展前景，吸引了大量投资，并促进了对数据资源价值的发掘。数据已成为关键生产要素和战略性资源，科技创新和生产对数据的依赖程度将越来越高。另一方面，国际创新格局正在重塑，世界创新重心逐步向东转移。随着全球经济重心的转移，部分研发和创新活动也逐渐向新兴经济体转移。亚洲特别是东亚，将成为全球研发和创新密集区，未来可能产生若干具有世界影响力的创新中心。

随着技术迭代的加速，国际合作在某些领域面临着不确定性逐渐增加的挑战。各国和众多企业纷纷加大研发投入，争夺技术制高点，以期在未来科技竞争中占据有利地位。一些国家出于战略和安全考虑，在保护自身技术安全的同时，也对与其他国家的技术合作持谨慎态度，开始构建技术联盟，推动技术供应链的重组，这在一定程度上影响了全球科技合作的稳定性和开放性。以美国为代表的一些国家通过出口管制和经济制裁等手段，限制关键技术的传播和应用，试图阻碍中国等国家发展先进科技的步伐，进一步加剧了国际合作的不确定性。

从长期看，海外封锁并不能遏制中国的技术进步。在中国与全球科技合作进程中，中国本土大市场优势是不容忽视的条件，也是维系中国与海外合作的重要筹码。这一点在未来产业领域表现得尤为突出，未来产业的新技术成果离不开中国的大市场优势，中国强大的生产制造配套能力也是未来产业落地应用的重要支撑。

全球科技合作仍然是推动科技进步和经济发展的重要力量，始终是应对人类共同挑战、把握新技术革命和产业变革红利的重要途径。未来，随着各国对科技合作重要性认识的不断提高，以及国际科技合作机制的不断完善，前沿科技领域的国际合作有望取得更多成果。

二、未来产业的内涵与特征

1. 什么是未来产业？

目前，未来产业尚处于萌芽期，相关学术研究也处于起步发展阶段。国内外权威机构和学者对于未来产业的概念和范围界定尚未达成一致，但对于未来产业特点、演化趋势等基本形成了相对统一的认识。

学术界认为未来产业立足多学科交叉知识基础，发展潜力和社会价值巨大。丛知在 2005 年研究提出了未来产业的特征和理论基础，认为未来产业是在后资本主义社会科技知识和全球化背景下，因融入科学、工程、技术、社会等而无法归类到哪一个特定产业部门，具有巨大发展潜力并能满足人们新的社会价值观的重要经济组织形式，其产业主要具有正外部性、以知识为基础应用、关联性强、创新性强等特征。余东华（2020）研究认为未来产业是重大科技创新产业化后形成的、代表未来科技和产业发展新方向、对经济社会具有支撑带动和引领作用的前瞻性新兴产业，其界定标准包括新技术标准、潜在需求标准、产业成长性标准、未来竞争力标准和产业带动引领标准。李晓华和王怡帆（2021）认为，未来产业是受前沿技术推动，以满足经济社会不断升级的需求为目标，代表科技和产业长期发展方向，未来对国民经济形成重要支撑和带动作用，当前尚处于孕育孵化阶段的新兴产业，与战略性新兴产业等概念既有联系又有区别。王小林和谢妮芸（2023）提出，未来产业由前沿科技和颠覆性技术创新引领，并在重大国计民生领域交叉融合应用，以大数据和知识为关键生产要素，将对人类社会生产、生活和治理方式变革以及可持续发展产生重大影响。

从实践看，“未来产业”的概念来自世界各国和地方政府的产业发展实践。美国政府在 20 世纪就启动了未来产业计划。1993 年，美国能源部（DOE）与工业技术办公室（OIT）为了提高能源和资源效率，启动实施了未来产业计划（Industries of the Future，IOF）。2019 年，美国白宫科技政策办公室发布《美国将主导未来产业》报告，将未来产业作为国家战略，重点部署人工智能、先进制造业、量子信息科学和 5G 通信技术，也使得未来产业再次成为焦点。美国在 2021 年正式发布战略咨询报告，明确提出“未来产业”概念，并从科技创新、基金支持、财政预算等方面给未来产业提供了配套政策措施。欧盟在 2009 年就启动了“未来工厂”计划，主要支持先进生产技术等方面的研究开发工作。为了提升在人工智能领域的全球竞争力，欧盟近期还宣布将建立人工智能工厂，围绕隶属于“欧洲高性能计算联合体”的超级计算机而建立，未来将向初创企业、各行业及研究人员等欧洲用户开放。

自 2014 年中央经济工作会议首次提出“探索未来产业发展方向”之后，我国各级政府围绕未来产业作出一系列部署。“十四五”规划中提出要发展未来产业，2023 年以来，未来产业已经成为培育新质生产力的重要载体。2024 年 1 月，工信部等七部门出台《关于推动未来产业创新发展的实施意见》，提出未来产业由前沿技术驱动，当前处于孕育萌发阶段或产业化初期，是具有显著战略性、引领性、颠覆性和不确定性的前瞻性新兴产业。大力发展未来产业，是引领科技进步、带动产业升级、培育新质生产力的战略选择。也有一些研究认为，未来产业是面向未来、围绕重大产业变革前景的颠覆性技术，是具有前瞻性、战略性和引领性的创新型产业，是指建立在重大技术突破或重大发展需求基础上，代表未来科技和产业发展新方向，目前尚处于孕育阶段或爆发式增长的前期，未来发展潜力巨大，对经济社会具有全局带动和重大引领作用的产业。

腾讯研究院《数字化转型指数报告 2023》将未来产业归纳为信息、能源、制造、材料、空间和生物六个领域，并筛选出 5.5 万家未来产业领域的企业。ICV TAnK 在 2023 年发布了首个年度全球未来产业发展指数报告《GFII 2022》，将 2022 年的年度“未来产业”定义为量子信息、绿色能源、机器人、元宇宙、先进通信、生物技术六大领域。2024 年 2 月，ICV 发布了《GFII 2023》，将 2023 年度“未来产业”定义为量子信息、深海深空、人工智能、可控核聚变、仿人机器人、神经科学与神经形态智能、先进互联、生物技术八大领域。

综合学者们的研究和工信部的概念界定，本书认为，未来产业是基于前沿重大科技创新而形成的产业，是面向未来社会需求并决定产业竞争力和区域竞争力的前瞻性产业，是处于萌芽期和成长初期但能够对经济体系起到关键性、支撑性和引领性作用的战略性先导产业。未来产业是大国博弈的竞争焦点，也是塑造未来世界的决定性力量。

2. 未来产业有什么特征?

和一般传统产业相比，未来产业特征明显。未来产业的发展不仅是技术和产业的革新，也是社会制度、法律体系、文化习俗、社会网络、营商环境和创业氛围等软性因素，以及基础设施、金融资本、人力资源、技术与经济存量等硬性因素的全面革新。把握这些特征有利于更深层次地认识、了解和区分未来产业。

一是高科技含量和创新性。未来产业通常具有较高的技术壁垒和研发投入，依赖于前沿科技的不断突破，不是简单的技术升级或迭代，而是传统技术路线的替代和创新范式的革新。人工智能、大数据、物联网、区块链、生物技术、量子计算等前沿技术迅速发展，不仅能够提升生产力，还能改变传统产业的运行方式，创造全新的商业模式和价值链。例如，人工智能技术的广泛应用不仅推动了自动驾驶、智能制造等行业的发展，还催生了个性化医疗和智能城市管理等新的服务和解决方案。

相比传统产业，未来产业强调技术创新的持续性和突破性，依赖于跨学科的科技进步，不断更新迭代，其技术壁垒较高，需要持续的研发投入和技术人才的支持。创新型企业在未来产业中占据主导地位，也要求政策制定者和企业必须具备前瞻性，以捕捉新的技术趋势和市场机会。

二是颠覆性。未来产业往往源于颠覆性技术，能够重塑产业生态，改变现有的游戏规则，是对传统技术领域和技术路线的颠覆，为传统产业带来质的飞跃，带来社会变革。未来产业通过技术创新、商业模式变革和市场需求的改变，直接影响了现有的行业结构、经济模式和社会运行方式，甚至能够彻底改变传统的产业格局。未来产业前沿技术一旦跨越产业化的“达尔文海”，就有望高速增长成为一批千亿级、万亿级先导性产业和支柱性产业。

一项颠覆性技术的出现，不仅能推动新兴产业的发展，也可能淘汰或改造传统产业，打破原有的市场格局。未来产业往往伴随着新的商业模式的诞生，这些颠覆性商业模式不仅改变了传统的市场规则，还极大地影响了消费者的行为方式和企业的运营模式，创造了全新的价值体系。未来产业的崛起可能彻底颠覆传统产业格局，甚至将一些传统行业边缘化或完全取代。例如，电动汽车的发展正在颠覆以内燃机为核心的传统汽车行业。特斯拉取得了如此大的成功，也表明，新能源技术不仅改变了车辆动力系统，更重要的是通过智能化、软件驱动和数据的深度应用，重新定义了汽车的内涵。

颠覆性不仅意味着突破性的技术进展，还伴随着社会、文化和市场的重大改变。在文化领域，未来产业催生的新兴技术正在推动数字文化产业的颠覆性变革。虚拟现实、增强现实和区块链等技术逐渐应用于游戏、影视、艺术等领域，改变了创作、传播和体验的方式，也衍生出了新的业态。

三是智能化和数字化。随着信息技术的不断进步，未来产业高度依赖于数字技术的应用和智能化转型。从生产流程到产品设计，再到市场营销和售后服务，数字化技术已经渗透到了产业链的各个环节。利用人工智能、大数据等技术，可以快速提升生产和服务的智能化水平，智能制造、智能物流、智能医疗等领域得以快速发展，正是这一特征的体现。未来的生产系统将更多依靠智能算法和数据驱动，通过物联网技术连接设备、产品和人员，可以形成一个高度自动化的生产环境。智能化不仅体现在生产过程上，还体现在产品和服务的升级上。通过人工智能和机器学习等改造，未来的产品将更具个性化和自适应性，能够根据用户的需求和环境做出实时调整。

四是融合性。未来产业的融合性表现为技术、产业、经济和社会等多个层面的相互融合与协同，未来产业不再是单一领域的进步，而是多个领域的技术与资源相互作用、互为推动，共同塑造新的经济形态和社会结构。一方面，未来产业往往表现为不同领域之间的交叉与融合。例如，人工智能与医疗的结合催生了智能医疗，5G与物联网的结合推动了智慧城市的发展。这种融合让产业链条变得更加复杂，也为创新提供了更广阔的空间。另一方面，未来产业的融合性还体现为产业之间的界限逐渐模糊，甚至消失。传统上，各产业之间的分工较为明确，而在未来产业中，跨界合作和协同创新成为常态。例如，汽车产业不再仅仅是机械制造，而是与人工智能、清洁能源、信息通信等领域的深度结合，形成智能汽车与新能源车融合的新兴产业。随着新兴产业的不断发展，传统的产业边界变得越来越不清晰，多产业融合形成了新的产业生态。融合性还表现为经济模式的多元化融合，通过新技术和新产业的融合，促使传统经济模式转型，可以催生出平台经济、共享经济、通证经济等新的经济形态。

五是战略性和安全性。未来产业在国际竞争中展现出显著的战略性特点，不仅体现在技术和经济层面，还影响到国家安全、国际关系和全球治理。未来产业的竞争日益依赖于技术创新和研发能力，掌握核心技术和前沿科技是国家和企业在国际竞争中取得优势的关键。一些未来产业的产出与国家安全紧密相关。例如，新一代数字技术由于其广泛融合性，对安全和隐私的影响无处不在，不仅直接关系到个人隐私，还关系到产业安全和国家安全。半导体、稀土材料等战略性产业，早已被视为国家经济安全的重要组成部分。未来，拥有完整且自主可控的产业链将成为国际竞争中的重要优势，未来产业的发展水平将决定一个国家的国际竞争力、全球产业链控制力，并影响国家科技安全、产业安全、国防安全等国家安全的各个方面。

3. 未来产业是战略性新兴产业吗?

从概念看，未来产业与战略性新兴产业最为接近也最容易混淆，很多学者认为可以将未来产业归属于战略性新兴产业，也有些学者认为需要明确区分两个概念。未来产业与战略性新兴产业在技术进步方向上一脉相承，但技术的前沿程度明显不同。两者既有相似之处，又有发展阶段、支撑程度和战略价值上的差异。

从共同点看，两者都是科技创新主导，都具有战略性和引领性。未来产业与战略性新兴产业都是新时代经济发展的关键驱动力，未来产业是战略性新兴产业中技术更加前沿、尚未成熟、技术路线有望颠覆变革的领域，是战略性新兴产业的细分分支。可以理解为，未来产业是由前沿技术驱动，当前处于孕育萌发阶段或产业化初期，具有显著战略性、引领性、颠覆性和不确定性的前瞻性新兴产业。国家“十四五”规划纲要的第九章标题是“发展壮大战略性新兴产业”，前两节描述了传统战略性新兴产业发展的问题以及前瞻谋划未来产业。从这个角度看，可以认为未来产业是战略性新兴产业的组成部分，但战略性新兴产业并不等同于未来产业。

从不同点看，两者最显著的区别表现在时间维度、技术成熟度、产业规模等方面。

一是发展阶段不同。未来产业多处于早期孕育萌发阶段，许多技术还在实验室阶段或初步商用化探索阶段。而战略性新兴产业大多已经处于成长初期或成长阶段，部分领域可能已接近成熟，技术路线也相对清晰，已经具有一定的产业化基础和市场应用。

二是产业规模不同。未来产业的规模一般比较小，产业发展潜力巨大；

而战略性新兴产业大多已经开始实现大规模产业化，发展潜力则略低于未来产业。

三是驱动因素不同。未来产业更多依赖市场需求、技术进步和社会趋势的驱动，强调创新和灵活应变。战略性新兴产业主要受到政策引导和国家战略的影响，重视政府投资和支持。

四是市场前景不同。未来产业的市场前景具有较高的不确定性，而战略性新兴产业的市场前景相对明确，部分产业已经开始形成规模经济。

五是风险程度不同。未来产业由于其不确定性，风险和机遇并存，需要更多的创新和试错机会；战略性新兴产业则相对稳定，风险相对较低。

三、发展未来产业的重要意义

1. 未来产业可以提升国家竞争力

党的十九届五中全会提出，坚持创新驱动发展，全面塑造发展新优势，强化国家战略科技力量，打好关键核心技术攻坚战，提高创新链整体效能。新一轮科技革命和产业革命展示了多领域、跨学科、群体性突破的新态势，未来产业的崛起为全球经济和社会发展带来了全新的机遇，不仅推动了技术的革新，还改变了经济结构和全球竞争格局。未来产业依托新兴技术，如人工智能、量子计算、生物技术、清洁能源等，孕育出无数科技创新的机会。云计算、大数据、物联网、人工智能、3D 打印等技术广泛应用于经济社会的各个领域，量子科学、基因编辑、航空航天、新材料、新能源等领域不断取得重大突破，新技术、新产品、新业态、新模式不断涌现。这些前沿技术通过跨学科的融合，为科学和技术领域带来了革命性的突破。

从全球发展情况看，发达国家和国际科技领军企业纷纷加强对人工智能、量子计算、区块链、虚拟现实、数字创意等未来产业领域的布局，全球互联网和制造业巨头企业紧盯人工智能、增材制造、商业航天等前沿领域，加快实施技术、产业、战略“三位一体”和“软硬”融合发展。掌握未来产业的核心技术，对于我国在全球科技革命和产业变革中占据主动地位具有重要意义，能够引领并重塑未来经济格局，决定未来的国际分工和产业格局。

2. 未来产业孕育发展新机遇

一方面，未来产业作为新技术、新模式和新经济的代表，能够有效推动传统产业转型升级，实现经济高质量发展。它不仅能够创造新的市场需求，还能通过产业结构调整，提升经济增长的质量和效益。传统产业存在低效、资源消耗等问题，增长模式面临瓶颈，未来产业则依赖技术创新和知识密集型发展，为经济注入新动力。例如，人工智能、区块链、量子计算等技术的应用，可以带来生产效率的巨大提升，推动制造业、金融业等传统产业的转型升级，形成数字化、智能化的新经济体系。

另一方面，未来产业可以创造全新的经济增长点和就业机会。在全球经济增长放缓和传统产业就业减少的背景下，未来产业能够通过技术创新创造出大量新的、高科技的、高附加值的岗位。以人工智能为例，它不仅推动了自动化产业的发展，还带来了一大批大数据分析、机器学习、智能硬件开发等新型岗位。通过发展未来产业，还将带动上下游关联产业的快速发展，形成完整的产业生态链，进一步扩大就业和市场机会。例如，新能源汽车产业的崛起，推动了上下游电池技术、智能交通、能源基础设施等相关领域的快速发展，形成了全新的产业集群。

3. 未来产业促进可持续发展与绿色转型

未来产业是推动经济向更高层次发展的关键力量，在促进可持续发展和绿色转型方面具有重要意义。通过发展清洁能源、节能环保技术和循环经济模式，未来产业能够减少资源消耗和环境污染，助力国家实现碳中和目标，推动绿色经济发展。未来产业通常与新能源、新材料、节能环保等领域紧密相关，如太阳能、风能、氢能等，正在逐步替代传统化石能源，推动全球能源结构向可再生、清洁能源过渡。这不仅减少了对有限化石燃料的依赖，也降低了温室气体排放，为应对气候变化提供了技术支持。未来产业的发展有助于推动传统产业的绿色化改造，提高资源利用效率，减少污染物排放，促进产业结构向更加环保和可持续的方向转型。

循环经济是未来产业促进绿色转型的一个重要途径，推动循环经济发展，可实现经济、社会和环境的三效益。从“十一五”到“十四五”，国家相继出台了一系列支持循环经济发展的政策文件，如《国务院关于加快发展循环经济的若干意见》《循环经济发展战略及近期行动计划》《循环发展引领行动》《"十四五"循环经济发展规划》等。相较于传统的线性经济，循环经济强调的是将"废弃物"转化为再生资源，重新纳入生产链中，能够提升资源利用效率，减少废物排放和污染，改善生态，还能够推动绿色技术发展，增强企业竞争力，共筑绿色未来。未来产业中的智能制造技术和3D打印可以通过精准制造减少原材料浪费，同时提高生产效率。这种方式不仅降低了生产过程中的能源消耗，还减少了废弃物的产生。

四、我国未来产业的政策演变和发展趋势

从国内来看，为进一步推动经济转型升级，我国正加快培育部署未来产业，加快推动产业标准制定工作，国内众多省区市高度重视未来产业，通过提前规划布局发展未来产业，努力抢占发展新机遇、培育产业竞争新优势。

1. 国家高度重视前瞻引领

从国家层面看，党中央、国务院高度重视前瞻布局未来产业发展。从2014年中央经济工作会议提出探索未来产业发展方向起，我国开始加快拓展对未来产业布局的探索。2020年4月1日，习近平总书记在浙江考察时首次提出未来产业，强调要"抓紧布局数字经济、生命健康、新材料等战略性新兴产业、未来产业"。2020年10月14日，习近平总书记在深圳经济特区建立40周年庆祝大会上的讲话中指出，"要围绕产业链部署创新链、围绕创新链布局产业链，前瞻布局战略性新兴产业，培育发展未来产业，发展数字经济"。《中华人民共和国国民经济和社会发展第十四个五年规划和2035年远景目标纲要》明确部署，"在类脑智能、量子信息、基因技术、未来网络、深海空天开发、氢能与储能等前沿科技和产业变革领域，组织实施未来产业孵化与加速计划，谋划布局一批未来产业"。2023年9月，习近平总书记在黑龙江考察时，提出整合科技创新资源，引领发展战略性新兴产业和未来产业，加快形成新质生产力。党的二十届三中全会《决定》强调，要加强关键共性技术、前沿引领技术、现代工程技术、颠覆性技术创新，加强新领域新赛道制度供给，建立未来产业投入增长机制，完善推动新一代信息技术、人工智能、航空航天、新能源、新材料、高端装备、生物医药、量子科技等战略性产业

发展政策和治理体系，引导新兴产业健康有序发展。2024 年 6 月，习近平总书记在全国科技大会、国家科学技术奖励大会、两院院士大会上的讲话时指出："要瞄准未来科技和产业发展制高点，加快新一代信息技术、人工智能、量子科技、生物科技、新能源、新材料等领域科技创新，培育发展新兴产业和未来产业。"

国家各部委结合自身职能，陆续出台了多项政策，积极推进未来产业发展。从部委层面的工作部署看，超前谋划布局一批未来产业、加快形成未来产业发展工作实物量的施工图正在形成。2022 年 11 月，科技部、教育部批复《未来产业科技园试点及培育名单》，北京、上海、江苏、湖北、广东、四川、陕西、黑龙江等 8 个省市的 10 家未来产业科技园成为首批未来产业科技园建设试点，依托地方优势，重点培育空天科技、信息安全、未来网络、生物医药、未来交通等领域。2023 年 8 月，工信部印发《关于组织开展 2023 年未来产业创新任务揭榜挂帅工作的通知》，面向元宇宙、人形机器人、脑机接口、通用人工智能 4 个重点方向，聚焦核心基础、重点产品、公共支撑、示范应用等创新任务，突破一批标志性技术产品，加速新技术、新产品落地应用。2023 年 8 月，工信部等四部门印发的《新产业标准化领航工程实施方案（2023—2035 年）》，将未来产业作为新产业的重要组成部分进行规定，提出要前瞻布局包括元宇宙、脑机接口、量子信息、人形机器人、生成式人工智能、生物制造、未来显示、未来网络、新型储能九大类别在内的未来产业标准研究。2024 年 1 月 18 日，工信部等七部门联合印发《关于推动未来产业创新发展的实施意见》，明确了未来产业多个概念，并提出布局未来制造、未来信息、未来材料、未来能源、未来空间、未来健康六大赛道，提出打造人形机器人、量子计算机、新型显示、脑机接口、6G 网络设备、超大规模新型智算中心、第三代互联网、高端文旅装备、先进高效航空装备、深部资源勘探开发装备十种创新标志性产品。该文件将未来产业整合成"赛道"和"产品"，既有"面"上的布局，也有"点"上的细化。

2024 年 3 月，工信部高新技术司成立了一个独特的新部门"未来产业处"，这是国家部委首次为未来产业专门设置业务主管机构，意味着未来产业已进入国家产业布局规划，以技术创新推动产业创新、加快产业落地和壮大将成为未来产业发展的方向。

2. 各省区市加快布局和差异化发展

在国家政策指引下，近年来地方政府陆续出台顶层设计方案和配套支持政策，支持本地未来产业发展。从各地发展的实际情况看，北上广深等超一线城市在未来产业的布局处于第一梯队，各地重点发展的产业赛道既有“趋同”，又有一些具有地方特色和先行先试的地方。

专栏 1.1　部分省市未来产业部署情况梳理

根据各地“十四五”发展规划、未来产业专项规划以及相关细分领域规划或政策，整理出部分先进地区相关未来产业部署情况，如下：

北京：未来信息（通用人工智能、第六代移动通信、元宇宙、量子信息、光电子），未来健康（基因技术、细胞治疗与再生医学、脑科学与脑机接口、合成生物），未来制造（类人机器人、智慧出行），未来能源（氢能、新型储能、碳捕集利用与封存），未来材料（石墨烯材料、超导材料、超宽禁带半导体材料、新一代生物医用材料），未来空间（商业航天、卫星网络）等。

上海：未来健康（脑机接口、生物安全、合成生物、基因和细胞治疗），未来智能（智能计算、通用 AI、扩展现实 XR、量子科技、6G 技术），未来能源（先进核能、新型储能），未来空间（深海探采、空天利用），未来材料（高端膜材料、高性能复合材料、非硅基芯材料）等。

广东：未来网络（高速全光通信、下一代移动通信、算力网络、光计算与可见光通信），通用智能（大模型、具身智能机器人、未来智能终端、智能无人系统），生命与健康（合成生物、AI+生物医药、细胞和基因治疗、脑科学与脑机接口、类器官），低碳能源（新型储能、绿色氢能、先进核能、碳捕集利用与封存），先进材料（仿生智能材料、纳米材料、超导材料、先进金属），未来空间（深海、网络等新空间，低空经济，商业航天），量子科技（量子计算、量子精密测量、量子通信）等。

天津：核心芯片、基础软件、量子技术、终端外设、脑机交互、智能驾驶、人工智能核心芯片、人工智能生成技术、生物制造、细胞与基因治疗、空天技术、深海探采、氢能及储能、新型太阳能光伏与储能电池、可持续航空燃料、第三代与第四代半导体材料、特种烯烃衍生物等。

浙江：未来网络、元宇宙、空天信息、仿生机器人、合成生物、未来医疗、氢能与储能、前沿新材料、柔性电子等。

> **江苏：**第三代半导体、未来网络、氢能、新型储能、细胞和基因技术、合成生物、通用智能、前沿新材料、零碳负碳（碳捕集利用与封存）、虚拟现实、量子科技、深海深地空天、类人机器人、先进核能等。

（1）北上广深引领第一梯队建设

北京、上海、浙江、深圳等地率先制定实施关于未来产业的发展规划、行动计划、实施方案与配套政策举措，把前瞻布局未来产业作为拼经济谋长远的重头戏，并提出中长期未来产业发展蓝图。根据新京报贝壳财经发布的《2024中国未来产业之城发展指数报告》，当前“北上广深”位列全国未来产业发展的第一梯队，处于领先位置。

北京。北京市在2021年就出台了《北京市“十四五”时期高精尖产业发展规划》，明确了未来产业的重点发展方向，包括先进制造业、软件和信息服务业、科技服务业等，并对产业地图和产业政策引导进行了详细规划。2023年，北京市发布《北京市促进未来产业创新发展实施方案》，锚定未来信息、未来健康、未来制造、未来能源、未来材料、未来空间六大领域，布局通用人工智能、第六代移动通信、元宇宙、量子信息、光电子、基因技术、细胞治疗与再生医学等20个未来产业。2024年6月，北京经信局印发《北京市未来产业育新基地建设方案》，提出加快培育一批未来产业方向中小企业，建设一批未来产业聚焦、基础设施完善、配套服务专业、优势特色突出的未来产业育新基地。

上海。2022年，上海市出台实施《上海打造未来产业创新高地发展壮大未来产业集群行动方案》，提出到2030年在未来健康、未来智能、未来能源、未来空间、未来材料等领域将涌现一批具有世界影响力的硬核成果、创新企业和领军人才，将培育形成5个未来产业集群。2024年3月，上海市经济信息化委发布《关于组织开展2024年度上海市未来产业试验场“揭榜挂帅”工作的通知》，围绕生物制造、量子科技、6G技术、新型储能、商业航天、低空经济、深海探采、绿色材料以及非硅基芯材料等领域实施未来产业试验场“揭榜挂帅”，打造未来产业试验场，丰富应用场景，加快技术转化，降低创新成果应用成本，培育发展新动能。2024年7月，上海市印发《关于进一步推动上海创业投资高质量发展的若干意见》，提出加快元宇宙、绿色低碳、数字经济、智能终端等新赛道和未来健康、未来智能、未来能源、未来空间、未来材料等未来产业布局，并提出要新设上海市未来产业基金，重点投向处于概念验证和中试等早期阶段的硬科技领域和未来产业。

深圳。2013 年，深圳在全国率先部署培育海洋、航空航天、生命健康等未来产业，经过多年培育支持，未来产业已经成为国内领先、国际先进的战略性新兴产业。2022 年，深圳市出台《关于发展壮大战略性新兴产业集群和培育发展未来产业的意见》，提出发展“20+8”产业集群，其中包括合成生物、区块链、细胞与基因、空天技术、脑科学与类脑智能、深地深海、可见光通信与光计算和量子信息 8 个未来产业集群。2022 年 6 月，深圳市在落实“20+8”政策的基础上，出台实施《深圳市培育发展未来产业行动计划（2022—2025 年）》，指出合成生物、区块链、细胞与基因、空天技术 4 个未来产业处于扩张期，5~10 年内有望实现倍数级增长，脑科学与类脑智能、深地深海、可见光通信与光计算、量子信息 4 个未来产业处于孕育期，10~15 年内有望成为战略性新兴产业中坚力量。2024 年 3 月，深圳市出台《关于加快发展新质生产力进一步推进战略性新兴产业集群和未来产业高质量发展的实施方案》，将“20+8”产业集群升级到 2.0 版本，未来产业新增智能机器人产业和前沿新材料产业，区块链产业并入软件与信息服务产业集群，可见光通信与光计算产业调整为光载信息产业，脑科学与类脑智能产业调整为脑科学与脑机工程产业。

广州。《广州市 2024 年优化营商环境工作要点》提出，围绕未来生命健康、未来人工智能、未来能源、未来材料、未来出行五大领域 15 个细分方向，开展未来产业体系前瞻布局和政策研究，提出规划引导和政策支持措施。2024 年 9 月 30 日，广东省政府发布《关于加快培育发展未来产业的行动方案》，提出要瞄准未来网络、通用智能、生命与健康、低碳能源、先进材料、未来空间和量子科技七大重点领域，着力实施产业创新“策源”工程、基础设施“筑基”工程、创新成果“孵化”工程、场景示范“领航”工程、科技金融“赋能”工程、精英人才“引培”工程和开放合作“携手”工程七大重点工程，构建广东未来产业发展体系。

江苏。2023 年 11 月，江苏省出台《省政府关于加快培育发展未来产业的指导意见》，提出到 2025 年，建设 10 个未来产业（技术）研究院、未来技术学院、未来产业科技园等平台载体，引育 50 个未来产业领军人才（团队），涌现一批具有核心竞争力的关键技术、应用场景和重点企业，南京、苏州率先建设未来产业先导区，重点领域、关键产业实现从小到大、从无到有，加快培育第三代半导体、未来网络、氢能、新型储能、细胞和基因技术、合成生物、通用智能、虚拟现实、前沿新材料、零碳负碳（碳捕集利用与封存）

10个成长型未来产业，谋划布局量子科技、深海深地空天、类人机器人、先进核能等一批前沿性未来产业，初步形成“10+X”未来产业体系。2024年9月，江苏省出台了《关于巩固增强经济回升向好态势进一步推动高质量发展的若干政策措施》，提出培育新的增长点，对低空经济、人工智能等未来产业发展提出支持举措。南京市先后发布《南京市加快培育新赛道发展未来产业行动计划》《南京市加快发展未来产业六大专项行动计划》，出台《南京市推进算力产业发展行动方案》《南京市进一步促进人工智能创新发展行动计划（2024—2026年）》《南京市促进低空经济高质量发展实施方案（2024—2026年）》等一系列政策措施，正在全力打造具有核心竞争力和全球影响力的未来产业发展高地。

浙江。《浙江省国民经济和社会发展第十四个五年规划和2035年远景目标纲要》明确了浙江未来产业的重点发展方向，包括新一代信息技术、生物技术、高端装备、新能源及智能汽车等战略性新兴产业，以及未来网络、元宇宙、空天信息、仿生机器人等未来产业，提出了相应的发展目标和政策措施。《浙江省人民政府办公厅关于培育发展未来产业的指导意见》提出培育发展量子信息等6个尚在集聚、远期潜力巨大的未来产业。到2025年，涌现一批有影响力的未来技术、创新应用、头部企业和领军人才，形成有竞争力的未来产业体系。《浙江省人民政府印发进一步推动经济高质量发展若干政策的通知》提出了一系列支持未来产业发展的政策措施，包括财政资金支持、税收优惠、金融支持、人才引进和培养、创新平台建设等，以推动未来产业高质量发展。杭州市先后出台了一系列支持未来产业及细分领域发展的政策，包括《加快推动杭州未来产业发展的指导意见》《杭州市人民政府办公厅关于加快推进人工智能产业创新发展的实施意见》等。其中，2024年9月发布的《杭州市“新雏鹰”企业培育管理办法》提出，到2027年围绕五大产业生态圈和杭州市重点发展的未来产业领域，着力培育300家左右“新雏鹰”企业，开辟新领域新赛道。

除了这些先进地区以外，其他各省区市也出台了很多支持未来产业发展的政策，在此不做赘述。

（2）各地积极探索差异化路径

从整体看，各地未来产业布局均围绕工信部等部门印发的《关于推动未来产业创新发展的实施意见》（以下简称《实施意见》）所提出的未来制造、未来信息、未来材料、未来能源、未来空间和未来健康六大重点产业发展，布局呈现趋同等特征。

北上广深支持未来产业发展的着力点略有区别。北京上海等地积极加大资金支持力度，发挥政府引导基金、政策工具等的作用，推动科技成果转化，助力未来产业发展。2024 年，北京提出安排超百亿元政府投资，将投资作为重要抓手，积极培育未来产业。上海接连出台了《企业投入基础研究税收优惠政策操作指引》《上海市支持科技创新主要税费优惠政策指引》等相关税收优惠政策文件，扶持未来产业发展。广州推出了《广州市关于优化空间载体支撑制造业高质量发展的实施意见》《广州市 2024 年建设用地供应计划》等政策，保障未来产业用地。深圳则非常重视打造“基础研究+技术攻关+成果产业化+科技金融+人才支撑”全过程创新生态链。

河南聚焦量子信息、前沿新材料、氢能与储能等领域，目前已设立 14 个省级未来产业先导区。

江苏结合地方产业特色和发展优势出台了先行区方案。2024 年 9 月，江苏省发展改革委发布了 21 个“未来产业先行集聚发展试点”清单，覆盖南京、无锡、徐州、常州、苏州、南通、泰州等地，涵盖第三代半导体、细胞和基因技术、合成生物、通用智能、虚拟现实、人形机器人、低空经济、氢能、新型储能、深海深地空天、未来网络、量子科技 12 个产业领域。

山西作为典型的“资源型经济”区域，从对当地具有扎实发展基础的产业进行技术创新和产业升级角度出发，提出在新能源、新材料、新装备等领域发展未来产业。2021 年山西省出台的《山西省“十四五”未来产业发展规划》就提出“优中培精”策略，遴选信息技术应用创新、大数据融合创新、碳基新材料、特种金属材料、半导体、先进功能材料、新能源、先进轨道交通、智能网联新能源汽车 9 个主导性未来产业。

安徽在未来产业立法方面走在了全国前列。2024 年 9 月底，安徽省人大常委会通过了《关于加快培育发展未来产业的决定》，这也是全国首个省级加快培育发展未来产业专项法规。

无论是从上层规划层面，还是地方探索层面，未来产业都是新生事物。发达地区在资金、人才和技术储备上具有优势，能够更快推动未来产业的落地和发展，而欠发达地区则面临资源短缺和创新能力不足的困境。这种不平衡可能会进一步拉大区域间的经济和技术差距。但从整体看，未来产业潜力巨大，机遇与挑战并存。国家层面应加快政策规划的完善，地方层面应积极探索适合自身的创新模式，只有通过全方位的协同努力，才能将未来产业的潜力转化为现实的经济动力，推动全球和区域的可持续发展与技术进步。

第二章　未来产业与新质生产力和高质量发展的关系

目前全球未来产业前沿领域竞争格局尚未确立，我国面临抢抓主动权、构筑竞争优势的重要机遇期。未来产业代表着未来科技和产业发展方向，具有技术颠覆性强、产业关联度高、市场空间潜力大等特征，是大国产业竞争的战略焦点，也是塑造未来世界格局的重要力量。未来产业依托颠覆性技术和前沿技术催生新产业、新模式、新动能，是新质生产力的关键突破口，也为高质量发展提供了强劲推动力、支撑力。

一、未来产业是引领新质生产力发展的关键突破口

未来产业是新质生产力的重要内容、关键支撑和活跃力量，是经济增长新动能的战略选择，在推动科技创新、驱动经济增长和塑造国际竞争格局等方面具有重要的战略意义，发挥着不可替代的作用。

1. 新质生产力的内涵与特征

高质量发展是新时代的硬道理，需要新的生产力理论来指导。习近平总书记在中共中央政治局第十一次集体学习时强调："发展新质生产力是推动高质量发展的内在要求和重要着力点。"习近平总书记关于新质生产力的系列重要论述，体现了对生产力发展规律和我国发展面临的突出问题的深刻把握。习近平总书记在《求是》杂志刊发重要文章《发展新质生产力是推动高质量发展的内在要求和重要着力点》，从理论和实践的结合上，深刻阐明了新质生产力的特征、基本内涵、核心标志、特点、关键、本质等基本问题。"概括地说，新质生产力是创新起主导作用，摆脱传统经济增长方式、生产力发展路

径，具有高科技、高效能、高质量特征，符合新发展理念的先进生产力质态。它由技术革命性突破、生产要素创新性配置、产业深度转型升级而催生，以劳动者、劳动资料、劳动对象及其优化组合的跃升为基本内涵，以全要素生产率大幅提升为核心标志，特点是创新，关键在质优，本质是先进生产力。”与传统生产力相比，新质生产力是创新起主导作用，摆脱传统经济增长方式和生产力发展路径的先进生产力，具有高科技、高效能、高质量特征。

（1）新质生产力是以创新为第一动力，形成高科技的生产力

科技创新重塑生产力基本要素，可以催生新产业新业态，推动生产力向更高级、更先进的质态演进，从而引领生产力的变革。从人工智能、工业互联网到大数据，全球经济增长的新引擎都是由新技术带来的新产业所形成的新生产力所驱动的。无论是技术创新、管理创新，还是商业模式创新，都在重新定义生产方式。创新并不局限于技术层面，还涉及整个生产组织体系的变革，从而实现效率的提升和资源的最优配置。在技术创新方面，新质生产力依赖于人工智能、大数据、量子计算、物联网等新兴技术，这些技术能够显著提高生产效率，减少劳动力投入，实现高度自动化和智能化。在管理创新方面，通过引入数字化管理系统、企业智能决策系统等手段，企业可以优化流程，最大化资源的使用效率。在商业模式创新方面，新质生产力强调通过商业模式的创新来创造新的价值网络，例如，共享经济、平台经济、订阅模式等，为市场带来了新的增长动力。新质生产力通过创新与高科技的结合，正在颠覆传统的生产方式。传统以劳动力为基础的生产模式正被以技术驱动、智能化为核心的新型生产模式取代。这种新模式具备了更高的生产力、更灵活的应对能力以及对市场需求的快速响应能力。

生产性服务业是依赖新技术和新模式的产业高端化产物，具有知识密集、附加值高、融合性和专业化强等显著特点，已成为新质生产力持续发展的关键动力源。第一，生产性服务业可以促进技术应用与扩散。随着大数据、人工智能、云计算等技术的广泛应用，生产性服务业不仅提升了自身的效率和质量，还加速了这些技术的市场化应用和推广。生产性服务企业生产产品的过程即是创造、积累知识资本、人力资本和技术资源的过程，本身就属于创新领域的前端，对创新主体如人才、创新型企业、科研机构等也有着较强的吸引、集聚能力。生产性服务企业在提供服务的同时，不仅是在协助客户企业的产品开发、研究设计活动，也是扩散其所掌握的新科学、新技术过程。第二，生产性服务业为科技创新提供了丰富的商业模式创新平台。以共享经

济、平台经济为例，创新服务模式依托于新技术，创造了全新的商业生态和市场机会。第三，高端服务业和科技服务业对战略性新兴产业发展具有重要的推动作用。科技服务业对于推动科技创新和科技成果转化、增强产业链供应链韧性、推动经济提质增效升级具有重要意义。咨询、科研、法律和金融服务，能够为企业提供技术支持和知识资本。这些服务行业通过专业知识的提供、资金的投入和技术咨询的支持，为战略性新兴产业和未来产业（如新能源、生物医药、新材料等）提供了必要的技术支持，并促进知识产权的转化应用。第四，生产性服务业数字化转型能够带动科技进步。金融科技、电子政务、智慧医疗等服务行业通过数字化改造，不仅提升了服务效率和客户体验，还推动了大数据、区块链、人工智能等前沿科技的创新应用。服务业还为科技创新提供了重要的人才支撑，教育培训服务、研究咨询服务等都为各行业培养了大量的科技创新人才。

（2）新质生产力是以生产效率提升为标志，聚焦高效能的生产力

新质生产力要求对生产要素进行创新性的配置，包括劳动力、资本、土地、知识、技术、管理、数据等，以提升要素组合效能，实现更高效的资源利用和价值创造，大幅度提升生产力水平。这意味着生产力的增长不仅仅依赖于传统的资源和资本投入，更多依赖于技术进步和创新，使单位时间内的产出和资源利用率达到最大化。这种效率提升不仅体现在速度上，还体现在成本、资源、能耗等多个维度。通过引入机器人、人工智能、自动化系统等新技术，新质生产力极大地减少了对人力的依赖，提升了生产的速度和精度。例如，在制造业中，智能化设备和系统能代替传统劳动密集型的操作，显著降低人力成本，同时提高企业的资本回报率。企业通过减少人工参与，减少了人为错误，提高了产品质量一致性。

新质生产力通过高效能的技术手段，在生产过程中减少浪费、提高产出效率。高效能不仅体现在生产速度和数量上，还在于通过优化资源利用和降低环境成本，实现整体效益的提升。大数据、人工智能等技术的应用，帮助企业能够在生产前进行精确的需求预测，避免生产过剩或资源浪费。通过智能化系统，企业可以更好地协调生产要素，提升资源配置的合理性。

数据作为数字经济的关键要素，不仅已经成为实现创新发展的重要力量，更事关国家安全与经济社会发展，已成为大国策略竞争的舞台。数据作为新的生产要素被引入生产函数，极大拓展了生产可能性边界，深度赋能实体经济转型升级。数据作为数字时代的新型生产要素，打破了传统生产要素的质

态，是形成新质生产力的优质生产要素。数据要素的特点在于其可复制性、可共享性、可挖掘性等，这些特点推动数据在生产过程中发挥巨大的作用。数据作为新型生产要素，既直接创造社会价值，又通过与其他生产要素的融合，有效降低交易成本，形成规模经济和范围经济，提升配置效率和激励效率，能够大幅度提升全要素生产率。在充分发挥数据要素价值的同时，更要高度重视数据要素在国际竞争合作中的重要作用，积极促进数据要素资源在全球层面的安全有序流通，争取全球数据治理主动权。

新型工业化是中国式现代化的关键任务和加快形成新质生产力的重要举措。新发展阶段的新型工业化具有新的内涵，核心要义是数字化、智能化、绿色化相互融合形成的发展动力创新化、发展模式绿色化、产业结构高端化。新质生产力不仅直接体现在通过以颠覆性技术和前沿技术催生新产业、新模式、新动能，引领发展战略性新兴产业和未来产业，还体现在以科技创新改造传统产业，推动未来产业、战略性新兴产业与传统产业深度融合。从技术—经济范式看，新型工业化是新质生产力驱动的工业化、数字技术赋能的工业化、产业深度融合的工业化。新质生产力为新型工业化提供了物质技术基础，为新型工业化提供了内在驱动力。新型工业化为新质生产力提供了产业和制度基础，形成了新质生产力发展的载体。新质生产力与新型工业化相辅相成，两者的双向互动能够为实现中国式现代化提供雄厚的技术基础、物质基础和强大动力支撑。服务型制造作为产业融合的一种典型形态，在产业实践中正显示出巨大的潜力和旺盛的生命力，已成为实现新型工业化的有效路径之一。目前单纯地依赖制造业本身的创新能力已难以完成转型升级的高要求，亟须以现代服务业为支撑，通过现代服务业与先进制造业的深度融合，将互联网、物联网、人工智能、云计算、大数据等新兴技术嵌入制造过程，推动制造企业从提供单一产品向提供“产品+服务”乃至“制造融合服务”转变，实现产业结构和产品结构的高效化、高端化和服务化。

在服务型制造模式下，更多的数智技术融入制造环节，为企业和产业链条带来从微观到宏观的智能化提升。从微观层面看，服务型制造为制造企业发展智能化提供了更多应用场景；从宏观层面看，通过与服务型制造企业在生产关系层面开展合作，能够实现全产业链的智能化。

（3）新质生产力是以产业结构优化升级为方向，打造高质量的生产力

习近平总书记指出：“传统产业改造升级，也能发展新质生产力。”新质生产力以产业结构优化升级为方向，推动经济从传统粗放型增长模式向精细

化、高附加值的方向转变。通过技术创新、资源优化和可持续发展，新质生产力不仅提高了生产效率，还促使产业结构向更加高端和绿色化的形态迈进。新质生产力的形成要求产业结构进行调整和升级，使其更具适应性和灵活性。通过发展高附加值、高技术含量的产业，新质生产力引导产业结构从传统的低端制造业和资源密集型产业向智能化、数字化、高技术含量的产业转型。一方面，数字技术是实现产业转型升级的重要支撑，传统产业通过数字化转型和智能化升级，能够有力促进高质量发展。另一方面，积极推动产业链供应链优化升级，能够培育新的增长点和内生动力，促进新质生产力发展。要积极培育新兴产业、前瞻谋划未来产业，需要推动科技创新和产业创新深度融合，释放出更强劲的生产动能。

新质生产力通过优化升级产业结构，可以提升国家或地区的产业在全球产业链中的地位。高质量的生产力不仅增强了企业的国际竞争力，还提高了整个经济体系在全球市场中的影响力。通过数字化和智能化的供应链管理系统升级转型，企业能够更好地应对全球市场的变化，提升供应链的弹性和效率。这种全球化的协同能力，为企业在国际市场中能够更加快速地响应市场需求、增强竞争力提供了支撑保障。同时，通过不断创新和优化，新质生产力促使产业链中的各个环节逐渐向高端化发展。例如，在智能制造领域，企业可以通过引进先进技术和高技能人才，将生产活动从简单的组装转向高附加值的设计、研发和创新环节。

2. 布局未来产业是发展新质生产力的重中之重

中央经济工作会议强调，“以颠覆性技术和前沿技术催生新产业、新模式、新动能，发展新质生产力”，要求“开辟量子、生命科学等未来产业新赛道”。习近平总书记在黑龙江考察时强调，要整合科技创新资源，引领发展战略性新兴产业和未来产业，加快形成新质生产力。前瞻布局未来产业不仅是重塑国际竞争新优势的一项必答题，也是打造我国经济增长新引擎、发展新质生产力的重中之重。当前全球主要发达国家和地区均在加快前瞻布局颠覆性、变革性技术和产业，积极谋求未来产业的全球领导权。美国、欧盟、日韩等国家和组织纷纷出台实施关于未来产业的战略规划、法案法规或投资计划，未来产业已经成为衡量一个国家或地区科技创新和综合实力的重要标志。新质生产力依赖于全球化的协作和竞争，而未来产业凭借其技术优势、创新能力和高附加值特点，能够提升国家或地区在全球产业链中的地位，从而推动新质生产力的国际化发展。结合全球趋势和历史借鉴，加快布局未来产业、形成新质生产力，将是新一轮大国经济竞争的主战场。

未来产业将带来新质生产力“生产要素的创新性配置”，不仅体现在传统生产要素（如劳动力、资本、土地等）的重新分配与优化上，还有技术、数据、信息等新型要素的深度整合和利用。在未来产业发展中，科技创新引发生产要素的变化，更重要的是改变了劳动者与生产资料的结合方式。

第一，劳动力要素的配置发生了质的变化。未来产业依赖于高技术含量和创新驱动型经济模式，劳动力在此过程中不再仅是简单的体力劳动者，而是更加注重技能、知识和创造力的应用。未来产业高度技术化，要求劳动力具备较强的技术能力和创新思维，促使传统的劳动力结构发生变化。

第二，技术要素成为核心生产力。未来产业中的技术要素（如5G、物联网、量子计算等）为生产要素的创新性配置奠定了基础。通过引入这些技术，生产流程更加高效，生产链条得以优化。通过创新性配置，技术与其他要素的深度融合，极大地推动了新质生产力的提升。

第三，数据要素的创新性配置是未来产业推动新质生产力的重要手段之一。数据要素是赋能未来产业发展的关键要素，也是赋能体现最为明显的领域，未来产业高度依赖数据的采集、分析和应用。通过数据的创新性配置，生产企业能够实时优化生产决策。通过数据共享，企业能够在产业链中协调资源，优化供应链管理，减少冗余和浪费，从而提升整体生产力。

第四，资本要素开始全环节发力。未来产业更多依赖高科技研发和创新资本，从技术概念验证、中试到成果转化、企业孵化加速、产品应用示范、加速商业模式创新等全环节，都需要资本的助力，也将吸引大量风险资本和创新基金的投入，且在人工智能、新能源、区块链等前沿技术领域表现明显。

第五，土地与资源要素绿色优化。在未来产业的发展中，土地和资源的配置不再依赖粗放型的开发和使用，而是通过技术手段实现资源的优化配置和环境的可持续发展。

第六，人才要素不断升级。未来产业关键在创新，首要是人才，对战略科学家、战略企业家有强烈的需求。既需要一批具有远见卓识、前瞻视野、冒险精神的战略科学家来支撑科技研发，也需要一批勇于承担风险的领军企业家培育创造典型场景。

未来产业往往是高技术、高附加值的产业群体，它们在推动传统产业升级、优化产业结构方面起到了至关重要的作用，为新质生产力注入新的动能。未来产业的兴起，为传统制造业、服务业等低附加值产业提供了转型升级的机会。通过新兴技术的引入，未来产业能够将传统低效产业转型为高效能、高技术的现代化产业，从而提升整个经济体系的生产力水平。未来产业带来了全新的产业链和价值链，通过技术集成和产业协同，形成了很多具有全球竞争力的高端产业集群。这些集群不仅是经济增长的引擎，也是新质生产力发展的重要基础。

战略性新兴产业和未来产业是科技创新的集聚地，已成为引领科技进步、带动产业升级、开辟新赛道、塑造新质生产力的战略选择。习近平总书记指出，发展新质生产力“要防止一哄而上、泡沫化，也不要搞一种模式”。从国内发展看，近年来各地聚焦前沿技术创新和传统产业转型，不断开辟未来产业新赛道。以战略性新兴产业和未来产业为载体发展新质生产力，一方面要提升战略性新兴产业竞争力，强化国家统筹与地方实际结合。另一方面更要注重“因地制宜”，做好前瞻布局，将“无中生有”与“有中育新”有机结合，开辟新的领域，将未来产业作为发展新质生产力的区域引擎。

二、发展未来产业是高质量发展的前瞻性战略布局

高质量发展是体现新发展理念的发展，是创新成为第一动力、协调成为内生特点、绿色成为普遍形态、开放成为必由之路、共享成为根本目的的发展。高质量发展动力源是区域内所有资源禀赋与科技创新的有机结合，是“科技创新+”的系统集成。前瞻布局未来产业是我国与全球科技创新实现同步的重要抓手，更是我国经济高质量发展的迫切需要，有利于推动产业转型升级，培育新的经济增长点和动力源。

1. 高质量发展的内涵与特征

2017 年 10 月，习近平总书记在党的十九大报告中强调，中国经济“已由高速增长阶段转向高质量发展阶段”，并把“更高质量、更有效率、更加公平、更可持续”作为未来发展的目标。十九届五中全会再次强调，我国已转向高质量发展阶段。“十四五”时期经济社会发展要以推动高质量发展为主题。经济发展要取得新成效，必须坚持新发展理念，在质量效益明显提升的

基础上实现经济持续健康发展。推动高质量发展，是保持经济持续健康发展的必然要求，是适应我国社会主要矛盾变化和全面建成小康社会、全面建设社会主义现代化国家的必然要求，是遵循经济规律发展的必然要求。推动高质量发展是当前和今后很长时期确定发展思路、制定经济政策、实施宏观调控的根本要求。

（1）高质量发展的内涵

改革开放以来，人民生活总体上达到小康水平，中国社会主要矛盾已经转变为人民日益增长的美好生活需要和不平衡不充分的发展之间的矛盾，经济发展从“有没有”转向“好不好”，由高速增长阶段转向高质量发展阶段。解决“不平衡、不协调、不可持续”发展问题越发重要，需要更加关注质量和效益，推动经济从规模扩张转向结构优化，提升产品、服务、设施、环境以及理念、文化、体制、政策等多方面的质量，满足人民日益增长的美好生活需要。为此，以创新、协调、绿色、开放、共享的新发展理念引领高质量发展，是中国经济实现由大到强的关键。

广义而言，经济高质量发展是供给与需求、公平与效率、短期与长期、政府与市场并重的发展，是宏观均衡质量、国民分配质量、绿色发展质量、调控能力质量实现更高水平的提升。推进经济高质量发展，必须高质量推进宏观经济均衡、国民分配、绿色发展、调控能力发展方略与制度建设。

狭义而言，高质量发展特指经济增长处于合理区间的发展，突出质量更高、效率更高的可持续发展，推进经济高质量发展，必须高质量推进产业经济、城乡经济、区域经济发展战略，推进产品质量治理、优化市场体制机制、建立创新发展战略制度。

从经济学角度理解，微观经济体系中，产品是微观经济活动的最终成果，是所有经济活动的最终价值的标的物。经济学基础理论认为质量是指产品能够满足实际需要的使用价值特性。然而，人的“需要”是会随着经济发展和社会进步不断变化的，“真实需要”还要求商品具有更高性价比、质量合意性。因此，高质量发展具有多维性和动态性，是能够更好满足人民不断增长的真实需要的经济发展方式、结构和动力状态。

总结来看，高质量发展是能够很好满足人民日益增长的美好生活需要的发展，是体现新发展理念的发展，是创新成为第一动力、协调成为内生特点、绿色成为普遍形态、开放成为必由之路、共享成为根本目的的发展。

（2）高质量发展的特征

高质量发展就是“好”的发展，是更高质量、更有效率、更加公平、更可持续、更为安全的发展。

一是更高质量的发展。改革开放以来，我国以“数量追赶”为目标，经济快速发展，生产能力迅猛提升，“有没有”的问题基本解决。而随着经济总量快速增长、收入水平提高，“好不好”的矛盾更趋突出。高质量发展阶段，主要任务是实现“质量追赶”，以供给侧结构性改革为主线，显著增强我国经济发展的质量优势，满足人民日益增长的对产品和服务的质量、品质需求。在质量效益明显提升的基础上实现经济健康发展，构建高质量的国土空间布局和支撑体系。

二是更有效率的发展。近年来，我国劳动力、资本、资源环境均面临着瓶颈约束，依靠生产要素大规模高强度投入的“要素驱动”模式已难以为继。然而，我国全要素生产率水平与主要发达国家仍有较大差距，创新能力不适应高质量发展要求。必须坚持创新在我国现代化建设全局中的核心地位，强化国家战略科技力量，提升企业技术创新能力，激发人才创新活力，推进科技创新与体制机制改革，推动经济发展从“要素驱动”转向“创新驱动”。还要加快发展现代产业体系，推动经济体系优化升级，提升产业价值链水平，迈向全球价值链中高端，提高资源配置效率，推动经济发展从主要依靠“规模扩张”转向依靠“结构升级”，以创新驱动、高质量供给引领和创造新需求，构建“双循环”新发展格局。

三是更加公平的发展。高质量发展的最终目的是满足人民对美好生活的需要，促进人的全面发展、实现全体人民共同富裕。为此，必须更加突出发展的包容性、普惠性、整体性、协调性，提升国家治理效能，着力打造共商共建共享社会治理格局，提高基本公共服务供给保障能力，彰显社会公平正义，促进社会公平，增进民生福祉，加快共同富裕进程，使广大人民群众共享改革发展成果，实现社会公平、和谐、稳定。

四是更可持续的发展。高质量发展要转向经济发展与资源节约、排放减少与环境改善相互促进的绿色发展方式。全面推动绿色发展，要坚持绿水青山就是金山银山理念，深入实施可持续发展战略，完善生态文明领域统筹协调机制，构建生态文明体系，促进经济社会发展全面绿色转型，建设人与自然和谐共生的现代化社会。

五是更为安全的发展。安全是发展的前提，发展是安全的保障。高质量发展要科学“统筹发展和安全”，办好发展安全两件大事，把安全发展贯彻到发展各领域和全过程，包括国家安全体系和能力建设、经济安全、人民生命安全，以及维护社会稳定和安全等，实现发展质量、结构、规模、速度、效益、安全相统一。

2. 高质量发展的动力源

（1）科技创新是高质量发展的核心驱动力

从新发展理念来看，高质量发展是创新成为第一动力的发展。党的十九届五中全会强调，坚持创新驱动发展，全面塑造发展新优势，完善国家创新体系，加快建设科技强国。创新发展注重的是解决发展动力问题，科技创新是高质量发展的核心动力，主要体现在以下四方面。

一是科技创新促进发展方式转变。高质量发展要求发展方式从规模速度型转向质量效率型。我国社会主要矛盾已经转化为人民日益增长的美好生活需要和不平衡不充分的发展之间的矛盾。经济运行主要矛盾是供给侧结构性的，必须以供给侧结构性改革为主线，以供给侧“提质增效升级”促进供需关系高水平匹配和经济高质量发展。创新是推进供给侧结构性改革的核心动力和基本任务，依靠创新驱动能提高供给体系质量和效益、引领产业结构升级，以制度创新引领改革能激发市场主体和创新主体的积极性、主动性与创造性。

二是科技创新支撑经济结构优化。高质量发展，要求经济结构从规模扩张转向结构优化，从以增量扩能为主转向调整存量、做优增量并举。推进高质量发展，必须打好“产业基础高级化、产业链现代化”的攻坚战。科学技术能够直接对生产力和生产方式产生影响，推动产业发生变革。当前新一轮科技革命和产业变革正在重构全球创新版图，我国要抢抓机遇，依靠科技创新打造经济发展新引擎，发挥科技创新的驱动作用，推动经济结构优化。

三是科技创新促进增长动能转换。高质量发展阶段，发展动力要从主要依靠资源和低成本劳动力等要素投入转向创新驱动。科技创新可以改变要素组合方式，提高资源利用效益；可以放大生产力各要素作用，提高全要素生产率，大大提升经济发展的质量和效益；可以建立起新技术、新产品、新服务等新优势，实现关键技术突破，全面提高经济发展活力和市场竞争力；可以解决资源环境与发展之间的突出矛盾，提供经济增长的内生动力，实现经济可持续发展。

四是科技创新推动社会民生改善。高质量发展，必须坚持以人民为中心的发展思想，努力做到发展为了人民，发展成果由人民共享，要求社会民生有持续明显的改善。科技创新将通过新技术、新产品、新模式、新业态的发展，优化人民生活，提升城市管理能力，提高精神文化水平，实现人民对美好生活的向往。

实现高质量发展，必须坚持质量第一、效益优先，大力实施创新驱动发展战略，以科技创新驱动高质量发展，加快转变发展方式、优化经济结构、转换增长动能、改善社会民生，提高全要素生产率和科技进步贡献率，在质的大幅提升中实现量的有效增长，为质量变革、效率变革、动力变革提供强有力的科技支撑。

（2）高质量发展动力源是“科技创新+”的集合

高质量发展是全方位的变革，不仅仅是经济方面的质量、效率、动力变革，更是各领域各行业质量、效率的提升和结构的优化。科技创新是高质量发展的核心驱动力，要实现经济高质量发展，需要推动以科技创新为主核的“一核多翼”战略，有机结合科技创新（核）和相关资源禀赋（翼）。高质量发展动力源是区域内所有资源禀赋与科技创新的有机结合，是“科技创新+文化”“科技创新+教育”“科技创新+治理”“科技创新+医疗”“科技创新+生态”等“科技创新+”的系统集成。

“科技创新+文化”：在经济转向高质量发展阶段的背景下，文化产业也由数量型增长转向质量型增长。2018 年，习近平总书记在全国宣传思想工作会议中首次提出文化产业高质量发展的理念，文化产业高质量发展，需要坚持以人民为中心的发展思想，深化文化管理体制创新，促进文化与科技融合创新，以高质量文化供给增强人们的文化获得感、幸福感。文化与科技是人类社会发展的助推器，文化与科技融合创新为消费者提供了源源不断的新产品和新服务，促进了生产、消费乃至社会方方面面的深刻变化。文化与科技融合能够促进文化产业创新发展，促进文化产业结构合理化，并优化文化产品的供给模式，进一步提升文化产业发展的效率与质量。

“科技创新+教育”：建设社会主义现代化强国，发展是第一要务，创新是第一动力，人才是第一资源。习近平总书记强调，实现“两个一百年”奋斗目标、实现中华民族伟大复兴的中国梦，归根结底靠人才、靠教育。培养好人才、使用好人才、吸引更多人才，是当前经济高质量发展和科技创新队伍建设的关键抓手。科教融合是培养拔尖创新人才的重要保障，要把科研活动变成培养独创精神和批判性思维的载体。以高质量教育支撑高质量发展，需要强化人才支撑、智力支撑、创新支撑，推动校企紧密合作，加快科教融合、产教融合，多措并举鼓励创业，促进大学生就业和科研成果转化。

“科技创新+治理”：习近平总书记多次指出，坚持和完善中国特色社会主义制度推进国家治理体系和治理能力现代化。国家治理体系现代化的核心是制度体系的完善，带来良好的社会秩序和稳定的社会生态，高质量发展需要这样优良的制度环境。党的十九届五中全会提出，加强和创新社会治理。加强和创新市域社会治理，推进市域社会治理现代化。习近平总书记指出：“要运用大数据提升国家治理现代化水平。要建立健全大数据辅助科学决策和社会治理的机制，推进政府管理和社会治理模式创新，实现政府决策科学化、社会治理精准化、公共服务高效化。”明确了科技在国家治理和社会治理中的作用，着眼于国家治理结构和能力，科技可大幅增强综合国力。科技创新已成为国家治理体系和治理能力现代化的重要内容和基础支撑，是科技强国和现代化强国的重要标志和制度保障。

3. 未来产业是高质量发展的动力源

未来产业作为高质量发展的动力源，具有创新引领、新兴增长点、绿色低碳和国际竞争力强等多重优势。通过加快未来产业的培育和发展步伐，可以推动我国经济实现更高质量、更有效率、更加公平、更可持续的发展。

第一，未来产业可以实现创新引领与技术突破。未来产业基于前沿科技和重大技术突破，代表了科技革命和产业变革的新方向。这些领域的持续创新能够推动产品、服务和商业模式的根本性变革，为经济发展注入源源不断的创新活力。通过技术创新，未来产业能够不断提升生产效率、降低成本、改善产品和服务质量，从而引领和推动整个经济体系的高质量发展。

第二，未来产业可以成为新的增长点，并带动产业结构优化。未来产业作为新兴产业，具有巨大的市场潜力和发展空间。它们能够培育新的经济增长点，形成新的产业生态，推动产业结构的优化升级。随着未来产业的不断壮大，传统产业的转型升级也将加速进行，实现产业结构向更加高效、绿色、可持续的方向发展。这种转变将提升整体经济的竞争力和抗风险能力，为高质量发展打下坚实的基础。

第三，未来产业可以带动绿色低碳与可持续发展。面对全球气候变化和资源环境约束加剧的挑战，未来产业在绿色低碳和可持续发展方面发挥着重要作用。许多未来产业领域，如清洁能源、绿色制造、环保技术等，都致力于降低能源消耗、减少污染物排放、提高资源利用效率。这些产业的发展将推动经济向绿色低碳转型，实现经济发展与环境保护的双赢，为高质量发展提供可持续的动力支持。

第四，未来产业可以推动国际竞争与合作。未来产业作为国际竞争的新高地，各国都在加大投入力度进行布局和发展。通过积极参与国际竞争与合作，我国可以学习借鉴国际先进经验和技术成果，提升自身在未来产业领域的竞争力。同时，通过加强国际合作与交流，可以促进全球范围内的技术共享和资源整合，共同推动未来产业的发展和全球经济的繁荣。

第三章　未来产业的重点领域和关键核心技术、颠覆性技术

党的二十届三中全会通过的《中共中央关于进一步全面深化改革、推进中国式现代化的决定》（以下简称《决定》）提出，“加强关键共性技术、前沿引领技术、现代工程技术、颠覆性技术创新”。我国在量子计算、量子通信等方面走在全球前列，但也要看到，目前我们在生物制造、基因技术、人形机器人等新赛道上还面临一些“卡脖子”问题。要筑牢未来产业发展的技术底座，必须补齐关键技术、颠覆性技术、重要领域的短板，努力发挥后发优势，实现后来居上。目前，我国尚未发布未来产业相关的指导目录，各省份发布的未来产业细分领域都不尽相同，本章将重点介绍目前工信部等部门主要公布的未来产业及重点方向。

一、关键核心技术与颠覆性技术的内涵及现状

1. 什么是关键核心技术和颠覆性技术？

（1）关键核心技术概念及识别

自 20 世纪 70 年代美国政府将关键技术引入政府政策中以来（Wagner，1997），关键技术的概念被广泛应用于不同领域，但学术界关于关键技术尚未有统一定义。从国家层面可以将关键技术定义为实现某个国家长期安全和经济繁荣所必需的技术群（Wagner and Popper，2003）；产业层面角度，关键核心技术指在某一技术领域中占据重要地位并具有引领作用，对一个产业或多个产业有重大影响的技术（孙涛涛、金碧辉，2008；李建玲、李纪珍，2009；黎欢、彭爱东，2013），部分学者认为关键核心技术是需要通过长期高投入的

研究开发且具备关键性与独特性的技术体系。

关键核心技术对国家和产业都有重要作用，如何识别和预测关键核心技术是学者们研究重点之一。从国家层面看，西方发达国家普遍将强化关键核心技术、获得产业技术制高点作为国家战略的重点（万劲波等，2003）。从产业层面看，有效识别关键核心技术是确定产业重要研发投入领域的关键步骤，是合理配置政府及产业科技资源，从而提升产业自主创新能力和产业竞争力的基础（Johnston，2007；李从东等，2013）。

关键核心技术识别的方法有多种，主要分主观和客观两个层面。识别关键核心技术的主观方法主要为德尔菲法（专家咨询、专家调查），即根据研究目的结合其他方法对获得的数据进行建模分析，进而得出关键技术报告（穆荣平、任中保，2009；Castorena et al.，2013）。张乔木（2017）基于德尔菲调查和聚类分析法，构建山西省新材料行业关键共性技术预见的指标体系，总结出山西省新材料行业的关键共性技术。陈进东等（2019）采用文献计量、情景分析和德尔菲调查法，对未来 20 年工程科技关键技术开展备选技术清单选择研究。

识别关键核心技术的客观方法包括文献计量学、专利引用和产业技术路线图等方法（Castorena et al.，2013；Kirby，2001）。产业技术路线图近年来逐渐成为识别关键技术的热门方法（王硕、朱桂龙，1998；钱照明，2004）。通过对“市场需求—产业目标—技术壁垒—研发需求”相关联的系统化分析（曾路等，2014），在制定过程中可以融合数据挖掘（Geum et al.，2015）、专利分析（Daim et al.，2006）、情景规划（Turrul et al.，2011）等分析方法来综合制定产业技术路线图，识别产业关键技术，指导产业关键技术创新模式（Strauss and Radnor，2004；Yasunaga et al.，2009；Lee et al.，2015）。陈进东等（2019）基于文献分析和文本挖掘等方法，比较中国工程科技 2035 年技术预见和日本第十次技术预见在目的、方法、专家选择上的区别和联系。马永红等（2020）基于专利数据及 LDA 主题模型，借鉴社会网络分析方法，筛选关键节点，识别关键共性技术。陈伟等（2020）提出了一种基于专利文献分析的关键共性技术识别框架，运用文本挖掘和技术演化分析方法获取特定领域的关键共性技术。

关键技术的预测是一个国家决策的基础与前提，是制定科技发展规划的背景材料，也是提高科学技术管理水平的重要手段（金瑛、方晓东，2018）。关键技术预测主要以社会契约论、资源稀缺论、社会建构论、技术影响论、技术生命周期理论等理论为基础（杨耀武，2006；曾国屏等，2013），对国家和产业的关键技术进行预测。欧洲视听与电信研究院（IDATE）在2018年发布了一份到2025年的15大关键技术预测，具体包括人工智能、5G、区块链等。2019年2月，科技部启动了第六次国家技术预测工作，明确了技术竞争评价、重大科技需求分析、领域技术调查和关键技术选择等重要任务。

（2）颠覆性技术概念及识别

颠覆性技术（也称破坏性技术，Disruptive Technology）最早是在1995年由哈佛大学Christensen教授提出，随后不同机构和学者对其概念进行了延伸和拓展，现已由最初的商业领域逐步拓展到军事、国防、科技、社会等各个领域。2021年5月14日，国家科技创新领导小组在北京召开第十八次会议，议程之一为讨论“面向后摩尔时代的集成电路潜在颠覆性技术”，这也是我国政府首次公开对颠覆性技术创新机遇表达了关注。根据科技部的定义，颠覆性技术一般指通过科学或技术的创新和突破，对已有传统或主流的科学原理、技术、产品、工艺流程、设计方法进行另辟蹊径革新的技术，可以产生重塑人类生活、工业生产、商业消费模式乃至全球经济的革命性、颠覆性进步，具有替代性、破坏性、高风险、高回报等显著特征。每一项重大颠覆性技术的诞生和发展都推动了人类社会的重大变革和人类文明的飞跃。例如，液晶技术颠覆CRT技术，推动显示技术进入平板时代；硅基氮化镓技术因低功耗、小尺寸等独特优势，成为颠覆性的半导体技术。根据上海颠覆性技术创新中心的定义，颠覆性技术是以科学技术的新原理、新组合和新应用为基础开辟的全新技术路径，是推动传统产业价值网络重组，决定性影响社会技术体系升级跃迁，实现国家现有基础、能力、结构重构的战略性创新技术。与延续性技术（渐进式技术）相比，颠覆性技术具有前瞻性、替代性、层次性、隐蔽性等特点。颠覆性技术一般都具有较强的前瞻性，都是在各个领域的科技前沿针对长期制约技术发展的挑战性问题开展研究，当研究取得了跨越式突破时就可能会产生颠覆性技术。

从国外看，颠覆性技术识别和研究已经形成了常态化机制，美国国防部高级研究计划局（DARPA）等机构都将颠覆性技术纳入了战略谋划范畴，还联合了兰德公司、美国国家情报委员会等美国知名智库机构对可能出现的颠覆性技术进行预测并不断更新。为了识别能促进英国未来20年可持续发展的技术及领域，英国在2010年就设立了“技术与创新未来项目”。2016年4月，日本内阁府与科学技术振兴机构（JST）联合推出“日本颠覆性技术创新计划”（ImPACT），也主要致力于能够为未来产业生产、经济增长和社会发展带来根本性的转变。黄鲁成等在 2015 年提出一个颠覆性技术的识别框架，该框架以专利数据为依据，以属性创新和改进的技术发展推动机制为基础，借鉴物种入侵模型和集对分析方法，通过计算新技术出现前后的属性集相似度，来对颠覆性强度值进行测度。赵一鸣等（2024）综合多源异构数据，从新颖性、前瞻性、可行性和关注度 4 个维度，运用熵权 TOPSIS 法，构建颠覆性技术早期识别模型，并在氢能源领域进行实验验证，研究表明，太阳能分解水制氢、物理吸附储氢和质子交换膜燃料电池是最具颠覆性潜力的氢能源领域技术。

2. 关键核心技术仍存在“卡脖子”问题

（1）什么是“卡脖子”技术

“卡脖子”问题是指在产品研发或应用的过程中没有完全掌握其所需要的核心技术、基础工艺、关键材料及高端设备等，主要依赖于外部引进，面临被其他国家或地区实施技术封锁的风险（张治河、苗欣苑，2020）。白春礼院士认为，“卡脖子”关键技术可以划分为两类，一类是已经被限制亟待在较短时期内攻克的关键核心技术，另一类是关系未来发展需要长远布局的关键核心技术。李红建（2020）指出，“卡脖子”技术不只是单一某项技术，而是一系列关键核心技术的“技术体系”或者“技术簇”，其中基础工艺、核心元部件、系统构架与机器设备都归属于这一体系范畴。陈劲等（2020）从技术差距与技术安全的视角定义“卡脖子”技术，即关键核心技术长期与其他国家存在较大差距，且差距难以在短期内被缩小，技术供给方的垄断程度高，依赖国际贸易的跨国、跨链、跨企合作难以实现技术转移。

本书综合上述学者的观点认为，“卡脖子”关键核心技术既具有关键核心技术的共性特征，更具有“卡脖子”的核心特征，即关键领域的核心技术，发达国家已经掌握在手里但我们尚未突破的主要核心技术，在全球价值链中占据关键核心位置的技术。其中，政府主导型的关键技术是可以通过新型举国体制完成攻坚任务、实现追赶、突破瓶颈的“卡脖子”技术，而不是“无中生有”的技术。

（2）关键核心技术“卡脖子”问题亟待解决

随着世界科技水平的不断提高，国与国之间的竞争，在一定程度上已表现为科技水平和国家创新能力之间的竞争。改革开放以来，中国科技创新领域取得了令人瞩目的成就，特别是创新驱动发展战略实施之后，制造业很多领域的创新能力获得快速提升，为创新型国家的建设奠定了良好的基础。从一些领域来看，超级计算机10次蝉联世界之冠，采用国产芯片的“神威·太湖之光”获得高性能计算应用最高奖“戈登·贝尔”奖，载人航天和探月工程取得“天宫”“神舟”“嫦娥”“长征”系列等重要成果。世界知识产权组织发布的《2024年全球创新指数报告》中，中国继2022年后再次来到第11位并接近前十，是前30位中唯一的中等收入经济体，也是10年来全球创新指数排名中上升最快的经济体之一。

然而，当人们正沉浸在中国创新指数、专利数量逐年上升和某些领域取得成绩带来的喜悦之中时，“中兴事件”暴露了中国制造业掣肘难题。在某些制造业领域，中国与世界先进水平还存在着较大差距，关键核心技术存在受制于人的现象，关键核心技术“卡脖子”状况时有发生。自“中兴事件”爆发后，中美贸易摩擦持续升级，加剧“逆全球化”浪潮。《科技日报》从2018年4月19日起以“是什么卡了我们的脖子”为引题，连续数月针对制造业35项“卡脖子”的关键核心技术进行报道，引起政界、学界和企业界等社会各界的警醒。35项“卡脖子”关键核心技术涉及多个领域，截至目前，仍有超过2/3的技术尚未实现技术自主或国产替代。

美国近年来多次对中国企业“断供”，将华为、大疆等多个中国高科技企业，研究机构，个人列入“实体清单”。拜登政府的对华科技策略已经从“小院高墙”转为大面积围堵，在半导体领域尤为严重，频繁使用出口管制及外国投资国家安全审查等政策性工具，对中国企业施加限制。历史和现实都表明，关键核心技术必须掌握在自己手中，“卡脖子”的关键核心技术亟须突破。

“十四五”时期是世界百年未有之大变局深刻演变的关键期，是中国全面开启现代化强国建设新征程的起步期。在国内外复杂形势下，我国提出要“加快构建以国内大循环为主体、国内国际双循环相互促进的新发展格局”。以往面向国际大循环，外贸出口比重高，且“两头在外，大进大出”，这种情况是全球化分工的结果，我国也分享了这个红利。我国制造业增加值规模在全球制造业中的占比接近30%，但制造业发展受制于全球产业链的原有分工，发达国家占据产业链、价值链高端，我国则在中低端，高端装备、核心零部件仍是短板，上游核心技术受制于人，部分产业链自主可控力较弱。产业链的短板关系着我国产业链安全和稳定，影响我国企业的国际竞争力。

习近平总书记在《国家中长期经济社会发展战略若干重大问题》中指出，要拉长长板，巩固提升优势产业的国际领先地位，锻造一些“撒手锏”技术，持续增强高铁、电力装备、新能源、通信设备等领域的全产业链优势。中国亟须加大科技创新力度，突破关键核心技术“卡脖子”梗阻，加快实现关键核心技术自主可控，确保产业链安全。

党的十九届五中全会确立了创新在我国现代化建设全局中的核心地位，把科技自立自强作为国家发展战略支撑，摆在各项规划任务的首位。加快建设世界科技强国，强化关键核心技术攻关，努力实现更多“从 0 到 1”的突破，塑造发展新优势，已成为我国现代化建设的重要任务。“十四五”规划纲要明确提出，要强化国家战略科技力量，制定科技强国行动纲要，健全社会主义市场经济条件下新型举国体制，打好关键核心技术攻坚战，提高创新链整体效能。

创新全球化时代，单一组织难以拥有关键核心技术创新突破所需的全部资源，促使企业和供应商、用户、研究机构、大学、科技服务机构和政府等创新主体形成紧密合作的生态系统并充分发挥作用，进行根本技术、组织和制度的变革，才能实现关键技术创新突破。

3. 关键核心技术为什么“卡脖子”？

关键核心技术缺失是制造业的切肤之痛，也是制约中国经济高质量发展的重大瓶颈。补短板、强弱项是各项工作的迫切需要，了解关键核心技术缺失的原因至关重要。

（1）基础研究短板明显

基础研究投入严重不足。基础研究是整个科学体系的源头，对科技创新起到源头供给和引领作用。2023 年，我国科技经费投入规模稳步增加，研究与试验发展（R&D）经费投入强度为 2.65%，提升幅度进一步加大，但与美国（2.83%）、日本（3.26%）等科技强国相比，R&D 经费投入强度明显不足。2023 年，我国基础研究经费为 2259.1 亿元，基础研究经费所占比重为 6.77%，与发达国家普遍 15%以上的水平相比差距仍然较大。

基础研究投入过度依赖中央财政，地方财政投入明显偏低，企业对基础研究投入严重不足。中央本级财政在全国基础研究总投入中占比达 90%以上，地方政府对基础研究投入占7%。在一些发达国家，地方政府也会承担支持基础研究的一部分责任，一些企业在基础研究总支出中的贡献至少会达到20%。2019年，高等学校、政府所属研究机构和企业的基础研究经费分别为722.2亿元、510.3亿元和50.8亿元，高等学校和政府所属研究机构对全社会基础研究经费增长的贡献分别为54.0%和35.6%，企业贡献相对较低。

各类主体的基础研究活动占研发比重较低。2018年，全国企业研发经费内部支出15233.72亿元，基础研究33.49亿元，占比仅为0.22%。2018年高等学校和研发机构基础研究占研发经费内部支出比例分别为40.5%和15.7%，法国、美国高等学校基础研究占比达到74%和63%，英国、俄罗斯研发机构基础研究占比达到42%和32%。

（2）关键技术创新内生动力缺失

自主创新能力不足，技术来源主要依靠引进，技术进步对经济增长的贡献不足。从全球产业链看，我国很多产业处于中下游，制造业大多处于中低端制造领域。工业和信息化部部长苗圩在全国政协十二届常委会第十三次会议上对《中国制造2025》解读时指出，全球制造业已经基本形成四级梯队的发展格局。第一梯队是以美国为主导的全球科技创新中心；第二梯队是高端制造领域，主要是欧盟、日本；第三梯队是中低端制造业领域，主要是新兴国家；第四梯队是资源输出国，主要包括石油输出国组织、非洲、拉美等地区。在全球制造业的四级梯队中，中国处于第三梯队。发达国家科技进步贡献率达到70%以上，2019年我国科技进步贡献率为59.5%，2020年超过60%，但与发达国家还存在明显差距。

创新激励机制不健全。习近平总书记指出，我国面临的很多“卡脖子”技术问题，根子是基础理论研究跟不上，源头和底层的东西没有搞清楚。我国基础科研较多使用“专家本位”的评价模式，科研过多强调“热点”，导致国家重大需求方面科研能力明显不足。现行科研评价体系和科技高速发展、国家对科技人员现实需求之间的矛盾日渐凸显，化解科研评价体系和国家需求之间的矛盾越发重要。

企业创新成本显著高于创新收益。企业进行创新的意愿来源于对更大利益的追求，但创新成本较高且具有极大的失败风险，市场还存在严重的“搭便车”现象，创新产品很容易被竞争者模仿，创新带来的收益明显小于创新成本，导致很多企业缺少创新的动力。

（3）产学研统筹协调机制有待完善

产学研协同和企业融通发展不足。产学研合作长期存在分工不合理、创新链条长而分散、科研成果转化不畅的难题，高校、科研机构、企业等创新主体之间缺少紧密沟通的平台，难以形成以关键核心技术为中心的产学研合作机制。虽然我国正不断出台政策加快建立以企业为主体的技术创新体系，但大企业整合引领能力不够、中小微企业创新能力较弱、利益分配不平衡的问题短期仍难以解决，企业缺乏基础研究、关键核心技术研究的动力。

顶层设计和战略规划的统筹性有待加强。“卡脖子”的关键核心技术需要全产业链共同努力，但目前多部门协调的管理模式尚不能满足“卡脖子”技术攻关需求。现有法律法规、管理政策多为条块管理，从科学发现、技术发现到产业化的整体链条缺少统一协调的管理部门，各部门之间存在多头管理现象，导致企业新技术转化处处遇难。在战略规划层面，复杂环境变化下国家重点科技领域的整体布局也有待进一步完善。如缺乏以培育战略产业为目标的全局观，有限资源不能实现有效集聚，导致高技术领域前沿技术突破受限。

4. 关键核心技术突破及生态系统研究现状

（1）关键核心技术突破的影响因素和路径

在对关键核心技术进行概念界定、预测和识别后，国家和产业层面对关键技术创新和突破的实际需求开始涌现，学者们也从不同角度对关键技术突破的风险因子和影响机理进行了大量研究。很多学者从产业系统、区域系统和国家政策系统的视角分析关键核心技术突破问题（黄幸婷、杨煜，2010；邓龙安、刘文军，2011；李欣等，2012；赵天一，2013）。Burhop 等（2010）通过考察德国新兴产业管理模式，发现设定目标奖金对企业关键核心技术创新有正向作用；Pandza 等（2011）发现知识共享、团队凝聚力能促进关键技术突破。Corredoira 和 Banerjee（2015）指出，国家政策和企业管理显著影响发明专利，进而影响关键技术突破效率；Belderbos 等（2015）对企业与研发机构不同合作模式进行研究，发现双方持久性合作能有效提高关键技术创新绩效；周文辉等（2016）从价值共创的双元视角，采用案例研究方法，归纳出关键技术突破创新瓶颈的不同阶段和主要要素。余江等（2020）指出，在聚焦关键核心技术攻关时，应通过超前部署“锻长板、补短板”相结合的系统性科技战略布局，形成有自身特色的新需求、新技术和新架构。汤志伟等（2021）以电子信息产业为例，分析了中美贸易摩擦背景下“卡脖子”技术识别方法与突破路径，并从技术、企业、产业、社会层面出发提出我国攻克“卡脖子”技术的政策建议。

产学研合作也是突破关键技术的重要方式（黄永春等，2014；付苗等，2013；孙亮等，2015）。Hess 和 Siegwart（2013）通过多案例研究发现企业与研发组织合作，对关键技术突破有正向影响。曹霞和刘国巍（2014）构建产学研合作创新两阶段博弈模型，仿真模拟发现产学研合作能够有效促进关键技术创新。国内很多学者对传统制造业和战略性新兴产业关键技术突破问题开展研究，也发现产学研合作对关键技术突破有重要作用（周绍东、王昌盛，2014；郭本海等，2017）。张羽飞和原长弘（2021）以三一集团为例，探讨了民营制造业领军企业产学研深度融合突破关键核心技术的演进路径。胡旭博和原长弘（2021）以产学研为攻关主体，从“突破路径”和“助力渠道”两个维度探析出关键核心技术的 7 个主要突破因素。

现有研究在探索关键技术合作创新模式背景下，越发强调政府在创新过程中的关键性，新型举国体制和“官产学研”合作创新模式在中国大环境下越发重要。马名杰（2005）指出，共性技术政策不仅适用于发达国家，也同样适用于奉行技术追赶战略的发展中国家，政府支持共性技术研究需要与产业组织政策、财政政策、知识产权政策等相关政策配套才能发挥作用。邓程和杨建君（2020）研究认为，关键共性技术合作创新的“官产学研”合作模式的发展被看作是在统一的战略目标下，涵盖创新主体协同、技术创新协同与创新团队协同等不同类型的合作创新模式。

曾宪奎（2020）指出，建设关键核心技术攻关新型举国体制对改变我国多数行业关键核心技术受制于人的局面具有很大的潜力，是未来我国需要完成的一项重要任务。陈劲和朱子钦（2020）研究认为，要突破关键核心技术“卡脖子”，需要发挥党领导下的新型举国体制优势，强化顶层设计和组织保障。杨思莹（2020）指出，政府在推动关键核心技术创新中，还应当重点处理好政府与市场、关键核心技术创新与一般科技创新、科技创新与体制机制创新、中央政府与地方政府、基础研究与应用研究、产学研之间、国企创新与民企创新以及自主创新与开放创新之间的关系。闫瑞峰（2022）研究指出，科技创新新型举国体制是国家创新系统的重要方面，其以社会主义市场经济体制为背景，在政府与市场双轮驱动的协同创新理论基础上，寻求实现科技创新资源配置强度和效度的双突破，并在资源配置主体关系、科技创新目标特征、科技创新组织方式以及科技创新成果面向等方面呈现新特征。

（2）关于关键技术创新生态系统的研究

创新生态系统的概念源于生态学，Moore（1993）将生态系统概念引入技术创新领域，并将创新生态系统定义为由一系列围绕共享的技术、知识、技能以及产品和服务的企业与其他实体组成的共同发展的松散耦合网络。Oh 等（2016）讨论了生态对国家创新系统和区域创新系统的意义，认为对于创新系统来说，风险大于收益，并指出投资和经济发展领域存在创新生态系统的研究空间。刘钒和吴晓烨（2017）、武建龙等（2017）对国内外创新生态系统研究进行了述评，创新生态系统是技术创新的生态化，是一种新的技术创新观（田晓，2006；吴金希，2014），也是一种以产业为核心的多维网络（袁政，2004；Luo，2018）。

创新生态系统的主体和特征较多，生态系统对促进技术创新和关键技术的产生也有直接作用。樊海林和程远（2004）从经济学和企业竞争视角展开研究，认为创新生态系统会大幅度提高企业投入，促进企业创新。武春友等（2005）研究了创新生态系统的稳定性，提出判定创新生态系统是否稳定的三个维度。徐浩然等（2009）认为创新生态系统并不是单纯的地域空间上的产业集聚以及公共资源的共享，更强调内部企业之间的密切合作与分工以及相互联系。Chen 等（2014）构建生态系统分析了中国新兴风力发电机组技术的追赶问题，探讨了生态系统不同阶段的技术积累和协同创新机制。由于关键技术日益复杂，创新生态系统主体之间的相互依存关系更加紧密（Kapoor and Furr，2015），生态系统中的各个主体不能在同一时间完成升级改善，当某个企业或组织发起了创新，只有当与它相关的外部环境随之改变时，这种创新才能真正成功（Kapoor and Lee，2013）。吕一博等（2015）基于多案例比较，分析了开放式创新生态系统的成长基因。Nishino（2018）根据参与主体之间的间接互惠和平衡理论，研究了创新生态系统主体合作机制。

创新生态系统一方面是由其他系统演化过来的，另一方面自身也是在不断演化的。曾国屏等（2013）探讨了创新系统到创新生态系统的演变，并分析了创新生态系统的动态性、生长性，探讨了建设和完善创新生态系统的相关问题。梅亮等（2014）对创新生态系统的起源、指示演进和理论框架进行了系统阐述，指出创新生态系统的理论研究主要围绕商业生态系统、价值创造、开放式创新、创新生态系统四大聚类展开。胡京波等（2014）研究了以

SF 民机转包生产商为核心企业的复杂产品创新生态系统演化。Zhu 等（2016）通过构建第三方演化博弈模型，提出了生态产业链合理构建和演化的实施机制。欧忠辉等（2017）探讨不同环境下创新生态系统共生演化问题，构建了创新生态系统的共生演化模型。陈衍泰（2018）介绍了从创新网络、创新系统到创新生态系统的演化过程。刘平峰和张旺（2020）构建多种群共生演化动力学模型，运用数值仿真与实证分析相结合的方法，解释了不同共生模式下种群共生演化规律。袁野等（2021）从创新生态系统视角构建了人工智能关键核心技术创新能力测度体系，指出应坚持创新导向，培育多元创新主体，实现在关键核心技术领域的突破。张超等（2021）研究认为，数字化重塑了创新主体之间的价值共创方式，拓展了现有创新生态系统理论，并提出数字创新生态系统的两种表现形式，即创新导向的数字生态系统和数字赋能的创新生态系统。

创新生态系统概念产生后，被西方发达国家纳入政策体系中，国家和区域层面的创新生态系统被引入学术界，国内很多学者对区域创新系统、国家创新系统和跨国创新系统的构建以及评价方法进行研究（柳卸林，2003；詹湘东，2005；官建成、何颖，2005；祁明、林晓丹，2009；王春法，2012；王元地、刘凤朝，2013；王海花等，2014；杜传忠、刘忠京，2015；刘云等，2015）。陈劲和李飞（2011）结合生态系统理论，从生态物种进化视角重新审视国家创新体系，阐述了国家技术创新体系中生存、演化和优化的三阶段创新发展机理。李万等（2014）在分析创新生态系统兴起和发展动因的基础上，指出创新 3.0 是以创新生态系统为核心特征的新一代创新范式。Margolis 等（2015）分析了科技和创新生态系统对金砖国家经济增长的影响。Wei 等（2013）从复杂系统理论出发，分析了资源约束条件下区域技术创新生态系统的发展和复杂性。Radziwon 等（2017）基于丹麦中小型企业的案例，研究了中小型企业在区域创新生态系统中的商业模式。Nieth 等（2018）研究了嵌入创业的区域创新生态系统，探讨创新创业影响关系。张治河等（2018）探讨了中国科技资源匮乏地区的创新驱动发展路径。瞿浩翔等（2024）通过构建包括先进制造企业、研发机构与政府部门的三方演化博弈模型，研究了未来制造颠覆性技术创新生态系统演化博弈问题。

随着经济全球化的深化，跨国家和跨区域的创新活动日趋明显，很多学者认为创新活动不应受空间因素限制，并提出产业创新系统、企业创新生态系统和集群创新系统等概念。很多学者从不同视角构建了产业创新生态系统，分析具体的框架和结构（Gibbs，2009；曹如中等，2011；伍春来等，2013；吴绍波等，2014；郭燕青、何地，2017；朱桂龙等，2018）。Li（2009）对Cisco的生态系统进行分析，使用专利数据解释企业的技术路线图，并提出共生、共同进化的企业创新生态系统框架。孙冰和周大铭（2011）、蒋石梅等（2015）基于核心企业视角构建了企业技术创新生态系统。马玎等（2016）以沪深两市主板非金融公司为样本，研究了公司生态创新和营利性之间的关系，发现生态创新类型和经济回报之间有直接影响。柳卸林等（2016）研究了企业创新生态战略与创新绩效关系。Boons等（2017）从全球化视角构建了产业生态系统的新理论框架，阐述了产业生态系统相比其他产业组织的优势。Taddeo等（2017）通过意大利的产业数据分析了产业生态系统对知识传播和技术创新的促进作用。李晓锋（2018）以产业链、创新链、资金链和服务链为基础构建创新生态系统，分析了四链融合促进创新生态系统能级提升的理论路径，探讨了四链促进产业技术创新的机制。舒辉和唐飞（2024）研究指出，建设富有韧性的数字创新生态系统是抵御内外部突发事件冲击、实现经济高质量发展的重要手段，并建议缺乏数字产业集聚条件的省份可借助数字产业集聚区域的赋能能力和辐射效应，实现数字创新生态系统韧性的依附式升级。

（3）研究综述

总结当前国内外相关研究发现，关键技术突破问题已成为学术界研究重点，如何发挥新型举国体制优势实现关键技术突破问题已成为研究的新内容。但针对关键技术的创新生态系统研究刚刚起步，对关键技术突破路径的分析也聚焦在政府和企业等少数主体上，从国家战略科技力量视角出发的研究有待完善，从区域层面和多链融合视角分析“卡脖子”技术突破路径的研究更是相对较少。大量研究未区分已存在的“卡脖子”技术与颠覆性技术、未知技术的区别，相关研究缺乏针对性。

基于此，本书通过分析未来产业的关键核心技术和颠覆性技术，构建多主体参与的未来产业关键技术创新生态系统，从多个视角分析已被“卡脖子”的关键技术的突破路径，也是对当前研究的补充。

二、九大未来产业

2023年8月，工信部等四部门印发《新产业标准化领航工程实施方案

（2023—2035 年）》，主要聚焦新兴产业与未来产业标准化工作，形成“8+9”的新产业标准化重点领域。除了八大新兴产业领域外，该方案还提出了九大未来产业作为新质生产力的发展方向，包括元宇宙、脑机接口、量子信息、人形机器人、生成式人工智能、生物制造、未来显示、未来网络和新型储能等。这些领域具有高度的创新性和前瞻性，是未来经济发展的重要引擎。

1. 元宇宙

2023 年 9 月，工信部等五部门印发《元宇宙产业创新发展三年行动计划（2023—2025 年）》，指出元宇宙是数字与物理世界融通作用的沉浸式互联空间，是新一代信息技术集成创新和应用的未来产业，是数字经济与实体经济融合的高级形态，有望通过虚实互促引领下一代互联网发展，加快制造业高端化、智能化、绿色化升级，支撑建设现代化产业体系。元宇宙经过前两年“爆火”，从最初的“炒概念”到“元宇宙是个筐什么都能装进去”，正迎来潮水退去之后的“理性”发展。

近几年美日韩等发达国家积极布局元宇宙产业，在技术、应用场景和资源汇聚等方面夯实了产业化发展基础。韩国在 2020 年就提出打造成为全球五大 XR 先导国家之一，还计划将首尔打造成全球第一个元宇宙城市。同时，Meta、微软等科技龙头企业也普遍主动拥抱元宇宙，积极拓展元宇宙产业化的商业版图。《中国元宇宙发展报告（2022）》预测，未来五年国内元宇宙市场规模至少突破 2000 亿元大关。我国制造业体系全、场景多、市场大，数字经济蓬勃发展，具备发展元宇宙产业的坚实基础，但在关键技术、产业生态、领军企业、标准治理等方面仍存在短板弱项，亟须加快突破。

元宇宙是一个集成了多种前沿技术，包括 5G、云计算、人工智能、虚拟现实、区块链、数字货币、物联网、人机交互等构建的虚拟世界。其中，比较重要的关键技术如下。

一是交互技术。虚拟现实（VR）与增强现实（AR）等交互技术通过不断的升级感知交互，为元宇宙提供沉浸式体验，为用户构建了虚实结合的综合感官。二是区块链技术。区块链为元宇宙数字资产提供了安全、透明的交易机制，支持虚拟物品的所有权管理和去中心化应用，可以激发创作者经济时代，催生海量内容创新。三是人工智能技术。AI 在元宇宙中用于生成内容、优化用户体验和提供智能化服务，例如，虚拟角色的行为和交互。通过机器学习，可以将元宇宙中系统及要素逐步接近于人类的学习水平，还可能会实现超越。四是云计算与边缘计算技术。这些技术可以为元宇宙提供强大的计算和存储能力，支持元宇宙中的数据处理和实时互动，确保低延迟体验。同时，云计算还能为元宇宙提供功能更强大的云端服务、更轻量化的终端设备、更便捷的响应机制、更低的费用支出。五是物联网（IoT）技术。IoT设备能够将现实世界的数据与虚拟世界连接，提供更丰富的互动体验。只有真正实现了“万物互联”，元宇宙才能进入虚实共生的阶段。六是网络技术。5G/6G等高速网络技术为元宇宙提供了低延迟、高带宽的连接，可以支持多人同时在线互动和大规模虚拟世界的构建，让虚拟环境中的体验更加丰富、更加真实，还能够实现互动。

专栏3.1　元宇宙国家级行动计划解读

《元宇宙产业创新发展三年行动计划（2023—2025年）》（简称“《计划》”）是国家部委首次正式颁布的专项元宇宙文件，对抢抓机遇引导元宇宙产业高质量发展具有重要意义。

1.《计划》的主要内容和亮点

（1）主要内容：5大任务和4项工程

《计划》首先进行概念界定，指出元宇宙是数字与物理世界融通作用的沉浸式互联空间，是新一代信息技术集成创新和应用的未来产业，是数字经济与实体经济融合的高级形态，有望通过虚实互促引领下一代互联网发展，加速制造业高端化、智能化、绿色化升级，支撑建设现代化产业体系。

《计划》的主要内容可以概括为5大任务，即构建先进元宇宙技术和产业体系、培育三维交互的工业元宇宙、打造沉浸交互数字生活应用、构建系统完备产业支撑、构建安全可信产业治理体系。围绕5大任务，《计划》提出“加强关键技术集成创新”“丰富元宇宙产品供给”等14项具体措施，明确细化了发力方向和突破点。在这些具体措施的基础上，《计划》提出提升关键技术、培育产业生态、工业元宇宙赋能、强化产业基础等4项工程，从技术、生态、赋能、产业基础等维度，进一步谋划布局产业突破口。

（2）产业生态：“四名”元宇宙生态

《2023胡润中国元宇宙潜力企业榜》显示，排名前五的最具潜力企业是阿里巴巴、华为、网易、腾讯、百度，均为传统龙头企业布局元宇宙赛道，可见元宇宙产业创新空间巨大。《计划》提出要开发元宇宙“名品”、培育元宇宙“名企”、创建元宇宙“名区”、打造元宇宙“名人”（数字人），打造“四名”元宇宙生态。通过建立元宇宙企业梯次培育库，将着力培育元宇宙龙头企业和专精特新中小企业，打造产业创新联合体，构建大中小企业融通发展、产业链上下游协同创新的生态体系。

（3）产品供给：丰富元宇宙产品供给

数据显示，2023年上半年，中国消费级XR设备全渠道销量为38.2万台，同比下降38.6%。针对我国元宇宙产品不丰富的发展瓶颈，《计划》提出，围绕社交、文娱、办公等现实需求，在元宇宙入口、虚拟空间应用工具和平台上着重发力，加速XR头显、裸眼3D等沉浸显示终端的规模化推广，支持脑机接口产品、数字人和虚拟空间相关产品、智能内容生成产品、全息实时通信等超高沉浸感产品等各类相关产品的供给和使用。

（4）应用场景：虚实交互赋能重点行业

一是元宇宙+工业。工业元宇宙是将XR、AI、IoT、云计算、数字孪生等元宇宙相关技术与实体工业经济深度融合的新型基础设施、应用模式和工业生态，可降低成本、提高生产效率。《计划》提出，要培育三维交互的工业元宇宙，加快重点行业工业元宇宙布局，针对离散型制造业，加速实现基于工业元宇宙的跨行业协同；针对流程型制造业，推动工业元宇宙在物料配方优化、工艺模拟仿真等关键场景中的应用。

二是元宇宙+文旅。元宇宙可以提供数字孪生建模、3D渲染、全息成像等沉浸式服务体验，与数字化时代所追求的新玩法匹配，在数字化博物馆、数字化文化演艺、数字藏品、虚拟人物等多个领域应用广泛。为推动科技与文旅融合发展，《计划》提出，建设文旅元宇宙，围绕文化场馆、旅游景区和街区、节事活动等应用场景，提供数字藏品、数字人讲解、XR导览等产品和服务。

三是元宇宙+公共服务。韩国首尔已上线全球首个元宇宙政务平台，广州南沙等多个国内地方政府也开始探索元宇宙和政务服务结合。《计划》强调，打造虚实融合的公共服务场景，加快数字人客服、实景导航等在政务服务方面的应用，加强元宇宙在供电服务、教育教学服务、医疗服务等方面的应用。

四是元宇宙+智慧城市。在地理空间信息、数字孪生等数字技术加持下，元宇宙可赋能城市管理部门实时化、精细化、动态化管理。《计划》提出打造支撑智慧安全的应急保障场景，建设实时监测、沉浸映射的智慧城市，赋能安全防范、管网诊断等重点场景，提升城市治理效能。

（5）要素支撑：加强重点要素保障

一是技术要素，强调突破关键核心技术。理论创新与技术创新并重，是突破元宇宙技术的重要路径。《计划》强调，加强关键技术集成创新，强化人工智能、区块链、云计算、虚拟现实等新一代信息技术在元宇宙中的集成突破，推动元宇宙关键技术在国家重大科技项目中的布局。

二是数据要素，数据要素贯穿《计划》全文。数据作为元宇宙基础设施建设的作用日益凸显，数据相关技术、社区、设施、机制贯穿《计划》全文，包括"探索数据资产的价值发现、确权保护、授权流通""加快推动工业数据要素资产化，打造工业数据资产服务平台，探索工业数据确权、定价、交易和流通机制"等。

三是资金要素，引导金融资本支持。元宇宙研发需要巨量资金长期投入，产业发展需要金融支持。《计划》提出，引导金融资本支持元宇宙发展，引导中小企业发展基金等投资基金支持元宇宙产业发展，健全基金管理制度，完善基金市场化运作机制；引导建立元宇宙产业基金，支持企业做大做强。

四是人才要素，优化人才培养。元宇宙技术相关的人才储备是可持续发展的重要条件，《计划》提出支持高等院校加强元宇宙相关学科专业人才培养，鼓励企业与高校、科研机构联合培养人才。《计划》还提出要加强海外高层次人才引进力度，选拔和支持一批元宇宙相关领域高水平管理、技术、技能人才。

2. 理顺三大关系，推动元宇宙产业高质量发展

一是政府和市场的关系：拓展应用场景，激发市场主体活力。鼓励各地政府加大元宇宙产业规划力度，推动元宇宙在城市管理、政务服务、先进制造、现代服务业等领域的深度应用，通过重点场景试点，带动元宇宙全面应用。政府还应加大投资力度，通过设立引导资金等方式，推动元宇宙领域新型基础设施建设，带动社会资本投向元宇宙赛道。

二是虚拟和现实的关系：强化用户体验，打造虚实相融的数字社会形态。强化元宇宙社交功能，为用户带来更加智能、便捷、安全的数字体验。探索元宇宙技术与政府治理、民生服务、产业发展的深度融合，如虚拟旅游、虚拟培训、虚拟医疗等，为用户带来更加丰富和多样的数字服务，实现虚实融合的经济社会状态。

三是发展和安全的关系：加强数据安全和隐私保护，推动元宇宙规范创新发展。重视元宇宙中潜在的数据安全隐患和隐私泄漏风险，加强数据安全和隐私保护措施，引导和推动元宇宙产品开发者和平台运营者加强行业自律、落实主体责任。加强对元宇宙信息传播的监管，加强数据保护，提升数据安全治理能力和个人信息的保护水平，推动元宇宙产业安全有序发展。

2. 脑机接口

根据科技部2024年2月印发的《脑机接口研究伦理指引》，脑机接口是在大脑与外部设备之间创建信息通道，实现两者之间直接信息交互的新型交叉技术。它通过记录装置采集颅内或脑外的大脑神经活动，通过机器学习模型等对神经活动进行解码，解析出神经活动中蕴含的主观意图等信息，基于这些信息输出相应的指令，操控外部装置实现与人类主观意愿一致的行为，并接收来自外部设备的反馈信号，构成一个交互式的闭环系统。脑机接口应用主要包括医疗健康、交流沟通、生活娱乐等方面，可以改善神经性瘫痪疾病患者的运动、交流、感知功能。黄欣等（2024）通过研究全球医疗领域脑机接口技术专利，指出脑机接口已经从科学理论研究走到了技术爆发的阶段，全球大量公司企业加大对脑机接口领域的技术研发投入，高校和科研机构也积极展开关键技术研究和应用实践。美国脑机接口在医疗领域的专利申请量最多，中国尚需增强该领域核心技术的研发和创新能力。

脑机接口与人机交互密切相关，它提供了一种直接的、非侵入性的人机交互方式，通过监测和解读人脑活动，可以将用户的意图转化为计算机可理解的指令或控制信号。脑机接口具有多项优势，使它在各个领域中备受关注和应用。脑机接口能够直接从大脑获取信号，不需要通过肌肉活动来实现交互，对于那些因为各种原因无法使用传统输入设备的人来说至关重要。脑机接口能够根据个体的脑电波活动和认知特征进行个性化建模和适应，具有高度个性化。通过意念控制，脑机接口可以帮助用户实现交互，具有更多的交互能力。

根据预测，2022年全球脑机接口市场规模为17.4亿美元，预计到2027年将达到33亿美元。2024年4月，北京市经信局发布《加快北京市脑机接口产业发展行动方案（2024—2030）（征求意见稿）》，将加强关键技术集成创新，丰富脑机接口产品供给，构筑协同发展产业生态，推动脑机接口在医疗、康养、工业安全、教育体育、智慧生活5大领域示范应用。2024年5月，国内首个面向脑机接口产业发展的专项基金——脑机海河实验室基金正式发布，通过建立创新投资模式，积极撬动社会资本支持脑机全产业链发展。2024年8月，中央电视台《新闻直播间》专题报道了“脑机接口”技术的创新成果及实践应用，对脑机交互与人机共融海河实验室团队无创脑机接口康复系统、全球首个片上脑机接口智能交互系统等内容进行了详细报道。

专栏3.2　脑机接口主要类型

根据《脑机接口研究伦理指引》，脑机接口的研究类型主要包括以下几种。

非侵入式修复型脑机接口研究：以无创的方式采集患者的脑信号，通过信号解码输出指令控制外接设备，改善患者的运动、交流等功能，提升患者生活质量。

侵入式修复型脑机接口研究：通常需要进行神经外科手术，通过植入脑内的电极等器件采集脑内神经信号，基于信号解码产生指令，控制外接设备或控制神经刺激，改善患者感知、认知、运动等功能，提升患者生活质量。

介入式脑机接口研究：通常需要进行介入手术将传感器通过血管导入到特定脑区，通过导入的电极等器件采集脑内神经信号，基于信号解码产生指令，控制外接设备或控制神经刺激，改善患者感知、认知、运动等功能，提升患者生活质量。

增强型脑机接口：指增强身体机能正常的使用者感知、认知和运动能力的脑机接口技术，一般为非侵入式。由于该技术尚处于发展初期，技术的适用领域、合理的增强程度还不确定，其对人类的长期影响尚不明确，存在未知风险。

动物脑机接口研究：涉及动物手术、实验、饲养等环节，如若操作不当，会降低动物的生活福利，甚至危害其生命健康。

3. 量子信息

量子是近原子尺度的微观粒子系统，如光子、电子、离子等，以及粒子中蕴含的各类物理量，如自旋、能级等，是不可分割的最小单位。量子信息技术是计算机、信息科学与量子物理相结合而产生的新兴交叉学科，是以量子力学原理为基础，通过对微观量子系统中物理状态的制备、调控和观测，实现信息感知、计算和传输的全新信息处理方式。目前主要有量子通信、量子计算和量子精密测量 3 个研究领域，各自展现出独特的技术特点和广阔的应用前景。

当前，量子信息技术已经从基础科学研究逐步开始走向应用基础研究，前沿科学研究、技术产品研发和应用场景探索等成果不断出现，正在进入技术、应用及产业相互带动和一体化发展的加速期。世界主要国家均高度重视量子科技和产业发展，很多国家和组织都将发展量子信息科技和推动相关产业发展上升到国家战略高度。例如，美国已通过《国家量子计划法案》《量子计算网络安全防范法案》等，欧盟发布《战略研究和产业议程》报告。

目前我国在量子通信的研究和应用方面处于国际相对领先地位，在量子计算方面与主要发达国家整体处于差不多水平。量子通信是目前实用化进程最快的领域，也得益于量子通信技术从实验室到市场的转化，全球已经有超过 30 个国家开始实施量子通信基础设施建设。量子计算以量子比特为基本单元，利用量子叠加和干涉等原理实现并行计算，能在某些计算困难问题上提供指数级加速，是未来计算能力跨越式发展的重要方向。量子计算目前处于基础攻关和实验阶段，IBM、谷歌、英伟达等国际科技巨头都在积极布局。量子精密测量正在走向规模化商用，根据国际科技咨询机构 ICV 预计，全球量子精密测量市场将从 2023 年的 14.7 亿美元增长到 2035 年的 39.0 亿美元，年复合增长率为 7.79%。

从关键核心技术看，2020 年 2 月，美国白宫发布《量子网络战略展望》报告，提出未来 5 年推动量子存储中继，大容量量子信道和星地量子通信等关键技术突破，未来 20 年探索量子计算机互联并构建量子互联网。从国内外量子信息网络发展的现状看，实现量子信息组网仍存在关键技术压力，量子纠缠态高效确定性产生方法和远距离分发技术等关键技术仍有待突破。李静等（2023）重点研究了量子网络这一量子信息领域的热门方向，结合量子网络的实施情况，阐述了量子网络系统发展中亟待攻克的链路建立、信息传输、网络协议、物理硬件等关键技术。

4. 人形机器人

人形机器人，又称类人机器人、仿生人等，是指模仿人类外形和行为的机器人，其设计目的是在结构和功能上尽可能接近人类。这些机器人通常具备头部、躯干、双臂和双腿，并配备了多种传感器和执行器，以实现感知、运动和与人类的交互。2023 年，工信部发布《人形机器人创新发展指导意见》，将人形机器人定义为有望成为继计算机、智能手机、新能源汽车后的颠覆性产品。从产业政策看，2023 年以来，人形机器人行业持续升温，北京、上海、深圳等地方政府积极跟进，相继推出了多项人形机器人发展相关政策。人形机器人作为实现具身智能的最佳物理形态之一，具有强大的环境适应能力以及拟人化工作能力和亲近感，能够应用于工业生产、社会服务、救援救灾等领域。

全球人形机器人领先研究主要在美国、日本和部分欧洲国家，例如，美国波士顿动力的 Atlas、美国特斯拉公司的 Optimus、日本本田公司的 ASIMO 等。近期，以特斯拉 Optimus Gen2 为代表的人形机器人在全球掀起了人形机器人的发展浪潮，正在推动人形机器人由简单的仿人交互向更智能的人机互动方向发展。王聪聪等（2024）研究指出，国内人形机器人市场主要有四类主体，一是优必选、傅利叶、智元等人形机器人初创公司，在关节伺服、运动控制等方面有技术积累，推出了助老助残、陪伴机器人等实用性产品；二是越疆、大疆等传统机器人企业，在产业链整合方面有先发优势；三是小米、阿里巴巴等互联网巨头，在人机交互等技术领域领先，小米在 2022 年发布了人形仿生机器人 CyberOne（铁大）；四是华为、比亚迪等科技企业，在云计算、智能制造等领域经验较为丰富。首届中国人形机器人产业大会发布的报告预测，2024 年中国人形机器人市场规模将达到 27.6 亿元，到 2030 年有望成长为千亿元市场。

从当前人形机器人的发展来看，全球人形机器人竞争格局呈现多元化、区域化和跨界融合的特点。人形机器人发展可分为专用人形机器人和通用人形机器人两个阶段，胜任多场景下复杂任务的通用人形机器人可能还需要一段时间才能普及。但针对特定任务和环境的机器人能够有效聚焦功能需求、技术难点，降低对数据、算力的依赖，有望率先在一些制造业场景落地。

从人形机器人发展的关键技术看，主要面临伺服控制、人工智能、运动控制等技术挑战。在人形机器人结构中，伺服系统可类比为人类的肌肉，为人形机器人提供精确的运动速度和位置控制，伺服系统主要包括伺服驱动器和伺服电机。AI 大模型的发展让人形机器人变得更智能，能够解决更多现实问题，也可以让人形机器人的交互体验更加自然。运动控制器控制人形机器人做出相应的动作，基于感知的运动控制算法是非常核心的能力，也是最难的控制问题。

专栏 3.3　人形机器人十大趋势展望

2024 年 8 月 21 日，世界机器人合作组织理事长、中国科学院乔红院士在“2024 世界机器人大会”上发布了《人形机器人十大趋势展望》，对人形机器人未来发展做了一些预测。

一是人形机器人专属部组件与材料。主要包括高爆发电机、高算力芯片、精密减速器、高精度传感器、长续航电池等核心零部件。

二是人工智能赋能人形机器人设计。人形机器人基于人工智能技术，将能够根据场景和任务需求，自动构建人形机器人的腿足、手臂、躯干等模块，实现形态和控制的协同优化。

三是人形机器人运动智能。人形机器人运动智能将实现复杂地形行走、双臂协同操作以及“软补硬”技术等三类能力。

四是人形机器人多模态大模型。大模型将能够为人形机器人的认知和决策规划提供更强的多模态理解、生成和关联能力。

五是人形机器人大规模数据集。有利于提高人形机器人本体设计、仿真训练和算法迁移的能力。

六是人形机器人具身智能。具身智能是可以在剧烈变化下做出迅猛、精准反应的高质量、高性能智能系统。

七是受人体结构和神经机制启发的人形机器人。该类人形机器人能够从内向外地模拟人的肌肉骨骼系统和神经机理，探索人类实现高灵巧、高柔顺、高智能行为的本质机理。

八是人形机器人开源社区。开源社区将在全球范围内聚集人形机器人领域专家学者，促进技术研讨、信息交流和多方合作。

九是人形机器人大工厂。根据性能需求快速、定制化地设计和加工高质量、智能人形机器人系统。

十是人形机器人的道德伦理与安全性。确保人形机器人的设计、开发和应用合乎人类道德和伦理价值。

5. 生成式人工智能

人工智能（Artificial Intelligence，AI）是指由人造系统所表现出来的智能行为，人工智能系统能够感知环境、理解复杂的语言、识别物体和声音、适应环境变化，并进行决策和解决问题。生成式人工智能是指可以根据用户的需求和偏好，自动生成各种内容和服务的 AI 技术。人工智能生成内容（AI Generated Content，AIGC）是指生成式 AI 生成的内容，包括文本、代码、音频、视频、图片等。像 ChatGPT、Github Copilo 等工具都属于生成式 AI，它们生成的文本、代码、音频、视频、图片等内容就属于 AIGC。目前 AIGC 这个词在国内比生成式 AI 更流行，在很多情况下两者表述含义相同。

生成式 AI 近期呈指数级爆发，已经出现了多个现象级应用。2023 年 7 月，国家网信办等七部门联合公布《生成式人工智能服务管理暂行办法》，对生成式人工智能服务实行包容审慎和分类分级监管，明确了提供和使用生成式人工智能服务总体要求。与生成式 AI 对应的另一个 AI 是决策式 AI，两种技术都有着广阔的市场空间和巨大的创新潜力，技术架构和应用场景略有区别（见表 3-1）。

表 3-1　决策式 AI 和生成式 AI 的主要对比

对比内容	决策式 AI	生成式 AI
概念内涵	通过模拟专家的决策过程，提高特定任务的自动化和智能化水平	可以根据用户的需求和偏好，自动生成各种内容和服务的 AI 技术
技术路径	需要更多结构化数据，也需要更多的用户行为数据	模型需要有更强的生成能力，应用层需要有更多的创意和互动
主要应用	人脸识别、自动驾驶、机器人、风控系统等领域	内容创作、人机交互、产品设计等领域

自从以 ChatGPT 为代表的通用人工智能大模型在全球掀起浪潮后，我国人工智能大模型市场也呈现快速增长趋势，迅速壮大。中国大模型产业化应用主要有两种并行发展路径：一是跨行业通用化人工智能能力平台，即通用大模型，如文心一言、通义千问、紫东太初等通用化大模型，正在从办公、生活、娱乐向医疗、工业、教育等领域加速渗透。二是生物制药、气象等垂直领域的专业类大模型，如空天·灵眸、盘古气象等模型，发挥纵深优势不断深化落地，提供针对特定业务场景的高质量专业化解决方案。

专栏 3.4 ChatGPT 与元宇宙的关系

ChatGPT 自从出现之后就开始在全球掀起一波波热潮，风头俨然已经盖过元宇宙。面临 ChatGPT 的冲击，元宇宙应如何与 ChatGPT 联动，未来又该如何发展？

1. 火了 ChatGPT，冷了元宇宙

ChatGPT 关注度迅速赶超元宇宙。Google Trends 数据显示，Metaverse（元宇宙）一词的搜索流量在 Facebook 改名 Meta 时达到峰值，但在过去一年间已下降约 80%。随着 ChatGPT 概念的爆火，自 2022 年 12 月 1 日起，ChatGPT 搜索热度已经超过元宇宙。

科技巨头开始优化元宇宙业务。微软、Meta、字节跳动、腾讯等国内外科技龙头企业相继对元宇宙业务做出调整，开始变更发展路径或缩减人员配置。2023 年 2 月，美国科技媒体 The Information 报道，微软已完全解散刚刚成立四个月的工业元宇宙团队。Meta 公司 2022 年第四季度财报显示，其主要从事虚拟现实（VR）和增强现实（AR）设备生产的部门 RealityLabs 在 2022 年亏损达到 137 亿美元，元宇宙业务严重承压。从国内龙头企业的态度看，腾讯游戏 XR 业务开始变更硬件发展路径，相关业务团队进行调整；字节跳动、快手等企业也传出放弃或优化元宇宙业务的消息，相关业务均受到较大冲击。

市场大力拥抱 ChatGPT，将更多资源投入 AI 新赛道。微软在暂缓元宇宙业务的同时，宣布追加投资 OpenAI，并加速旗下产品和 OpenAI 相关 AI 技术的融合。国内科技企业也在快速跟进 AI 技术，百度于 2023 年 3 月 16 日正式发布类 ChatGPT 应用“文心一言”及邀请测试方案，京东也宣布将推出产业版 ChatGPT“ChatJD”及落地应用“125”计划，阿里巴巴、腾讯、网易、360、字节跳动等企业也传出入局 ChatGPT 和 AIGC（人工智能生成内容）的新闻，ChatGPT 正在引发国内 AIGC 浪潮。

2. ChatGPT 与元宇宙的关联性

ChatGPT 和元宇宙不是竞争关系。从本质上来讲，ChatGPT 属于 AIGC，AIGC 是人工智能的新型应用，是一种新型内容生产方式，而元宇宙则是一种新型社会形态。ChatGPT 和元宇宙不是竞争关系，而是互相促进、互相支持的关系。ChatGPT 可被用来开发更为智能、自然的虚拟人物和虚拟助手，提高元宇宙的交互体验；而元宇宙中的大量用户交互数据也能够被用来训练 ChatGPT 模型，提高自然语言处理和生成的能力。

算力、人工智能等技术是 ChatGPT 与元宇宙的共同底座。一方面，元宇宙需要高效的计算能力支持虚拟世界的建设和运行，提高元宇宙的视觉效果和交互体验，ChatGPT也需要高强度的算力来训练和优化模型，支持更复杂的自然语言处理和生成任务，提高ChatGPT的性能和精度。另一方面，元宇宙是基于5G、人工智能、区块链等众多技术聚合形成的新数字生态，人工智能技术可帮助元宇宙虚拟人物和计算机程序提升自主决策、学习等能力，实现智能交互；ChatGPT更需要人工智能技术来理解和生成自然语言，实现更高效的交互。ChatGPT和元宇宙还都需要大数据、区块链、云计算等技术支撑，对先进技术具有高度一致的需求。

以ChatGPT为代表的AIGC是推动元宇宙发展的加速器。线上化、数字化、内容丰富是元宇宙的前提条件，元宇宙发展将面临更丰富的虚拟场景、虚拟角色等，涉及大量数字内容的生产制作。随着元宇宙不断发展，人们将需要与虚拟世界进行更为自然、流畅的对话交流，也就需要开发出高效、智能的对话系统。AIGC顺应元宇宙发展需求，既可以根据已有数据做衍生，创作更多数字内容，提升生产效率，又可以满足更多的消费者个性化需求，具有广泛的适用性。基于以ChatGPT为代表的文本生成器和以DALL-E为代表的视觉生成器等技术，元宇宙创作者可以快速构建新的虚拟世界，“AIGC+”也开始在推动教育、电商、医疗、工业等行业智能化发展的过程中扮演重要角色。

ChatGPT和元宇宙已在数字人等应用场景领域开始融合。数字人作为构建元宇宙内容的基石，也是最早可落地且可持续发展的元宇宙细分成熟场景，ChatGPT和数字人可以通过自然语言交互、虚拟客服和机器人、虚拟人物和NPC以及元宇宙智能助手等方式融合。目前，涉及数字人业务的世优科技、风语筑、天娱数科等多家企业，均表示其数字人业务已经接入ChatGPT并通过相关数据对其进行训练，推动虚拟数字人更加智能化、拟人化。但目前ChatGPT和虚拟数字人的融合仍面临法律及伦理等方面的瓶颈，距离大规模商业化应用还有差距。

3. 潮水退去，如何抓住契机推动元宇宙发展

当潮水退去，市场开始回归理性，元宇宙还有很长一段路要走，需要抓住ChatGPT的浪潮加快发展。

一是加大基础设施建设力度，突破人工智能等元宇宙关键核心技术。与元宇宙技术相关的理论研究和人才储备是未来发展的重要基础条件，应

强化元宇宙理论技术创新突破，加强生命科学（脑机接入）、区块链、量子计算（算力）等学科的基础研究和学科建设，强化与元宇宙技术相关的人才储备。加快发展大数据、云计算、区块链、5G、人工智能等元宇宙基础支撑技术，推动人工智能、虚拟现实等新一代信息技术的融合应用，加快推动成果转化。有条件的地方可探索建设元宇宙重点实验室、技术创新中心、产业研究院等平台，强化创新链与产业链协同攻关，加强产学研用结合，推动元宇宙协同创新。

二是拓展应用场景和商业模式，推动标志性场景建设。元宇宙承载着数字经济的新场景、新应用和新业态，但当前元宇宙产业的商业模式还不成熟，传统的游戏、社交和工业等场景已经不能满足元宇宙市场的需求。建议发挥我国超大市场需求和超广应用场景的优势，鼓励各地政府加大向元宇宙示范企业开放应用场景的力度，积极打造一批元宇宙典型示范应用，争取出现类似 ChatGPT 的杀手级应用。探索元宇宙技术与政府治理、民生服务、产业发展的深度融合，如虚拟旅游、虚拟培训、虚拟医疗等，为用户带来更加丰富和多样的数字服务，实现现实世界与虚拟世界共生的经济社会状态。

三是强化用户体验，积极利用 AIGC 等技术赋能元宇宙发展。与 ChatGPT 不同，元宇宙可以提供更加真实的沉浸式虚拟体验，让用户可以在虚拟空间中实现无限的想象和创造，因此需要在用户体验、内容等方面做出差异化，强化特色。同时，还应该强化元宇宙的社交功能，结合 AI、AR、VR、区块链等技术，开发更加先进的虚拟环境和数字生态系统，为用户带来更加智能、便捷、安全的数字体验。积极利用 AIGC 等先进技术的红利，赋能元宇宙应用场景建设，推动元宇宙与其他技术的有机融合。

四是加强数据安全和隐私保护，推动元宇宙规范创新发展。新技术的研发是全球伦理治理的第一道防线，应坚持伦理先行、倡导积极的技术伦理观。随着元宇宙和 ChatGPT 的发展，对个人工作和生活相关数据的收集规模将呈指数级增加，数据安全和隐私保护将成为一个重要的问题。在元宇宙的发展过程中，需要加强数据安全和隐私保护措施，加强对元宇宙信息传播的监管，保障用户的数据安全和隐私权益。

五是加大普及力度，深化大众对元宇宙的理解与认知。ChatGPT 在短期内迅速进入了大众视野，应充分利用 ChatGPT 这一元宇宙普及课的机会，积极开展元宇宙知识宣传普及，提高用户认知度和使用率，提高参与元宇宙市场的人数。

6. 生物制造

生物制造是指以工业生物技术为核心的先进生产方式，即以基因工程、合成生物学等前沿生物技术为基础，利用菌种、细胞、酶等生命体生理代谢机能或催化功能，通过工业发酵工艺规模化生产目标产物的制造过程，应用范围包括食品、化工、制药、燃料、生物基材料和酶制剂等领域。生物制造被视为有潜力推动“第四次工业革命”的关键力量，经济合作与发展组织（OECD）预测，到2030年相关产业规模将达到全球工业生产总值的35%。

2024年2月，工信部等七部门印发《关于加快推动制造业绿色化发展的指导意见》，强调发挥生物制造选择性强、生产效率高、废弃物少等环境友好优势，聚焦轻工发酵、医药、化工、农业与食品等领域，建立生物制造核心菌种与关键酶创制技术体系。截至目前，超60个国家和地区已出台生物制造或生物经济相关战略、政策、规划及行动计划。当前社会在环境、粮食、生命健康等方面仍然面临一些难题，利用好生物制造技术可以有效解决这些难题。同时，要落实“双碳”目标，化工行业原油、天然气、航空燃料、液体燃料等领域，都面临着巨大的碳排放压力。生物制造已成为国家解决上述难题、实现转型升级的主要手段之一，也是我国继绿色制造、智能制造之后，推进制造强国建设的又一关键举措。中国工程院院士谭天伟指出，我国以低成本、规模化生产等优势取得了部分大宗化学品的市场优势，在创制生物经济新路线、推动传统化工产业技术升级等方面也已取得新进展，但也存在部分原料及关键产品和核心技术对外依存度较高等问题。

在发展生物制造方面，工业菌种是生物制造产业看不见的“芯片”，是完成生物制造过程的核心。目前我国拥有自主知识产权的微生物菌种还不多，部分关键装备仍依赖进口。中国工程院院士吴清平曾指出，微生物战略资源短缺严重制约我国微生物产业发展，我国益生菌产业产值占全球产值的17%，而核心菌种自主率不足10%。工业菌种和工业酶的知识产权受制于人，必须加快实现突破。

7. 未来显示

近年来，我国显示产业取得跨越式发展，产业规模位居世界第一，凭借创新驱动在全球产业竞争格局中不断提升自身竞争实力，为未来产业发展奠定了坚实基础。未来显示是一个涵盖多种新兴显示技术和应用的领域，核心概念是指利用先进的显示技术，将图像、视频、文字等信息以更加清晰、逼真、交互的方式呈现给用户。未来显示主要技术包括量子点显示、全息显示、视网膜显示等，可应用在智慧城市、智能家居、智能终端等领域。从全球未来显示产业的竞争格局看，目前日韩相对领先，日本在上游材料和设备方面整体技术水平和研发实力较强，在玻璃基板、掩膜板、光刻胶、OLED 发光材料、蒸镀设备以及偏光片原材料等领域拥有极大话语权，我国未来显示产业存在关键设备数量少、实力弱、研究方向单一等问题，且关键设备多数仍掌握在国外企业手中。

显示技术呈现多元化的发展趋势，包括 LCD、OLED、Mini/Micro LED、硅基 OLED、电子纸、激光显示、量子点显示等技术在不同的应用场景中展现出各自的优势。以量子点显示为例，量子点（Quantum Dot）是零维的点状纳米半导体材料，它具有很多新颖的电子和光学性能，重要应用就是基于液晶显示技术的量子点液晶显示器（QD-LCD）。与传统的液晶电视相比，量子点电视通过纳米技术提高了色彩还原度，让画面更加鲜活、真实。

在实际应用中，Mini/Micro LED 技术由于具有高亮度、低功耗和长寿命的特点，将在未来显示中发挥更大的作用。Micro LED 技术，是指 LED 的微缩化与矩阵化技术，代表了在单个芯片上集成高密度、微小尺寸的 LED 阵列的创新。作为显示领域的新星，这项集高密度、高亮度、高色彩饱和度以及快速响应于一身的技术正在走进大众的视野，也被视为未来显示技术的重要发展方向。三星在 Micro LED 技术上已经实现了技术、产品、市场的“抢跑”，但这项技术成本高、技术难度高，限制了规模化量产，苹果也已经暂时放弃了这项技术。目前，日韩企业频繁利用前期形成的知识产权优势打压我国企业，在 Micro LED、激光、印刷、电子纸等未来显示技术领域储备了大量的专利和知识产权，未来我国企业将面临较大的竞争压力。

8. 未来网络

未来网络，即下一代网络或者新一代网络，目前没有明确定义，主要指更快捷、更简单、可定制、可重构、更安全的下一代互联网。根据中国工程院院士、未来网络集团董事长刘韵洁的解读，未来网络产业是围绕未来网络技术，将更先进、更可靠、更快捷、更安全的新一代互联网核心技术成果赋能工业互联网、车联网、能源互联网、智慧城市等创新数字经济领域，并由此而催生网络与信息领域新技术新业态新模式的创新产业。相关统计显示，得益于云计算市场持续增长以及数字基础设施建设加快部署，中国未来网络产业规模预计将达到 2.1 万亿元。

2021 年 3 月，国家“十四五”规划将“未来网络试验设施”（CENI）列入国家战略科技力量，并将“未来网络”列入“战略性新兴产业”。2024 年 8 月，我国通信与信息领域第一个国家重大科技基础设施——未来网络试验设施大科学装置正式建成。未来网络的技术研究与产业化发展，对我国网络强国、工业强国、科技强军等方面的发展将起到关键的支撑作用。根据紫金山实验室发布的《未来网络白皮书（2023）》，光电融合技术被视为提升网络服务质量的关键，能够推动网络向服务定制化演进，正迎来发展新机遇。随着光电融合技术的发展，未来的网络将更加智能、高效、安全。

2024 年 8 月，华为技术有限公司副总裁王雷在第八届未来网络发展大会上提出了未来网络四大联结场景，包括联算、联智、联数、联空等。其中，联算是指围绕算内网络、算间网络以及入算网络的差异化需求进行创新，联智是指与 AI 联动创新，联数是指与数据要素联动创新，联空是指保障卫星互联网业务连续等。

9. 新型储能

新型储能是指除抽水蓄能以外的新型储能技术，包括电化学储能、压缩空气储能、飞轮储能、储热、储冷、储氢等技术。随着全球对清洁能源的需求不断增长，新型储能技术快速成为保持能源供需平衡、提高能源利用效率的关键手段，在可再生能源整合、智能电网建设、分布式能源系统等方面将发挥更加关键的作用。

美欧日韩等经济体均已将发展新型储能产业上升为国家或地区战略，我国也在加快推动新型储能产业快速发展，以支撑新型能源体系建设和碳达峰碳中和目标实现。截至 2023 年底，全国已建成投运新型储能项目累计装机规模达 3139 万千瓦/6687 万千瓦时，平均储能时长为 2.1 小时。预计到 2025

年，全球及我国新型储能年度新增装机或分别超过 60 吉瓦、31 吉瓦，有望达到 67 吉瓦、35 吉瓦。

目前，新型储能整体处于研发示范向商业化初期过渡阶段，在应急电源、微电网、“互联网+”智慧能源等场景应用广泛。但新型储能技术在发展过程中仍面临一些挑战，包括成本高、安全性和稳定性不足以及储能技术性能指标有待进一步优化等。现有的新型储能技术经济性一般，很难满足大规模商业应用要求，尚未建立起稳定、可持续的投资收益机制。根据发改委和国家能源局印发的《“十四五”新型储能发展实施方案》，未来需要加强多元化技术、全过程安全技术、智慧调控技术等关键技术的研究。巨星等（2024）分析了储能集成技术、安全技术和系统规划调度中的高压级联技术、构网型储能技术、数智化和数字孪生技术、分布式温度监测技术、浸没式液冷技术、高效的优化算法等技术，指出新型储能技术正朝着高安全、低成本、大容量、高效率的方向发展，未来将更加注重数字化、智能化、绿色化、集中式与分布式并举，从而在促进新能源消纳、实现能源体系转型、提高能源利用效率、减少环境污染等方面发挥重要的作用。

三、六大未来产业赛道及细分领域

根据工信部等七部门于 2024 年 1 月发布的《关于推动未来产业创新发展的实施意见》，我国将重点推进未来制造、未来信息、未来材料、未来能源、未来空间和未来健康六大方向产业发展。打造未来产业瞭望站，利用人工智能、先进计算等技术精准识别和培育高潜能未来产业。发挥新型举国体制优势，引导地方结合产业基础和资源禀赋，合理规划、精准培育和错位发展未来产业。

专栏 3.5　未来产业六大赛道方向

根据《关于推动未来产业创新发展的实施意见》，主要未来产业的赛道方向如下。

未来制造。发展智能制造、生物制造、纳米制造、激光制造、循环制造，突破智能控制、智能传感、模拟仿真等关键核心技术，推广柔性制造、共享制造等模式，推动工业互联网、工业元宇宙等发展。

未来信息。推动下一代移动通信、卫星互联网、量子信息等技术产业化应用，加快量子、光子等计算技术创新突破，加速类脑智能、群体智能、大模型等深度赋能，加速培育智能产业。

未来材料。推动有色金属、化工、无机非金属等先进基础材料升级，发展高性能碳纤维、先进半导体等关键战略材料，加快超导材料等前沿新材料创新应用。

未来能源。聚焦核能、核聚变、氢能、生物质能等重点领域，打造“采集—存储—运输—应用”全链条的未来能源装备体系。研发新型晶硅太阳能电池、薄膜太阳能电池等高效太阳能电池及相关电子专用设备，加快发展新型储能，推动能源电子产业融合升级。

未来空间。聚焦空天、深海、深地等领域，研制载人航天、探月探火、卫星导航、临空无人系统、先进高效航空器等高端装备，加快深海潜水器、深海作业装备、深海搜救探测设备、深海智能无人平台等方面的研制及创新应用，推动深地资源探采、城市地下空间开发利用、极地探测与作业等领域装备研制。

未来健康。加快细胞和基因技术、合成生物、生物育种等前沿技术产业化，推动5G/6G、元宇宙、人工智能等技术赋能新型医疗服务，研发融合数字孪生脑机交互等先进技术的高端医疗装备和健康用品。

综合工信部及各省份发展六大赛道的方向，本书研究梳理了各个细分领域的相关内容。

1. 未来制造

未来制造代表了先进的制造方式，是指基于新兴技术和创新理念，推动制造业实现智能化、数字化、绿色化和高度灵活的生产方式。它不仅涵盖生产过程中的技术革新，还涉及整个制造业生态系统的变革，赋能制造业转型升级和竞争力提升。未来制造是新型工业化道路的重要支撑，也是激发新质生产力的有力保障。

中国社会科学院工业经济研究所课题组在《未来制造：数智化时代的制造新模式》一书中，介绍了反向定制（C2M 制造）、用户参与制造、社群化制造、云制造、柔性制造、太空制造等 15 种在制造业已经出现并引起较大关注的新模式。综合相关研究，目前未来制造主要有智能制造、生物制造、纳米制造、激光制造与增材制造、循环制造、共享制造、原子级制造、柔性制造、云制造、太空制造等多种模式，其中生物制造在上一节已进行介绍，在此不做赘述。

（1）智能制造

根据美国国家标准与技术研究所（NIST）的定义，智能制造是指“一系列全面集成的协作式制造系统，能够实时响应工厂、供应网络以及客户群体中不断变化的需求和情况”。通过物联网、人工智能、大数据等前沿技术的应用，智能制造提升了生产效率、产品质量和定制能力，极大优化了制造流程和资源利用率。智能制造代表着制造业高质量发展的主要方向，是实现我国制造业由大变强的核心技术和主线，既是制造强国建设的主攻方向，也是推进新型工业化的重要任务。2021 年 12 月，工信部等八部门印发《“十四五”智能制造发展规划》，强调要以新一代信息技术与先进制造技术深度融合为主线，深入实施智能制造工程。随着新一代人工智能技术与先进制造技术的深度融合，新一代智能制造即数字化网络化智能化制造正在加快形成。截至 2024 年 6 月，我国已培育 421 家国家级智能制造示范工厂。

经过多年培育，我国智能制造在多领域多场景落地开花。2024 年 9 月 30 日，工信部印发《智能制造典型场景参考指引（2024 年版）》，凝练出 15 个环节的 40 个智能制造典型场景。智能制造在汽车行业应用广泛，通过机器人、AI 和物联网技术实现了生产线的高度自动化与智能化。智能工厂能够根据市场需求调整车型生产，并确保产品的一致性和高质量。在医疗器械制造领域，智能制造可以实现医疗设备的定制化生产，同时通过大数据和 AI 技术进行产品质量的实时监控和改进。在家电制造领域，智能制造能够帮助家电行业实现自动化和定制化生产，减少人工干预。物联网和大数据的应用还能帮助企业进行市场需求预测，快速调整生产。

从智能制造的未来发展趋势看，未来智能制造将逐步实现从设计、生产到销售的全流程智能化，通过引入更加智能的自动化设备和系统，实现更高水平的无人化生产。通过打造共享平台和跨行业协同，智能制造能够打破传统制造行业的界限和壁垒，推动制造业向网络化、平台化的方向发展，形成全球化的制造生态系统。随着人工智能和机器人技术的发展，未来制造业将更加依赖人机协作系统，工人在复杂决策和创新性任务中扮演重要角色，而机器人和自动化设备可以负责执行常规操作。

（2）纳米制造

纳米制造是一种以纳米技术为基础的制造过程，利用纳米级别的材料、结构和器件来制造具有特定功能的产品，通常范围为1~100纳米。纳米制造涉及在原子或分子水平上对材料进行精确的操作和控制，以创建复杂和功能性的纳米结构。纳米制造目前主要分为两种方向：一种是以微制造为基础向制造精度的极限逼近，达到纳米加工的能力，光刻技术、电子束刻蚀和机械雕刻等都属于这种方法，能够和现有的微电子制造工艺兼容；另一种是采用新物理效应对纳米量级进行操控制造，主要用来制造适合相应功能的纳米材料。

纳米制造目前主要应用于电子、能源、生物医学、环境等领域。芯片制造领域的纳米制造技术应用比较常见，通过纳米制造能够提高晶体管的密度和计算能力，同时降低功耗。3D NAND闪存、量子点显示技术等都依赖纳米级的制造技术。在生物医学领域，纳米制造在药物递送、纳米诊断设备、人工组织等方面有较大潜力，可以降低研发和治疗成本，帮助治疗疾病。在能源领域，通过纳米制造可以开发出更高效的能源储存和转换设备，如纳米级的太阳能电池、电池电极材料等，能够有效提高环境处理效率，减少能源消耗和污染排放，促进“双碳”目标实现。

随着纳米技术和制造工艺的不断进步，纳米制造正在改变传统制造业格局，在生物医药、电子信息、新材料等领域的应用范围将进一步扩大。纳米机器人将加速在生物医药领域的应用落地，纳米压印技术或将影响光刻机及相关产业，量子点技术也将拓宽相关领域应用范围。

但从纳米技术层面看，如何在大规模生产中保证纳米结构的一致性和精度仍然是一个难题，且纳米制造工艺往往复杂且昂贵，如何解决成本问题也是一大难点。

（3）激光制造与增材制造

激光制造技术在现代工业生产中得到了广泛的应用，具有精度高、效率高、灵活性强等优点，已成为现代制造业的重要支撑技术。激光制造技术的复杂结构制造能力、品质与灵活性都远高于传统制造技术，在航空航天、轨道交通、电子制造、新能源、新材料等领域都有重要应用。激光制造包含了多种关键技术，如激光切割、激光焊接、激光打标、激光烧结和激光增材制造（3D打印）等，可以在金属、陶瓷、塑料和复合材料等各种材料上进行加工。

世界上主要发达国家均将增材制造、激光制造等作为“再工业化”的国家战略，增材制造与激光制造也是《中国制造 2025》的重要任务之一。目前美国在激光制造基础理论、产品研发方面走在前列，美国通用电气公司应用在飞机发动机制造上的激光钻孔技术已是全球顶尖水平。2023 年 6 月，科技部发布了国家重点研发计划 6 个重点专项，其中就包括“增材制造与激光制造”专项，并列入了 21 项增材制造任务。中国激光制造产业的发展路径是“中低端向高端迈进”，目前在中低端已经能够做到替代部分传统制造，但很多激光设备仍主要依赖进口，需要加快激光核心器件的突破。

（4）循环制造

我国多次强调要发展循环经济，还出台了《“十四五”循环经济发展规划》。循环制造是循环经济的重要组成部分，也是实现循环经济的重要手段。循环制造是指通过采用先进的生产工艺和技术，将原材料、能源、废弃物等资源在制造过程中进行循环利用，以实现资源的高效利用和减少环境污染的目标。传统制造是“资源开采—生产—消费—废弃”的线性发展模式，而循环制造则强调材料和产品的闭环，追求“资源再利用—生产—消费—回收—再制造”的可持续发展。循环制造强调再制造与再利用，在产品报废后，对其进行拆解、翻新、再制造等工序，将旧的零部件重新加工并投入新的生产过程，实现资源的再次利用。循环制造技术涵盖了废弃物回收、资源再利用、清洁生产等多个领域的技术，能够通过物理、化学或生物方法将废弃物转化为可利用的资源，也能够在制造过程中采用环保材料和工艺，进而减少资源浪费和环境污染。

美国等发达国家发展循环制造较早，欧盟还通过《废弃物指令》和《循环经济行动计划》等政策法规，推动了资源回收和再利用的广泛实施。汽车的再制造是循环制造的典型案例之一，报废的汽车通过拆解、翻新和再制造，发动机、变速箱等部件能够被重新利用，减少了资源浪费和环境污染。其中，有代表性的就是卡特·彼勒再制造模式。1973 年，卡特·彼勒在美国爱荷华州开设了其第一家再制造工厂，专门对柴油卡车的发动机旧件进行再制造。卡特再制造经历五十年发展，目前已拥有完善的全球旧件回收和再制造产品销售系统，包括 21 个全球零件配送中心和 2300 多个卡特授权服务点。特斯拉（Tesla）也通过电池回收和再利用技术，提升了新能源车的资源利用效率。

在国家相关政策引导下，再制造行业发展势头良好。我国再制造产业已经在汽车零部件、机电产品等多个领域开展了试点示范，并建设了 7 个国家级再制造试点示范基地、园区和集聚区，行业年产值已超过 1000 亿元。目前，我国很多城市都在推进“无废城市”建设，以资源循环的方式实现低碳、以低碳的方式实现资源循环。

（5）共享制造

在共享经济快速发展的时代背景下，我国共享制造悄然兴起。工信部在 2019 年出台了《关于加快培育共享制造新模式新业态促进制造业高质量发展的指导意见》，指出共享制造是共享经济在生产制造领域的应用创新，是围绕生产制造各环节，运用共享理念将分散、闲置的生产资源集聚起来，弹性匹配、动态共享给需求方的新模式新业态。

从理论上说，所有制造资源都可以被共享。共享制造的实现是借助互联网平台的双边连接作用，通过打破行业壁垒、打通行业信息不对称，来实现制造业闲置设备、技术和人才的供求匹配合理化、高效化。

目前制造领域在研发、设计、生产、检测、物流、渠道、服务等各个环节都有大量的共享平台存在，为小微企业发展提供了全新的机遇和市场空间。常见类型的共享制造平台有以下几种。一是互联网创业者发起组建的产能共享平台，如阿里巴巴旗下的“淘工厂”平台。二是行业主管机构牵头打造的产能共享平台，如航天科工旗下的“航天云网”平台。三是行业龙头企业牵头的垂直型共享平台。四是制造企业依托优势资源搭建的众创型共享平台。

（6）柔性制造

柔性制造技术也称柔性集成制造技术，集自动化技术、信息技术和制作加工技术于一体，将以往企业相互孤立的工程设计、制造、经营管理等过程，在计算机及其软件和数据库的支持下，构成了一个覆盖整个企业的有机系统。柔性制造是应对“大规模定制”生产而产生的，具有批量小而品种多的特点，并以其良好的规划实现了对生产过程的高效把控。电子商务领域中的“C2B”“C2P2B”等模式都体现了柔性制造的内涵。柔性制造系统能够生产多种不同类型的产品，快速适应市场需求的变化，而无须进行大规模的设备调整。这种多样化生产能力能够帮助企业应对小批量、多品种的生产模式，减少停机时间和转换时间，减少生产周期和库存积压，实现“按需生产”。

柔性制造系统包括数控机床、自动化运输系统、机器人技术、计算机集成制造等关键技术。数控机床是柔性制造的核心设备之一，通过计算机程序控制加工过程，可以迅速改变加工参数和产品规格，以适应不同产品的制造需求。基于高精度和可编程性，工业机器人广泛应用于柔性制造中，用于完成自动化装配、焊接、喷涂等任务，能够快速响应不同产品的生产需求。以汽车行业为例，由于汽车零部件种类繁多，定制化需求增加，柔性制造系统能够帮助汽车生产商在同一条生产线上制造不同型号和配置的汽车，机器人装配线、自动化物流系统和智能调度大大提高了生产效率和灵活性。

柔性制造强调生产过程中的适应性和灵活性，能够快速响应市场需求的变化。尽管柔性制造面临着高成本和技术复杂性等问题，但随着技术的不断进步和成本的下降，柔性制造在各个行业中的应用将越来越广泛，进一步推动制造业的数字化转型和可持续发展。

（7）云制造

《中国制造 2025》中明确提出，要推进“智能制造”和“云制造”，建设“云端制造服务平台”。云制造是在“制造即服务”理念的基础上，借鉴了云计算思想发展起来的一个新概念。根据中国社会科学院工业经济研究所的定义，云制造是一种基于网络、面向服务的智能制造新模式。它融合发展了现有数字制造技术与云计算、物联网等新一代信息技术，将各类制造资源和制造能力虚拟化、服务化，构成制造资源和制造能力的服务云池，并进行统一、集中的优化管理和经营，用户通过云端就能随时随地按需获取制造资源与能力服务，进而智慧地完成其制造全生命周期的各类活动。

制造业信息化发展受到了传统制造业弊端的束缚，大型企业先进制造资源和制造能力没有被充分利用而出现闲置，而绝大部分中小企业仍没有完善的制造资源和高水平的制造能力，无法对制造市场进行快速的响应。通过“云”的协同方式，在一个数字化平台上就可以解决这种困局。拥有生产设备与设计软件的人或者企业可以在资源闲置的时候将它们“租”出去，从而提升了资源的使用效率。未来，云制造将在制造模式、技术手段和产业业态方面都有较大的提升，更加强调新兴制造技术、信息通信技术、智能科学技术及制造应用领域技术等的深度融合。

（8）太空制造

“把制造业搬到太空去”这看似科幻电影般的情节，如今正在一步步变为现实。“太空制造”是指在地球外层空间制造实体材料和工业产品的活动，包括空间在轨增材制造与空间原位制造两种模式。太空制造涉及在太空环境中进行材料加工、零件制造、设备组装等活动，目前仍处于起步发展阶段。美国在 2023 年 12 月发布了《太空制造技术报告》，就是希望能够加快太空制造技术发展，确保太空部门被纳入“美国制造”等联邦计划，获得更多支持。

2020 年，我国首次完成太空 3D 打印，也是国际上第一次在太空中开展连续纤维增强复合材料的 3D 打印实验。2024 年 8 月，在国际空间站上实现了一项具有划时代意义的突破——首次于太空成功运用 3D 打印技术制造出金属部件。这也标志着太空制造业领域实现了重大跨越，为未来可能依赖于轨道生产与维修的任务开辟了崭新的路径。

2. 未来信息

未来信息主要指代表最新技术趋势、具有前瞻性和创新性的信息，涵盖了从下一代移动通信到量子信息领域的尖端探索等多个方面。具体来看，主要包括下一代移动通信、卫星互联网、量子信息、云计算、人工智能、区块链等。本部分将主要介绍下一代移动通信、卫星互联网、云计算、区块链的相关内容。

（1）下一代移动通信

随着移动通信产业生态的变化，未来的通信网络不再仅仅追求硬件的发展，而是应该在迎合广大客户需求的更高效率、更大带宽的基础之上维护客户的黏度。下一代移动通信包括 5G、6G 等通信技术，能够提供更高的数据传输速率、更低的延迟和更广泛的连接。经过 2G、3G、4G 和 5G 发展，中国已经成为全球移动通信领域的大国。6G（第六代移动通信技术）将进一步提升数据传输速度、连接密度、能效和网络可靠性，同时也能够支持全息通信、沉浸式扩展现实、智能互联物联网（IoT）等更多创新应用。6G 具有超高数据速率，峰值传输速率将达到每秒 1Tbps（即 1 太比特每秒），比 5G 快 100 倍以上，由此带来的终端云计算能力提升极高。这种高速率能够支持更加复杂和大规模的数据流，满足未来高带宽应用的需求。6G 网络的延迟将低于 1 毫秒，可能达到亚毫秒级，实时通信和互动体验也更加流畅，在自动驾驶、远程手术和工业控制等对时延敏感的场景中具有重要的应用价值。目前，6G 已经成为我国重要的发展战略，国家在“十四五”规划及相关战略中均提出要加快前瞻布局 6G 网络技术。

6G 的重点发展方向之一是移动通信与算力、AI 的融合。通过 AI 驱动的自适应技术，6G 网络能够根据不同的应用场景自动调节参数，提升用户体验和网络使用效率。近日，全球通信国际标准组织 3GPP 的业务与系统技术规范组（SA）在澳大利亚墨尔本召开的第 105 次全会上，通过了由中国移动主导的6G场景用例与需求研究项目。这不仅是3GPP的首个6G标准项目，也标志着全球6G标准化工作正式进入实质阶段，6G产业化进程正式启动。

（2）卫星互联网

卫星互联网是基于卫星通信技术接入互联网的新型通信方式，可以通俗地理解为将传统的地面基站搬到空间中，每颗卫星都是天上的移动基站，可以为全球范围内用户提供高带宽、灵活便捷的互联网接入服务。随着低轨道卫星技术的成熟，卫星互联网的性能显著提升，正逐步成为提供全球性、无缝互联网接入的一个理想方案。卫星互联网的卫星可以部署在不同的轨道高度，根据距离地球表面的高度差异，包括地球同步轨道卫星、中地球轨道卫星、低地球轨道卫星。卫星互联网具有广阔的应用前景和巨大的市场潜力，在偏远地区、海洋作业、航空宽带和灾难应急通信等领域具有独特的覆盖优势和应用价值。

近年来，各国纷纷布局卫星互联网，如美国的太空探索技术公司SpaceX、亚马逊等公司，以及我国的银河航天、九天微星等企业。美国SpaceX推出星链互联技术（星链项目），就是希望通过发射大量低轨道卫星，构建一个覆盖全球的传输网络。截至2024年9月6日，SpaceX公司累计发射191批共7001颗星链卫星。我国于2020年4月首次把卫星互联网纳入“新基建”范畴，并于2021年4月26日成立了中国卫星网络集团有限公司，负责统筹规划我国卫星互联网领域发展。“千帆星座”是我国首个进入正式组网阶段的巨型低轨商业卫星星座，将由超过1.5万颗低轨道卫星组成。2024年10月15日，“千帆星座”第二批组网卫星以一箭18星方式，在太原卫星发射基地成功发射，未来将提供全球互联网服务。这也凸显了中国卫星互联网在快速建设，引领中国商业航天产业加速发展。

（3）云计算

“云”是数字经济时代新的生产力，中国已成为全球第二大云服务市场，也是增速最快的市场。云计算作为数字经济和数字中国的基石，为大数据、人工智能、5G等技术提供了基础支撑，能够帮助企业降低成本、提高效率，是推进产业数字化转型的重要手段。目前对云计算的定义有多种说法，根据美国国家标准与技术研究院（NIST）的定义，云计算是一种模型，它可以实现随时随地、便捷、随需应变地从可配置计算资源共享池中获取所需的资源（如网络、服务器、存储、应用及服务），资源能够快速供应并释放，使管理资源的工作量和与服务提供商的交互减小到最低限度。

云计算的核心在于能够按需提供包括服务器、存储、数据库、网络、软件等在内的计算服务，极大地简化了企业的 IT 基础架构管理。这种服务模式使企业能够无须在前期投资重金购买物理服务器和运行自有软件，也无须自行管理复杂的数据库系统。更为重要的是，它为企业员工提供了在全球任何地点访问数据、应用程序和计算资源的能力，从而加速了业务创新，提升了资源配置的灵活性，并实现了规模经济。

边缘计算是一种新兴的计算模式，能够使计算任务和数据存储更靠近数据源或用户，从而减少延迟、提高响应速度，并优化网络带宽使用。边缘计算与云计算平台是共生互补的关系，它并不会取代云计算，而是通过边缘侧的算力，让传统的云计算框架进一步去中心化，在边缘侧完成部分计算工作，然后将结果汇聚到云端进行统一处理。未来，云计算和边缘计算将实现协同工作，共同构建一体化的计算架构。

（4）区块链

根据中国信息通信研究院发布的《区块链白皮书》，区块链（Blockchain）是一种由多方共同维护，使用密码学保证传输和访问安全，能够实现数据一致存储、难以篡改、防止抵赖的记账技术，也称为分布式账本技术（Distributed Ledger Technology）。从广义角度来看，区块链是利用块链式数据结构来验证与存储数据、利用分布式节点共识算法来生成和更新数据、利用密码学的方式保证数据传输和访问的安全、利用自动化脚本代码组成的智能合约来编程和操作数据的一种全新的分布式基础架构与计算范式。

区块链本质上是一种分布式数据库技术，其核心概念是通过一系列不断增长的数据块（即“区块”）来存储信息，这些区块通过加密技术相互链接，并按照时间顺序排列形成一个链条（即“链”）。每个区块通常包含一组交易记录，并通过密码学方法与前一个区块链接起来，确保整个链条的数据不可篡改和持久化存储。

自 2017 年起，业界涌现出很多区块链 3.0 项目。区块链 3.0 阶段是基于应用场景普及驱动的，希望能够构建基础设施、平台、工具及去中心化应用，推动区块链技术更好地应用于各个场景。伴随智能合约逐步完善，区块链技术获得广泛认知和探索应用。越来越多的企业和政府机构开始认识到区块链技术的潜力，并投入资源进行研发和应用。区块链技术开始在供应链管理、物联网、身份认证、版权保护等诸多行业中得到应用。同时，各国政府开始出台相关的监管政策和合规要求，以引导区块链技术的健康发展。

相较于传统技术，区块链技术成熟度和系统稳定性方面仍有待提高。随着网络参与者的增加和交易量的增长，如何确保区块链网络能够有效地处理大量的交易和数据，是一个亟待解决的问题。

3. 未来材料

未来材料技术是聚焦探索基于新物理、化学、生物效应的新材料，探索材料设计与制备的新原理、新方法，通常具有超越传统材料性能的独特特性，如更高的强度、更轻的重量、更好的导电性或热性能。《广东省培育未来材料产业集群行动计划》提出，要重点发展仿生智能材料、先进金属材料、超导材料、纳米材料等，这也是比较典型的未来材料领域。

（1）仿生智能材料

仿生智能材料是指模仿生物的各种特点或特性而研制开发的材料，通常是仿照生命系统的运行模式和生物材料的结构规律而设计制造的人工材料，是建立在自然界原有材料、人工合成材料、有机高分子材料基础上的可设计智能材料。仿生智能材料可以根据外界条件的变化（如温度、湿度、压力、电场或光照）自动调整自身的结构或性能，类似于生物体对环境的适应能力。仿生智能材料还能模仿生物体的自愈能力，在受到损伤时能够自动修复裂纹或缺陷，延长材料的使用寿命并减少维护成本。

目前，仿生智能材料主要应用于医疗生物、航空航天等领域。例如，在医疗领域，可以用于制造具有自修复和自适应功能的医疗器械和植入物，如人工关节、心脏支架等。这些材料能够减少对人体组织的刺激和排斥反应，帮助患者治疗疾病。未来的仿生智能材料将更加智能化和自动化，能够感知周围环境变化并作出相应的反应，实现更加精准的控制和调节。

（2）先进金属材料

先进金属材料是新材料的重要组成部分，是指具备超越传统金属材料性能的金属或金属合金材料，具有优异的力学性能、耐腐蚀性、耐高温性和其他特殊功能，可用于航空航天、燃气轮机、核工程、石油化工等国民经济关键领域，也是国防现代化的重要支撑。先进金属材料包括高温合金、高性能合金、高品质特殊钢、高纯稀有金属材料及高端稀土功能材料等。

在军工领域，先进金属材料得到了广泛应用。航空航天等高温环境对材料的耐高温性能提出了极高要求，以高温合金为代表的先进金属材料凭借其出色的抗氧化和抗热腐蚀能力，成为这类应用的首选材料。类似火箭发动机的涡轮叶片，就需要高温合金来承受高温高压的极端条件。从军舰的甲板到装甲车的车身，先进铝合金为减轻装备重量、提高防护能力发挥了重要作用。高强度钛合金不仅能够减轻武器装备的重量，提高机动性，还能在恶劣环境下保持出色性能，在战斗机等领域有较大的需求和应用。

（3）超导材料

当把某种材料降到某个特定温度以下的时候，电阻突降为零，同时所有外磁场磁力线被排出材料外，导致体内磁感应强度为零，即同时出现零电阻态和完全抗磁性。这种状态，即为材料进入超导态，这种材料就是超导材料。

超导材料因其特殊的物理性质，在多个领域都有广泛的应用。在电力传输领域，超导电缆可以在无电能损耗的情况下传输大电流，这在未来高效电力传输系统中具有巨大的应用潜力。与传统铜缆相比，超导电缆的损耗几乎为零，可以提高输电效率，减少发电厂的能量损失。在交通领域，超导磁悬浮列车利用超导材料的抗磁性，使列车悬浮在轨道上方，不仅提高了列车的速度，还降低了能源消耗和维护成本。中国和日本等国家都在研究和开发基于超导技术的高速磁悬浮列车。

尽管超导材料应用潜力很大，但却面临冷却成本极高、材料加工和性能仍需提升等诸多挑战。目前，大多数超导材料需要在非常低的温度下才能进入超导状态，这就需要使用液氦或液氮进行冷却，增加了设备的成本和复杂性。

（4）纳米材料

纳米材料是指三维空间尺度至少有一维处于纳米量级（1～100nm）的材料，是由尺寸介于原子、分子和宏观体系之间的纳米粒子所组成的新一代材料，具有独特的物理、化学和生物学特性，包括光学上的特殊颜色或光学效应、电学上的不同导电性、磁学上的超顺磁性等。纳米材料具有纳米级的尺寸，表面效应显著，带来了新的光学、电学、磁学和力学性能。基于这些特殊性能，纳米材料广泛应用于电子、生物医学、能源、环境和化工等多个领域。

根据不同的物理、化学结构，纳米材料可以分为零维、二维、三维。根据不同的合成方法、形状和功能，纳米材料的种类繁多，常见的纳米材料类型包括纳米粒子、纳米线、纳米管、纳米片以及复合纳米材料等。纳米材料在新材料的研发中起到了关键作用。例如，碳纳米管和石墨烯材料被广泛应用于高强度、轻质量的复合材料中。

我国纳米材料行业细分产品众多，各细分市场竞争程度差异较大，但一些工艺制备较为完善的细分市场龙头企业已逐渐形成。例如，天奈科技的主营产品是纳米级碳材料及相关产品，方大炭素的主营产品是石墨及碳素新材料，南京聚隆的主营产品是高分子新材料及其复合材料。中国科学院原院长白春礼 2023 年指出，我国纳米科技总体水平已进入世界第一梯队，但仍存在一些瓶颈，需加强基础研究和学科间的交叉合作、重视纳米毒理学的研究。

4. 未来能源

随着全球对环境保护和可持续发展的重视，传统化石能源的使用压力逐渐增大，可再生能源的消耗比重不断上升。未来，全球能源体系将从以传统化石能源为主的能源体系转变为以可再生能源为主导、多能互补的能源体系。

一是核能与核聚变能。国际能源署（IEA）提出，核能是世界发达经济体最大的低碳能源选项。核能对能源清洁低碳转型和科技转型变革具有战略性带动作用，未来在中国现代化能源体系中将发挥更加重要的作用。可控核聚变作为核能的开发方式之一，相比核裂变在安全、绿色、能量密度等方面具有明显优势，理论上可以提供几乎无限的清洁能源。

二是氢能。氢能是一种清洁、高效的未来能源形式，可以通过燃料电池直接转化为电能，燃烧后只生成水，无碳排放。从整体看，我国氢能发展目前仍处于规模化导入期，从制氢、储氢到用氢，全周期产业布局依然存在明显的不平衡问题，上游制氢以灰氢为主，中游的氢储运技术与经济性存在瓶颈，下游氢能应用产业刚刚起步。

三是生物质能。生物质能，是指利用太阳能进行光合作用，将太阳能转化为生物质中的化学能，即以生物质为载体的能量。生物质的能源来源于太阳，所以生物质能也是太阳能的一种。目前很多国家都提出了明确的生物质能源发展目标，制定了相关发展规划、法规和政策，例如，美国的玉米乙醇、巴西的甘蔗乙醇、北欧的生物质发电、德国的生物燃气等。数据显示，截至 2023 年底，我国生物质发电全国并网装机达 4414 万千瓦，年发电量达 1980 亿千瓦时，年上网量约 1667 亿千瓦时，生物质能正在成为我国未来能源发展的重要方向之一。

5. 未来空间

未来空间主要指的是面向深海、空天地等未知领域的利用和空间拓展。这些领域包括深海探测、商业航天、低空经济、深空探测以及深地、极地等探测活动，拓宽了人类活动和认知的边界，催生了海洋经济、太空经济等新的经济业态和模式。

一是商业航天。商业航天是指以市场为主导、利用商业模式运营的航天活动，覆盖航天技术研发、制造、发射和应用等全产业链。长期以来，政府主导是各国航天产业发展的主要特点。近年来，全球商业航天产业快速发展，以 SpaceX、Blue Origin 等为代表的商业航天公司已实现垂直返回、火箭回收、手机直连等核心技术突破，不断拓展新的商业模式。我国积极推动商业航天产业发展，在基础设施升级、核心技术突破、民营企业发展、空间应用拓展方面都取得了一定成果，在卫星和火箭制造等领域已经涌现出一批独角兽企业。但整体来看，我国商业航天在顶层设计、商业应用等方面仍存在较大的提升空间。2023 年，国内民营火箭公司共发射 13 次，成功入轨 12 次，创下了中国商业航天发展以来的新纪录。随着传统的卫星应用与人工智能、数字技术等相结合，商业航天应用场景将得到进一步拓展。

二是低空经济。继 2023 年中央经济工作会议提出“打造低空经济等若干战略性新兴产业”，2024 年“低空经济”被写入两会政府工作报告后，《中共中央关于进一步全面深化改革、推进中国式现代化的决定》又提出“深化综合交通运输体系改革，发展通用航空和低空经济”，作为新质生产力的低空经济被提升为国家战略。低空经济是以各种有人驾驶和无人驾驶航空器的各类低空飞行活动为牵引，辐射带动相关领域融合发展的综合性经济形态。根据工信部赛迪研究院发布的《中国低空经济发展研究报告（2024）》测算，2023 年中国低空经济规模达 5059. 5 亿元，增速达 33. 8%。近几年，我国低空经济政策环境持续优化，已形成大疆、臻迪、极飞、亿航智能等一批龙头企业，占据全球民用无人机 90% 的市场。但总体来看，我国低空经济发展仍处于早期阶段，存在产业规模待提升、基础设施和服务保障待完善等问题。随着粤港澳大湾区的深度推进，三地跨境低空飞行需求增加，如何解决低空经济在跨境方面的制约，已经十分迫切。

三是深海探测。深海探测是指利用深潜技术、深钻技术、海底观测等技术，实现通常海平面200米以下水深海域的重点资源开发和环境监测的产业，包括海底矿产、生物以及能源等资源。深海已成为全球各国和地区开拓新经济版图、培育新博弈优势的重要方向，美国、欧盟、日本、俄罗斯等海洋强国和组织在深海探测与驻留装备等方面前期积累较大，处于领先位置。我国已研制出作业型载人潜水器“蛟龙号”、万米级载人潜水器“奋斗者”号、深海重载作业采矿车“开拓一号”等关键设备，但整个行业相关的配套系统及设备仍主要依赖进口，存在关键材料和零部件、装备数字化水平不高等发展瓶颈。

四是深地、极地探测。深地探测是指利用地震波探测、深地钻探等技术实现不同地下深度的空间开发和设施建设等活动。极地产业是利用极地环境探测、极地装备研制、极地卫星通导遥一体化等技术，实现认识极地、开发极地、利用极地的目标。美国、日本等国家把深地、极地的战略地位定得很高，韩国也在积极推动极地基地建设。我国近年来发展了万米级科学钻探技术，南极昆仑站、南极泰山站和“雪龙 2”号破冰船等极地项目相继完成，深地、极地装备制造取得了一定成果，但仍存在核心器件性能不强等问题，需要解决加快深地资源探测与能源开发的重大装备技术问题，攻克地球物理高端传感器、核心算法等“卡脖子”问题。

五是深空探测。深空探测指人类对月球及月球以远的天体或空间环境开展的探测活动。2023 年 4 月，我国发布了最新的月球探测规划，深空探测任务路线清晰、稳步推进。我国目前也在积极探索 AI、云计算等前沿技术手段在深空探测领域的应用，探索建立深空领域大模型。从发展趋势看，深空探测领域国际合作持续深化，我国立足探月工程在科技、工程、设施和人才等方面打下坚实基础，正牵头积极推进国际月球科研站建设。中国深空探测重大专项总设计师吴艳华指出，国际月球科研站建设将分为基本型和拓展型两个阶段。建设国际月球科研站，已不仅仅是一个愿景，更是人类探索宇宙奥秘、和平利用太空的必然趋势。随着深空探测任务的不断拓展，对运载能力提出了更高的要求，可重复使用将成为运载火箭发展的热点。

6. 未来健康

习近平总书记在党的二十大报告中提出，加快推进健康中国建设。把保障人民健康放在优先发展的战略位置，完善人民健康促进政策。在健康消费从以“治病为中心”向以“健康为中心”转变的进程中，非医疗类健康消费成为创新最为活跃的大健康消费领域，而科技正是创新最主要推动因素。随着大数据、元宇宙、人工智能等技术持续赋能新型医疗服务，未来健康管理将更加精准、高效和便捷，治疗方案也趋向于个性化医疗，更加精准、有效。

一是细胞治疗与再生医学。细胞治疗与再生医学利用细胞和生物工程技术，修复、替代或再生受损的组织和器官，最终改善患者的健康状况和生活质量，结合了细胞生物学、基因编辑、组织工程等多种前沿技术，应用于癌症、神经退行性疾病、心血管疾病、糖尿病和器官再生等多种疾病的治疗和研究。

细胞治疗的作用机制多样，包括免疫调节、促进组织再生和靶向癌细胞等。其中，干细胞治疗通过刺激、调节和调控内源性干细胞群体或补充细胞库以实现组织稳态和再生，为自身免疫性疾病（如系统性红斑狼疮和类风湿性关节炎）、遗传性免疫系统疾病、神经系统疾病（如帕金森病和肌萎缩侧索硬化症）等疾病的患者提供了新的治疗选择。赛迪研究院发布的《2024 年中国再生医学产业创新与投资趋势》显示，再生医学细分领域产业化进展不一，基因编辑、3D 打印、诱导多能干细胞、mRNA 等技术快速发展，为再生医学产业变革与创新注入动力。

二是基因技术。基因技术在未来健康中的应用，包括基因测序技术在生命健康和疾病解析技术方面的创新应用，还包括面向临床诊断的规模化、自动化、智能化基因检测技术。基因治疗是指通过基因添加、基因修饰、基因沉默等方式影响基因的序列、转录、反应等过程，从而影响基因的表达或修复异常基因，达到治愈疾病目的的疗法，目前可分为体内基因治疗和体外基因治疗。美国细胞和基因治疗学会（ASCGT）数据显示，在全球 3951 项细胞基因技术（CGT）临床试验中，基因治疗占到了半壁江山，肿瘤与罕见病是基因治疗的首要领域。

经过多年发展，我国多个地方逐渐形成了细胞与基因产业集群，集聚了大量的创新企业和研究机构，成为当地生物医药领域的重要力量，推动了生物技术的进步和产业的发展。例如，张江细胞和基因产业园已成为中国最具创新活力的细胞与基因产业集聚区，吸引了众多创新企业和研究机构入驻，创新生态已经十分完善。深圳在 2022 年出台了全国首部细胞和基因产业专项立法《深圳经济特区细胞和基因产业促进条例》，重点针对创新药“上市难”的问题，要求有关部门建立便捷畅通的咨询通道，全力支持、协助企业申请上市注册，从制度上统筹解决推进，推动细胞和基因产业实现高质量发展。

三是合成生物。合成生物学的创新生态从学科发展到产业转化的会聚研究过程中不断完善，对人类社会与经济发展的赋能潜质日益凸显。合成生物学以模块化、标准化的方式操控生命系统，可以重新设计和构建细胞、基因回路和生物体，以生产新型药物、开发新疗法或合成重要的生物材料，在未来健康中的应用潜力巨大，在疾病治疗、个性化医学、生物制药和公共卫生领域有着广泛的应用前景。

用合成生物法在实验室做出产品不难，难的是产业化。我国合成生物产业经过近年发展，快速形成了以粤港澳、长三角、京津冀三大经济圈为核心的产业集群。深圳是国内合成生物产业发展最为迅速的城市，拥有超过一半的合成生物初创企业。其中，深圳光明区出台了全国首个合成生物产业专项政策——《深圳市光明区关于支持合成生物创新链产业链融合发展的若干措施》，大力支持高水平研究机构与实验室的建设，提出、构建了一个集科研、转化、产业化为一体的综合支撑体系。根据《南方日报》报道，最近 3 年，国内新成立的合成生物企业约有 40%落户深圳，其中光明区集聚了近 80%。

第四章　发达国家未来产业布局方向及发展经验

未来产业是新一轮大国经济竞争的重头戏，事关中长期全球经济主导权的兴衰、国家竞争新优势的更替。以美国为代表的发达国家在多年前就开始战略布局未来科技与未来产业，不仅重视基础研究与前沿技术的融合交叉突破，通过未来科技激活未来产业发展新势能，更重视通过引入新要素、开发新设计、加工新材料、创造新工艺等创造新场景，促进创新成果产业化应用，推动传统产业转型升级，培育新支柱产业。

一、美国：超前布局未来产业相关领域

美国不仅在战略层面以国家战略和政策牵引未来产业发展，还建立多种投资体系促进未来产业发展、设立专门研究机构整合未来产业创新链，并高度重视人才引育，为我国发展未来产业提供了很多借鉴。

1. 强化系统思维：战略主导+重点领域投入

（1）从国家层面对未来产业进行总体布局

为确保自身在科技、产业等领域的领先主导地位，美国自2018年起就对未来产业进行全面布局且超前布局，陆续颁布了与未来产业相关的提案和法案，以国家战略和政策牵引未来产业发展。

2019年2月，美国白宫科技政策办公室（OSTP）发布《美国将主导未来产业》的报告，也被称为“史上最强工业计划”，展示了美国政府推动新技术发展的政策理念，并把人工智能、先进制造、量子科技、5G四大关键技术领域视为美国长期繁荣、改善国家安全的关键技术，将加大投资并放松监管。

2019 年 9 月，美国发布了《2021 财年政府研发预算重点》备忘录，列出五大研发方向和五大重点举措，以确保美国在国家安全、新兴产业、能源环保、生物健康和太空探索等领域保持领先。在科研方向上，美国明确要在未来产业中占据领导地位，并列出了 3 个重点，一是人工智能、量子信息科学和计算，二是先进通信网络和自动化，三是先进制造业，即智能和数字化制造及先进工业机器人技术等。这些产业涵盖了人工智能、量子计算、5G、自动驾驶、机器人等多个新兴产业。

2020 年 1 月，美国提出《2020 年未来产业法案》，要求确保在人工智能、量子信息科学、生物技术、下一代无线网络和基础设施、先进制造、合成生物学等未来产业的联邦研发投入，以保持美国在全球经济的领导地位。2020 年 6 月，美国总统科技顾问委员会（PCAST）发布《关于加强美国未来产业领导地位的建议》，提议通过与政府机构、工业界和学术界协作，将基础研究的成果与早期应用相结合，强化未来产业发展。2020 年 10 月 15 日，美国发布《关键与新兴技术国家战略》，明确了 20 项为保持美国全球领导力而需要重点发展的关键与新兴技术清单，该报告虽然没有明确提及“未来产业”，但所提及的高级计算、人工智能、自主系统、量子信息科学等都属于未来产业的范畴。美国 2022 财年的《政府研发预算优先事项》中提到，大力支持国家安全、未来工业、能源环境、空天科技等领域的基础和应用研究。

2021 年 3 月，《美国就业计划》出台，强调要发展半导体、先进计算、先进通信技术、先进能源技术、清洁能源技术和生物技术等领域。同期，美国还提出《确保美国科学技术全球领先法案（2021 年）》《NSF 未来法案》，前者提出未来十年内联邦基础研究经费的资助将翻一番，后者强调发展量子信息科学、人工智能、超级计算、网络安全和先进制造，计划五年内实现 NSF 经费增长 59. 8%。美国在 2021 年推出的《无尽前沿法案》中，强调将先进软件、计算机硬件、量子信息、先进制造、通信技术、生物技术、数据、新能源等 10 个领域作为未来关键科技研究领域，并且每三年进行领域更新，使之成为紧跟美国经济发展的产业。

2023 年 5 月，美国发布《美国政府关键和新兴技术（CET）国家标准战略》，提出美国将优先发展对国际竞争力和国家安全至关重要的 CET 子领域标准，划定通信和网络技术、半导体和微电子、人工智能和机器学习、生物技术、定位导航和授时服务、数字身份基础设施和分布式账本技术、清洁能源生产和储存、量子信息技术八大关键和新兴技术。2024 年 2 月，美国白宫科技政策办公室（OSTP）发布了最新版《关键和新兴技术清单》，针对先进计算、前沿材料、人工智能、人机界面、生物技术、量子传感6类前沿技术进行前瞻布局和研究。与2022年版本相比，删除了“先进核能技术”“金融技术”“网络化传感器和感知”3类技术，新增了“数据隐私、数据安全和网络安全技术”和“定位、导航和授时（PNT）技术”2项技术。2024年7月，美国发布报告《美国政府国家关键和新兴技术标准战略（USG-NSSCET）：实施路线图》，围绕USG-NSSCET确定的四大战略目标和七大重点任务，提出了美国政府应采取的行动举措。

（2）对重点科技领域强化政策支持

针对部分新兴产业，美国选择性更强，对部分产业的创新链进行全面布局，积极争取占据领导地位。聚焦量子信息科学、人工智能、先进通信网络/5G、先进制造、生物技术5个领域，美国在研发、转化、应用等环节，制定了一系列支持政策。

针对量子科技，2018年美国国会众议院科学委员会启动一项为期10年的“国家量子计划”《国家量子倡议法案》，该法案在第一个5年将拨款12亿美元用于支持量子计算研发工作。2022年12月，美国Q-NEXT国家量子信息科学研究中心发布《量子互连路线图》，该报告概述了未来10~15年开发量子信息技术所需的研究和科学发现，列出了实现路径中所需的组件和系统，以期促进量子信息技术在电信、能源、金融服务、制药和物流运输等行业的应用。2024年8月，《美国能源部量子领导法案》通过，该法案计划加大资金投入推动量子技术在计算、安全和连接性等领域的创新，确保美国在全球量子竞赛中的领先地位。

在人工智能领域，美国先后出台了《2020年国家人工智能倡议法案》（NAIIA）和《国家人工智能研发战略计划》等政策，并更新发布了2016年、2019年、2023年版《国家人工智能研发战略计划》，积极推动人工智能发展。《国家人工智能战略》不仅提出通过大规模资助AI研究，还鼓励私营企业和大学研究机构开发人工智能技术。美国国土安全部（DHS）发布的《2024年人工智能路线图》提出探索新的人工智能应用，推行全政府战略，确保安全、可靠、可信地开发和使用人工智能。美国参议院AI工作组发布的《推动美国在AI领域的创新：参议院AI政策路线图》中提到，加大投资支持基础研究、应用研究和技术开发。美国通过开放创新生态系统，吸引全球顶尖AI研究人才和企业。硅谷等地区成为全球AI研发和应用的中心，为其他国家提供了借鉴模式。

在生物技术领域，2022年9月，美国启动《国家生物技术和生物制造计划》，以促进美国生物技术创新、提升生物制造能力。2023年3月，美国白宫科技政策办公室（OSTP）发布报告《美国生物技术和生物制造的宏大目标》，提出生物技术与生物制造研发要扩大可再生原料的可用性、生产更具可持续性的航空燃料和开发其他战略燃料，开发低碳密度的产品路径和促进原料的循环经济。同年3月，美国还发布了“生物技术和制造目标”时间表，提出了针对气候、食品农业、供应链、大健康、基因生物等领域的具体目标，推动美国生物技术和生物制造的发展。2024年9月，美国战略风险委员会发布《应对未来生物威胁的生物制造计划》，提出了利用生物制造来满足政府当前需求、共享政府生物制造和大流行病预防知识和能力、为私营部门提升生物制造能力降低风险等多项建议。

2. 强化生态建设：多元投资+组织创新

（1）建立多元化投资体系

在资金供给方面，美国通过税收、补贴等优惠政策，以及专项投资、吸收社会资本、政府采购等多元化的资金投入和引导方式，支持未来产业发展。《美国就业计划》中提出，将1800亿美元投资于研发未来技术，以保证能够在未来提供新的高质量就业机会。《国家生物经济与生物制造计划》提出启动20亿美元投资，其中卫生与公众服务部（HHS）将投资4000万美元提高生物制造能力，国防部（DOD）将在5年内投资10亿美元建设国家生物工业制造基础设施。国家安全人工智能委员会报告建议每年至少投入320亿美元用于非国防人工智能创新。《NSF未来法案》中计划向未来产业投入726亿美元；《无尽前沿法案》提出5年之内投入1000亿美元用于发展与AI、半导体等未来产业相关的技术群。

以量子信息科学（QIS）领域为例，美国能源部（DOE）、美国国家标准与技术研究院（NIST）和美国国家科学基金会（NSF）都是QIS主要的资助机构。《美国能源部量子领导法案》提出计划在未来5年内授权超过25亿美元的资金用于重振能源部的研发项目，以加强量子技术的研究、开发和商业化，同时还将授权美国能源部扩大其目前的量子研发计划。

美国还积极引导社会资本、企业投资未来产业。其中，美国以公私合作（PPP模式）设立国家生物制药创新研究所（NIIMBL），引导非政府投资加速生物制药创新。

信贷、风险投资也是美国未来产业领域企业获得支持的重要来源。特斯拉电动汽车在启动阶段就获得了美国政府的重大支持，之后美国能源部对特斯拉公司提供4.65亿美元的贷款支持。

（2）构建多主体合作的新型研究组织模式

一是建立了完善的跨部门协调机制，以确保各部门在制定和执行产业政策时能够协同合作。美国对未来产业部门分工进行了明确划分，以设立特定的未来产业领域办公室为主导，其他部门协调合作的形式，有助于避免政策之间的冲突和重复，提高政策执行效率。如《国家量子倡议法案》中提到，美国设立国家量子协作办公室，为国家量子信息科学小组委员会的科学技术委员会和咨询委员会提供技术和行政支持，同时协调联邦政府机构、行业、大学、州政府之间的技术和信息交流。在人工智能领域，美国国土安全部与其他联邦机构合作，共同监管人工智能的使用，以确保其负责任和安全的发展。

二是打造新型研发机构支持未来产业发展。美国国家科学基金委、美国能源部和巨头科技公司于2020年8月宣布将在5年内投资10亿美元，支持建立人工智能和量子信息科学等12家研发机构。2021年1月PCAST发布的《未来产业研究所：美国科学与技术领导力的新模式》提出，着力打造未来产业新型研发模式、管理机构和运营机制等，推动美国基础、应用研究和未来技术的商业化产业化进程。与英国阿兰·图灵研究所、德国弗朗霍夫协会等科研机构相比，未来产业研究所横跨包括基础研究、应用研究、产品研发、产业化和市场推广的整个创新流程，和产业创新相关的所有公共部门和私人部门都可以成为其合作伙伴。未来产业研究所与我国新型科研机构相比，在目标、思路等方面都有相似之处，可见以美国为首的世界大国也越发重视“新型科研机构”对科技创新和科技体制机制改革的推动作用。

美国还创设了以国家半导体技术中心为代表的贯穿研发—生产全链条的新技术转化机构。2023年4月，美国国家标准与技术研究院（NIST）发布了《美国国家半导体技术中心的愿景与战略》，提出创建美国国家半导体技术中心（NSTC）支持半导体研发工作，把半导体制造业留在美国，提高美国竞争力和技术领先地位。目前，该中心仍在建设中。

三是加强标准体系建设。未来产业关键技术领域标准是大国贸易和科技竞争的重点之一，美国一直在积极建立由美国主导、美欧协作、具有较强竞争力的未来产业标准体系。2021年9月，美欧贸易和技术委员会（TTC）成立，将技术标准工作组列为十大工作组之首，并明确指出要在人工智能和其他新兴技术领域开展标准协调与合作，在国际标准活动中捍卫所谓的“共同利益”。

3. 强化基础保障：基础研究+人才培育

（1）加强基础研究投入和设施建设

未来产业高度依赖于基础研究和原始创新。美国基础研究支出占研发经费支出的比例基本稳定在16%~18%。其中，联邦政府是基础研究的最大资金来源，高校是基础研究的最大执行者。《芯片和科学法案》为国家科学基金会、国家标准与技术研究院和能源部提供长期资金支持，推动量子信息科学、人工智能、5G/6G通信等前沿领域的研究。美国持续更新关键和新兴技术清单，提出大力支持未来工业、空天科技等领域的基础和应用研究。通过政府机构、私营部门和非营利组织的联合资助，美国形成了多样化的科研资助渠道，确保了从基础研究到应用开发的全方位支持。

《美国将主导未来产业》报告将人工智能、先进制造、量子信息科学技术、5G四大关键技术领域视为美国新型基础设施。近年来，美国能源部提出实施“前路计划”，设立“百亿亿次计算项目”等，为推进基础设施建设提供运算支撑。在人工智能领域，美国发布《国家人工智能研发战略规划》，提出要开发人工智能共享数据集和测试环境平台，开发开源软件库和工具集等。国立卫生研究院（NIH）正通过“癌症登月计划”扩大其癌症研究数据生态系统，作为一项国家数据基础设施，能够通过鼓励数据共享推动新疗法开发、实现癌症个体化治疗。美国“生物技术和制造目标”时间表也提出，要建立一个强大的标准基础设施，以实现生物制造产品和工艺的快速发展及部署。

（2）加强人才教育支撑

美国非常重视在未来产业中储备未来人才。针对新兴产业人才教育，《美国国家标准战略2020》提出“应认识到标准作为创新、技术商业化、稳定基础设施和美国竞争力方面的内在作用，在美国努力建设一支高水平的队伍应被列为优先事项”。2023年美国科学促进会（AAAS）正式成立第一个跨领域、多学科、重交叉的工作组，以促进STEM（科学、技术、工程和数学）后备人才和未来人才教育培训。

二、欧盟：强化顶层设计和“协同创新”

欧盟为巩固提升国际竞争力，在未来产业多个领域加快布局，德国、法国等主要国家也根据自身情况出台了多个支持政策，推动未来产业发展。

1. 强化未来产业顶层设计

自 2019 年以来，欧盟出台了一系列保护性产业政策，重点扶持未来产业。各成员国也发布了一系列的未来产业政策，支持本国未来产业发展。

（1）欧盟层面的支持政策

一方面，欧盟从顶层制定综合性产业战略，识别引领产业变革的关键技术。2019 年 3 月，德法两国联合推出《面向 21 世纪欧洲工业政策宣言》，呼吁欧盟出台未来产业的战略性布局，改革市场管理体系。2019 年 11 月，欧盟发布《加强面向未来欧盟产业战略价值链报告》，计划提高欧洲六大战略性及面向未来产业的全球竞争力和领导力，包括互联且清洁的自动驾驶汽车、氢技术及其系统、智能健康、工业互联网、低碳产业和网络安全六大领域。2020 年欧盟发布《欧洲新工业战略》，支持发展机器人技术、区块链、量子技术、光子学、工业生物技术、生物医学等对欧洲未来工业有重要战略意义的关键技术。2021 年 1 月，欧盟发布《工业 5.0：迈向可持续、以人为本、富有韧性的欧洲工业》战略，围绕“工业 5.0”核心技术，重点列举了个性化人机交互，仿生智能材料，数字孪生和模拟，数据传输、存储和分析技术，人工智能，能源效能、可再生能源、能源存储和能源自主技术 6 项可以相互融合的核心技术。

另一方面，欧盟针对一些未来产业的细分领域，出台了多项细化支持政策。2020 年，欧盟先后发布了《欧洲数据战略》《循环经济行动计划》《欧洲新工业战略》《欧洲能源系统一体化战略》《有利于气候的欧洲氢战略》《人工智能白皮书》等未来产业细分领域的行动计划或发展战略，强调要构建欧盟能够自主掌控的先进数字信息平台和高端制造业体系。2021 年 3 月 11 日，欧盟发布《2030 数字罗盘：欧洲数字十年之路》计划，希望能增强欧洲数字主权，计划欧盟生产的尖端、可持续半导体产业的产量至少占全球总产值的 20%，产能效率将是目前的 10 倍。《欧洲芯片法案》于 2023 年 9 月正式生效，计划将动员超过 430 亿欧元的公共和私人投资，以支持半导体产业的发展。在推动产业与社会数字化转型方面，欧盟发布《塑造欧洲数字未来》报告，提出建立以数字解决方案为动力的欧洲社会。

（2）德国：以创新政策体系引导未来产业发展方向

德国在2013年提出“工业4.0”战略以后，相继出台了多个战略文件，重点围绕智能制造、人工智能、清洁能源、数字化转型、数字基础设施建设等方面对未来产业作出战略部署。德国在2019年发布了《国家工业战略2030》，有针对性地扶持汽车、光学、3D打印等十大重点工业领域，以保持其先进工业制造的全球核心竞争力。德国还发布《高技术战略2025》《数字战略2025》等一系列政策文件确立了其从工业经济向未来产业新兴经济转型的基本框架，明确要推进汽车、微电子、材料研究与生物技术、人工智能等领域的技术发展。2023年2月德国发布了《未来研究与创新战略》，将其作为未来国家科技创新的顶层战略规划，通过前瞻技术布局、设立新型组织、构建敏捷性政策以及拓宽创新参与面等举措推动未来产业发展，也为我国培育未来产业提供了参考。

（3）法国：以未来投资牵引未来产业发展

2015年法国发布了“未来工业”（The Industry of the Future）计划，希望通过数字技术改造实现工业生产的转型升级，以工业生产工具的现代化帮助企业转变经营模式、组织模式、研发模式和商业模式，带动经济增长模式变革。法国自2010年以来启动了多期“未来投资计划”，在2021年将健康、生态和能源转型、数字技术3个领域作为未来产业的投资重点。法国还发布《使法国成为突破性技术经济体》报告，前瞻未来产业发展趋势，提出未来产业应依托的关键技术，以信息、生物、材料、能源等新技术为重点。

2. 充分利用财税金融手段

欧盟在2019年设立了主权财富基金“欧洲未来基金”，帮助成员国增加其战略行业的投资，帮助相关企业应对谷歌、苹果及阿里巴巴等公司的竞争。“地平线欧洲”计划是欧盟支持科学研究和创新的一项重要资助计划，最新的“地平线欧洲”2025—2027年战略计划已确定4个共同规划合作伙伴关系项目，主题涉及欧盟创新材料、太阳能光伏、未来纺织品、虚拟世界。

欧盟各成员国也出台了长期、多元化的资金支持政策。德国通过提高研发税收免税额、减少企业投资额、提供电费补贴、提供股权投资等方式支持未来产业发展。德国允许银行混业经营，商业银行基本可以从事除发行货币或者抵押债券外几乎所有的金融业务，通过开发丰富多样的融资产品，为科创企业提供金融服务，解决间接融资问题。同时，德国还采取通过政策性银行信贷带动商业银行信贷的方式，引导两类金融机构加强配合，实现风险共担，指导商业信贷积极投入科技创新领域，为科创企业提供长期贷款服务。德国在2005年《高技术战略》的框架下启动了高科技创业基金（HTGF），为处于研发阶段且存在一定风险的科创企业提供政策资助。同时，还设立了欧洲复兴计划启动项目、天使投资新投资补贴项目等一系列政府主导的政策性基金，支持初创期科技企业发展。法国在2008年就设立了战略投资基金，重点支持数字经济、纳米技术、生物技术、可再生能源、低碳汽车等战略性新兴产业和未来产业领域。

3. 构建多层级协同创新体系

欧盟构建了协同创新体系来规范未来产业发展，在部分欧盟国家设立政府创新管理机构和非政府独立机构，指导未来产业的发展，如芬兰国家技术创新局、瑞典创新署等。欧盟还建立了虚拟协同创新模式，通过网络和通信技术构建数字化、虚拟化的创新社区，提高成员合作创新能力，形成高效的创新生态系统。为了强化未来产业人才队伍建设，欧盟还搭建了专门平台，促进人才队伍自由有序流动。

在支持未来产业发展方面，德国形成了自上而下、同层协同的管理体系，上层由政府机构承担立法、规划、管理监督等职能，中层由工业研究协会工作联合会和技术创新中心等具有专业技术和科研管理能力的国际项目管理机构来承担项目管理任务，下层涵盖了高校、科研机构、企业等主体。德国还构建了国际创新合作模式，与俄罗斯、波兰等搭建未来产业创新联合体，开展极地与海洋研究、纳米材料等领域的技术合作。

在发展未来产业方面，法国由国家统筹协调，总理府直接领导投资总署以协调各部门的行动。法国构建了多层级科技决策咨询协同工作机制来支持未来产业发展，涵盖了从国家层面的战略规划到地方层面的执行和创新推动。其重点是通过综合性的科技政策、公共和私营部门的合作，以及国际化的创新战略来促进未来产业的发展。通过与欧盟和国际科技项目的协同合作，法国在清洁能源、人工智能、生命科学等多个领域取得了显著进展。此外，法国还将高等教育和研究创新部门融合，实施“大部委”制来带动人才队伍建设。

三、日本：发展重点产业实现“社会 5.0”

日本将氢能源、类脑智能、量子信息、生物技术、深海空天开发上升到未来科技与产业发展的战略层面，制定了一系列支持政策。

1. 技术预见调查为未来产业发展奠定基础

技术预见作为致力于将科技与经济深度融合的重要方法和编制国家科技规划的重要手段，在世界范围内运用广泛，日本的技术预见调查在塑造国家未来产业发展战略中发挥了重要作用。日本的技术预见调查由日本科技政策研究所（NISTEP）定期开展，主要为了识别未来有潜力的技术领域，评估其对经济、社会和环境的影响，并提出相应的政策建议。该调查自 1971 年开始，通常每隔 5~6 年进行一次，通过广泛咨询学术界、产业界和政府部门的意见，系统性地分析全球技术趋势，目前已形成制度化的技术预见方案。

技术预见调查对日本产业发展起到了重要的促进作用。日本通过技术预见调查前瞻性分析，识别未来对日本经济和社会发展至关重要的关键技术领域，以指导国家科技投资方向。技术预见调查为日本政府制定科技、产业和教育政策提供了科学依据，确保政策具有前瞻性，能够有效应对未来挑战。技术预见调查可以引导产业发展，帮助企业了解技术趋势和潜在市场机会，鼓励企业加大创新投入并调整战略方向。日本技术预见调查的实施涉及一系列复杂的方法和协同工作机制，包括德尔菲法、情景分析、大数据与趋势分析等，不仅依赖专家群体，还通过广泛的公共咨询，吸纳来自产业界、科研机构、大学和公共部门的意见。各方通过协同工作机制，确保调查结果具备广泛的代表性和实用性。

通过技术预见调查，日本政府和相关部门识别出了人工智能、机器人、量子技术、清洁能源等多个关键技术领域，这些领域在未来将对日本经济和产业产生重要影响。日本在人工智能和机器人领域长期处于全球领先地位。通过技术预见调查，日本政府确定了智能制造、服务机器人、自动驾驶、医疗机器人等子领域的潜力。日本的大型企业也积极通过技术预见调查了解未来技术发展趋势，提前布局新兴市场。例如，丰田、索尼、软银等公司在氢能、自动驾驶、量子计算等领域的投资策略，都与技术预见调查结果密切相关，也是日本企业能够在全球技术竞争中保持领先地位的重要原因之一。

2. 以需求为导向引领打造未来产业政策体系

日本政府在 2016 年第 5 期《科学技术与创新基本计划》中提出“社会 5.0”概念，明确要最大限度地应用现代通信技术，打造为人类带来更美好生活的“超智慧社会”。日本以“社会 5.0”愿景牵引未来产业发展，重视依托社会需求创造应用场景，进而带动未来产业发展。

2017 年，日本发布《未来投资战略 2017：为实现“社会 5.0”的改革》，提出要在生命健康、交通出行、世界领先的智能供应链领域、基础设施和城市建设领域、金融技术创新及应用领域、能源与环境领域、机器人革命与生物材料革命领域、新型居住生活服务市场等方面加强部署。日本经济产业省（METI）在 2017 年发布的《新产业结构愿景》强调通过发展人工智能、自动驾驶、机器人、生物技术、绿色能源等前沿技术，塑造未来产业结构，推动产业的数字化和绿色转型。2020 年日本发布《科学技术创新综合战略 2020》，从“社会 5.0”具体路径出发，明确提出面向创造未来产业及挑战社会变革的研发，强调开展人工智能、生物技术、量子技术、材料等领域世界顶尖水平的研发活动，形成一批世界领先的研发基地。2021 年 3 月，日本发布“第六期科学技术与创新基本计划”，明确在将基础领域的 AI 技术、生物技术、量子技术、材料技术，以及应用领域的环境能源、安全舒适生活、健康医疗、空间、海洋、食品和农林水产业作为重点发展领域的基础上，与战略创新计划 SIP、登月型研发计划相结合，以官民合作的形式共同推进战略性研发活动。

3. 强化未来产业重点领域支持

一是清洁能源与氢能。《能源基本计划》（Basic Energy Plan）是日本能源政策的核心框架文件，每隔几年修订一次，制定长期能源发展战略。该计划的主要目标是通过推动清洁能源技术，减少对化石燃料的依赖，并推动可再生能源在日本能源结构中的占比逐步增加。根据 2024 年度修改的《能源基本计划》意见书，日本提出把核电定位为与可再生能源同等的主力电源。2020 年 12 月，日本政府颁布了《2050 年碳中和绿色增长战略》，大力发展可再生能源，稳步发展核能，推动能源结构低碳绿色转型，不断提高电气化率，稳步迈向“无碳社会”。目前，日本将浮动式海上风电技术等视为未来清洁能源增长的主要动力。

氢能被视为实现碳中和的核心技术之一，日本也是氢能领域的全球领先者。2017年，日本制定《氢能源基本战略》，明确了降低制氢成本的路线图和目标，推动商业化发展。日本政府的《绿色增长战略》将氢能视为实现碳中和目标的关键技术之一，计划通过大规模的氢能基础设施建设，推动氢气在多个领域的应用。日本正在建设全球首个液氢供应链，通过从澳大利亚等国家进口液氢，以应对国内氢气需求的快速增长。日本政府还积极支持“氢能示范城市”项目，鼓励地方政府和企业在城市基础设施、交通和家庭能源系统中应用氢能。

二是量子科技。日本早在1985年就提出实施前沿技术探索研究计划，推进包括量子科学在内的前沿技术的基础研究。进入21世纪，日本发布了《量子技术创新战略》等文件，系统指导量子技术研发，并成立量子技术新产业创造协议会（Q-STAR），有组织地推进量子技术研发与产业化。日本还推进量子科技应用，发布“光量子跃迁旗舰计划”，以实现量子计算在制造业、药物研发等领域中的应用。日本的第6期《科学技术与创新基本计划（2021—2025）》将量子技术列为未来五年内的重点研发领域，政府加大资金投入，支持量子技术从基础研究到应用开发的各个环节。

三是生物技术。日本是世界生物技术强国，一直将生物技术产业视为国家核心产业，涵盖了基因编辑、再生医学、细胞治疗、疫苗开发、农业生物技术等关键领域。日本先后出台了《日本生物技术创新战略》《健康医疗战略》《再生医疗及相关产品法》等政策，支持生物技术应用发展。依托强大的科研基础、政府政策支持以及公私合作的创新体系，日本在全球生物技术行业中已具有较强的竞争力。

四是人工智能。日本是全球人工智能技术研发与应用最发达的国家之一，将人工智能与物联网、机器人共同作为第四次产业革命的核心。聚焦机器人、医疗健康和自动驾驶三大优势领域，日本大力推动人工智能技术应用，着力解决养老、教育、医疗、交通等方面的难题。在人工智能技术的有力支撑下，日本已成为全球第一大工业机器人生产国，世界约60%的工业机器人来自日本制造商，人形机器人研发技术也是世界领先。

4. 构建多层级合作与创新生态

一是加强政府与企业的合作。政府通过政策激励、科研资金和公共基础设施的支持，帮助企业进行技术创新和产业升级。日本龙头企业在未来产业发展中起到了引领作用，丰田、软银、索尼、三菱等企业，在汽车、通信、电子、机器人和清洁能源领域具有全球影响力，不仅积极推动技术研发，还通过与政府、学术机构的合作，打造创新生态系统。

二是发挥新型研发机构等公共科研机构的作用。理化学研究所（RIKEN）是日本最大的科研机构，在人工智能、量子技术、生物技术等领域具有全球领先的研究水平，通过与产业界的合作，推动了基础研究向应用技术的转化。新能源与工业技术开发机构（NEDO）是日本政府推动技术创新的主要机构，通过资助科技项目，促进了可再生能源、智能制造和 AI 技术的发展。

三是强化区域创新体系的功能。日本通过地方政府与中央政府的协同合作，推动区域创新集群的建设，关西地区已发展成为生物技术和健康科技的研发中心，中部地区也以智能制造和自动化技术闻名全球。

四是开展国际合作。日本与美国、欧盟在量子技术、半导体制造、人工智能等领域建立了合作机制。日本与美国在 2021 年签署了量子技术与人工智能合作协议，共同推动技术研发和标准制定。日本的科研机构和企业积极参与全球研发项目，重点开展生命科学、绿色能源、量子技术等前沿领域的国际合作。通过参与国际热核聚变实验堆（ITER）等大型科研项目，日本在未来能源领域占据了重要地位。

四、韩国：积极开展大型公私合作研发

在存储芯片产业成为主力产业后，韩国一直在试图探索新的重点产业，也在以制造业为基础重点发展未来产业，寻找新的破局点。

1. 强化政府和民间投资结合

韩国在 2019 年发布《制造业复兴发展战略蓝图》，提出要培育未来的新产业。韩国还发布了《政府中长期研发投入战略（2019—2023 年）》，将人工智能、大数据、信息安全、食品、计算机、生物医疗等领域作为未来产业和新产业的重点。

韩国政府认识到，仅依靠公共资金难以满足未来产业快速发展的资金需求，积极探索通过 PPP 模式与民间资本深度合作，共同推动未来技术和产业

的突破性进展。韩国政府通过 PPP 模式提供各种政策激励，包括税收优惠、直接补贴、贷款担保等，扫清民间资本参与高风险未来产业项目的障碍。PPP 模式不仅仅局限于资金合作，还涵盖了技术开发、产业基础设施建设等多个方面。在 5G 和 6G 通信技术的发展中，政府通过 PPP 模式与三星电子、LG Uplus 等大型私营企业合作，大力推动全国范围的网络基础设施建设。在智能交通和自动驾驶领域，韩国政府通过 PPP 模式与汽车制造商、技术公司和交通部门合作，推动智能交通基础设施的建设和自动驾驶技术的应用。在人工智能领域，韩国政府通过设立 AI 创新基金，吸引私营部门参与投资，积极推动 AI 生态系统的构建。通过建立公共—私营联合创新中心、研发合作平台等机制，韩国促进了企业和政府之间的技术共享与协同创新。在智能城市和清洁能源领域，政府设立了多个公共实验室和测试平台，还鼓励私营企业参与实验性项目并共同推动技术的实际应用，带动了技术应用和发展。

基于自身发展优势，韩国以电子信息等产业为核心带动产业融合发展。韩国的半导体产业为人工智能发展奠定了基础，AI 芯片设计和制造领域水平尤为突出。通过将 AI 技术与半导体相结合，韩国推动了边缘计算、智能传感器和自动化系统的发展。韩国在生物技术领域的进步与电子信息技术的融合，推动了数字医疗、精准医疗和生物制药的发展。通过物联网、传感器、数据分析和 AI 技术，韩国在医疗健康领域实现了数字化转型。

2. 充分利用民意调查优化政策

韩国政府在制定和实施未来产业相关政策时，重视通过民意调查和公众咨询，了解社会各界对新技术、新产业的接受度和期望。通过这种方式，政府能够获得关于未来技术发展路径的反馈，并推动与公众的互动，增强政策的透明度和执行力度。韩国政府定期进行全国范围内的民意调查，询问公众对未来科技、产业转型、气候变化、人工智能等关键领域的看法。这些调查不仅限于政府机构，还涉及大学、智库和私营部门的协作。例如，在氢能经济的推广过程中，民意调查帮助政府了解公众对氢能基础设施（如加氢站建设）的接受程度，并进一步调整政策。在涉及基因编辑、再生医学和精准医疗等生物技术领域时，民意调查帮助政府平衡了技术创新与伦理问题之间的关系。2022 年韩国知识产权局（KIPO）发布未来战略产业技术民意调查结果，公布了民众选出的“改变韩国未来的十大发明技术”，排名前十位的技术领域分别是人工智能、机器人、未来汽车、氢气、能源、生物科学、宇宙航天、新材料、电池和半导体。

韩国政府通过与媒体、行业专家和学术机构的合作，向公众宣传未来产业的潜力和挑战。通过新闻报道、电视节目、研讨会和公开讲座等多种形式，政府能够将复杂的技术问题以简单易懂的方式传达给公众，帮助他们了解政策的背景和必要性。韩国政府利用现代技术，建立了面向公众的数字咨询平台，公众可以在线发表对新兴技术和未来产业的看法。这种透明的政策咨询模式加强了政府与公众的互动，促进了政策的公开性。

3. 聚焦重点领域发展

一是大力发展半导体产业。半导体产业是韩国经济的重要支柱之一，存储芯片和处理器在全球都占据领先地位。三星电子和 SK 海力士是全球最大的半导体制造商之一。韩国政府推出了一系列支持半导体行业发展的政策，包括研发资金、税收优惠和产业链支持，以确保韩国在全球半导体市场中的竞争力。通过推动新材料的研究与应用，韩国半导体企业在开发量子计算芯片和人工智能芯片等更先进的芯片技术领域不断取得突破。

二是快速发展未来汽车产业。通过智能交通系统（ITS）和自动驾驶汽车的研发，韩国试图在全球智能交通和自动驾驶市场中占据领先地位。2022 年，韩国政府在“未来汽车国家愿景”发布会上明确了“2030 未来汽车产业发展战略”的主要内容，无人驾驶是未来产业的一个重要分支。韩国的现代汽车等企业正在加大自动驾驶技术的研发力度，政府也提供了政策支持和资金资助，推动自动驾驶汽车的测试和部署，未来发展势头十分乐观。

三是全面发展生物健康产业。生物健康是韩国未来产业中另一个具有巨大潜力的领域，涵盖生物医药、基因编辑、再生医学、疫苗研发等子领域。韩国政府已将生物健康产业确立为国家的重要战略产业，类似于半导体产业。政府计划通过全力支持创建韩国版的波士顿生物技术集群，以推动该产业的进一步发展。韩国在 2019 年就发布了《生物健康产业创新战略》，重点推进创新药、医疗器械和医疗技术的发展，并促进生物健康产业的出口增长。同时，韩国还通过国家新药开发项目、全周期医疗器材研发等跨部门研发领域，支持生物健康产业的全周期研究，为生物健康产业提供研究支撑。

五、发达国家发展未来产业的经验总结

从这些国家的发展经验看，既有相似的发展方向，也有立足本国优势领域和产业特色发展的方向和着力点，我们需要从实际出发，发挥自身优势，为未来产业发展营造良好环境。

一是加强政策顶层设计并提供发展方向。未来产业的发展往往需要国家层面的战略规划和政策支持，通过政府引导、制订长期发展计划、提供财政支持和政策激励来调动资源，推动未来产业的快速发展。例如，美国通过《芯片和科学法案》，向半导体行业提供资金支持，以重振本土半导体制造，并确保在全球技术竞争中保持领先地位。韩国通过《绿色新政》与《数字新政》等政策推动绿色经济和数字经济的增长，包括氢能、5G、AI 等关键领域。

二是积极搭建创新生态系统。发展未来产业需要持续加大对技术研发的投入，针对半导体、人工智能、量子计算、5G/6G 通信、清洁能源等核心技术领域，需要加快推动从基础研究到应用技术的突破。多个国家通过构建创新生态系统来支持未来产业的发展，从而推动科技创新、产业转型和经济增长。美国的创新生态系统高度开放，整合了大学、科研机构、初创企业、大型科技公司、政府机构和风险投资，形成了多层级、相互支持的创新网络。欧盟的创新生态系统依赖于多国协作和跨境科技合作，通过协调各成员国的资源，共同推进科技创新。

三是加强产业链合作。在未来产业中，单个企业的资源往往不足以支撑整个产业链的创新需求。从各国经验看，通过加强产业链合作，企业可以共同承担技术风险，减轻单个企业的创新负担。龙头企业在未来产业发展中扮演着核心角色，通过引领技术创新、推动产业链协同合作，能够带动整个产业生态的创新与成长。

四是加强区域创新。各国打造了区域产业集群，为区域创新和未来产业发展提供支持。例如，法国的科技创新政策不仅在国家层面得以执行，还通过地方政府和区域科技机构的参与，实现跨区域的协同发展。

五是构建新型研发（科研）机构。新型研发机构以其创新精神和前沿科技研究能力，能够为未来产业的发展提供关键的技术支持和创新驱动。美国

的未来产业研究所、国家半导体技术中心，日本的理化学研究所等多个新型研发机构在未来产业发展中起到了重要作用，提供了很好的借鉴。

六是适度举全国之力推动产业发展。许多国家在推动未来产业和关键技术的发展过程中，采用了“举全国之力”的策略，集中调动国家的资源和力量，推动某些战略性新兴领域或未来产业的快速发展。例如，日本举全国之力推动智能社会发展，将大量资源投入这一战略，希望通过新兴技术的应用，解决人口老龄化、资源短缺等社会问题。

第五章　未来产业创新生态系统构建

创新生态系统为未来产业提供了一个协同创新的环境，通过整合人才、技术、资本、市场等多方资源，推动前沿技术的快速发展和产业化。本部分构建了未来产业的创新生态系统，并提出从创新链、产业链、资金链、人才链、政策链和技术链“六链”角度梳理未来产业融合发展的路径。

一、创新生态对未来产业的重要性

创新生态系统为未来产业的发展提供了一个综合性的平台，通过集成科研、产业、政府、资本和人才等多方面的资源与力量，能够加速未来产业技术突破，降低未来产业创新风险，促进技术的商业化与市场应用，推动跨行业协作与产业融合。

1. 未来产业全生命周期都需要创新生态

首先，颠覆性技术突破需要创新生态。人工智能、量子计算、生物技术、清洁能源等未来产业，高度依赖于前沿技术和颠覆性技术的持续突破。颠覆性技术在科学突破、技术发展和产业锁定的不同阶段，需要不同类型的创新主体参与，包括科研机构、高校、企业等，需要众多机构的相互配合、协同，仅依靠单一创新主体难以完成如此艰巨的任务。前沿技术“从0到1”的突破是由多种因素交织产生的，存在诸多不确定性，需要有运转良好的制度机制来保障长期资金投入和高水平人才参与。因此，未来产业技术的颠覆性决定了其需要依托于创新生态。美国硅谷的创新生态系统是全球科技创新的典范，依靠风险投资、大学研发（如斯坦福大学）、高科技企业（如谷歌、特斯拉等）的密切合作，推动了大量前沿技术的研发和商业化。

其次，技术应用需要创新生态提供支撑。创新生态能够促进颠覆性技术与市场需求对接，通过应用场景的构建来验证和推动技术的成熟和应用。这一过程中涉及与创新链、价值链各环节不同参与者之间的协调，需要在相互依赖、共同演进中对市场需求、主导设计等达成一致。一旦某一环节发展滞后，或是关键要素缺失，都有可能会影响未来产业的发展。创新生态系统中的孵化器和加速器还可以帮助早期科技项目快速成长，并为其提供技术支持、商业模式验证、市场推广等全方位的服务。这种机制能够让创新企业更快地找到市场应用场景，将技术成果推向市场。

2. 创新生态能够促进跨行业协同融合

首先，创新生态能够带动跨行业的技术融合与协同创新。未来产业的特点之一是技术融合，如信息技术与制造业的融合推动了工业 4.0 的出现，物联网与清洁能源的融合推动了智能电网和智慧城市的发展。创新生态系统通过建立跨行业的合作机制，打破了行业边界，能够加快技术融合的进程。通过创新生态系统，智能制造实现了人工智能、机器人技术与传统制造业的整合，推动了制造业的数字化转型。

其次，创新生态能够形成新型产业链和生态圈。创新生态系统通过推动不同企业间的协作，可以促进新型产业链的形成。在新能源汽车领域，整车制造商、电池供应商、充电网络公司和自动驾驶技术提供商通过协同合作，构建了完善的产业生态体系，带动全链条技术不断演化升级，为产业发展提供了新的动力。

二、未来产业创新生态系统的主要框架

学者们从多个角度分析了未来产业创新生态系统，李军凯等（2023）研究认为，未来产业创新生态系统可被定义为“围绕未来产业培育与发展形成的各种创新群落，在创新环境中相互作用、相互影响下构建的动态性开放系统”。瞿浩翔等（2024）结合未来科学研究范式，建立未来产业颠覆性技术创新系统，并提出“哲学—科学—技术—产业”四元现象结构。龙海波（2024）指出，未来产业发展本质上是前沿和颠覆性技术产业化的过程，其创新生态系统建立在技术预见基础上，由技术成长、创新扩散、产业演化三个

子系统构成。

创新生态系统是一个系统性的创新体，能够引起根本技术、组织和制度的变革，带来根本技术的创新，对根本技术和关键技术的突破有重要作用（Gibbs，2009；Boons et al.，2017；Taddeo et al.，2017）。基于创新生态系统视角思考未来产业发展及关键技术的突破，不仅需要关注关键技术的创新，还需要考虑参与关键技术创新的主体之间的有效互动和协同创新。基于相关研究，为强化企业创新主体地位，打好关键核心技术攻坚战，本书提出未来产业关键技术创新的生态系统，如图 5-1 所示。

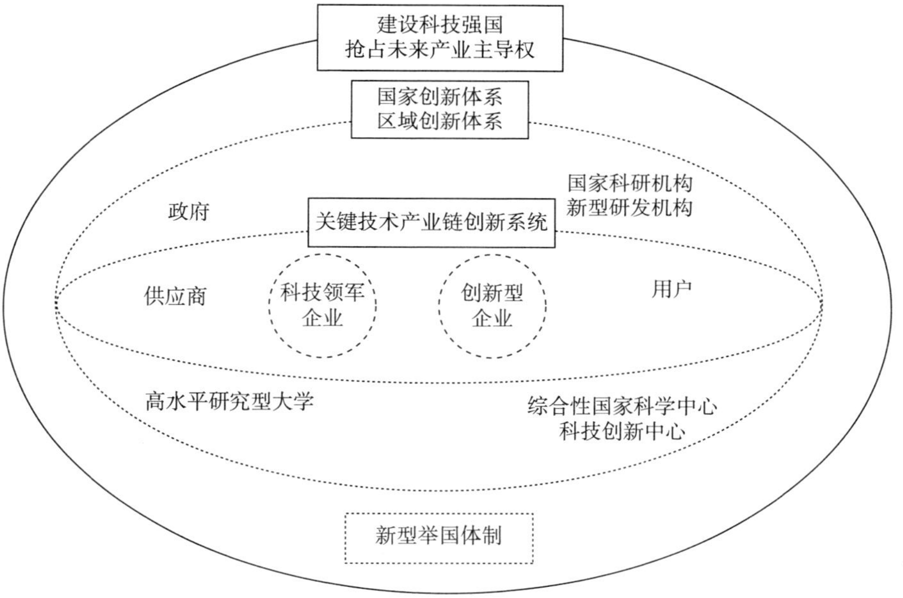

图 5-1　未来产业关键技术创新生态系统

关键技术创新生态系统围绕关键技术创新的相关主体，是高校、科研机构、企业、政府、科技服务机构等主体在创新活动中动态合作构成的开放系统。以强化国家战略科技力量为核心抓手，打破对传统科技创新路径的依赖，加快向"以基础研究和关键技术供给路径为主，以需求引致的路径为辅的新型双引擎整合式创新强国路径"转型。

从生态学理论视角出发，关键技术创新生态系统的群落具有超循环结构特征，各个系统之间相互促进，形成生态系统的超循环，进而激发生态系统的活力。第一，针对部分"卡脖子"关键技术，尤其是已知的技术，强化企业创新主体地位，重点提高科技领军企业的创新能力。第二，围绕“卡脖子”技术的技术链，部署产业链和完善提升创新链，国家科研机构、高水平研究型大学等国家战略科技力量高效参与，带动产业发展技术和产业链创新水平持续提升。第三，以综合性国家科学中心或科技创新中心为区域载体，加速汇聚创新要素资源和完善产业链创新链，持续催生重大原始性创新和颠覆性技术创新。第四，建设由国家战略科技力量牵引的区域创新体系和国家创新体系，形成区域创新共同体和国家创新共同体，提升区域创新动能，推进以原始性、颠覆性技术创新为核心的全面和整合式创新，实现更多发挥先发优势的引领型发展。第五，针对部分关键核心技术，可以通过新型举国体制来实现技术突破。政府在关键技术创新生态系统中起到重要作用，不仅是政策制度、科技资源配置的提供者，也是创新资金、公共服务的提供者，还是关键技术创新多主体合作的协调方。

三、未来产业“六链”融合框架解构

推动创新链、产业链、资金链、人才链四链深度融合，是完善国家创新体系的关键举措，是构建现代化产业体系的必然要求，也是加快形成新质生产力的必由之路。从未来产业演化路径看，不仅需要四链的作用，还需要有政策链和技术链的支撑和融合。因此，本书认为，应该从创新链、产业链、资金链、人才链、政策链和技术链“六链”融合的角度，打造未来产业发展的现代化产业体系。关键技术突破要厘清关键技术各个链条的关系，了解关键技术的产业技术链升级过程。

1. 未来产业“六链”解构

技术链的本质是指产业发展过程中涉及的一系列相关技术的序列链接，这些技术支撑着整个产业活动的完整开展，这种物化与上下游产品中的各种技术依据产品的链接关系形成技术链，同时，各种技术本身可能存在承接关系，即一种技术的获得和使用必须以另一种技术的获得和使用为前提，因此相关技术之间形成了一种链接关系。基于产业链结构的配套技术划分，源于上中游供应商和生产商企业需求分别产生原材料技术、零部件技术和产品构架技术。而每一环节的技术都会围绕关键核心技术形成一定的技术架构。关键核心技术链即是这一系列支撑产业活动技术中关键环节的链接，核心技术链是支撑核心产业链运行和发展的基础，是与核心产业链相对应的核心技术的链接。伴随关键核心技术的，是服务并扩展核心技术的外围技术。这些外围技术往往不具有变革型的影响力，但是外围技术正是核心技术的进一步开发，以使其产品更接近于客户的“人性化要求”。

Stevens（1989）将产业链看作是由供应商、制造商、分销商和消费者连接在一起组成的系统。产业链各主体基于产品供应的联结关系，通过信息、资金、人员、知识等多方面流通进行交互。产业链活动的最终目的是产生出符合某一特定市场需求的产品，而蕴含在产品中的，是产业链各个环节主体注入的技术与知识，只有产业技术才能生产出完整的产品。其中每一阶段的生产技术只能完成产品生产的一部分或一个环节，当所有环节的技术不断耦合、匹配形成稳定高效的技术关系时，技术链便形成。在产业发展过程中，产业链上每个节点都会存在技术创新行为，所有主体更加注重追求自身所处产业环节的专有技术。然而这种缺乏企业主体间互动与分享、“各自为政”的创新活动，往往造成技术创新的相互错位与低效、重复，这就需要在产业技术创新过程中强化协同机制，以形成稳定高效并能孵化更大创新潜力的创新链。

从科学知识、技术知识到经过技术创新环节并最终实现科技成果产业化的链条上，仍然存在太多的障碍、断裂与失衡，创新链便是围绕某一个创新的核心主体，以满足市场需求为导向，通过知识创新活动将相关的创新参与主体连接起来，以实现知识的经济化过程与创新系统优化目标的功能链接。根据技术变迁的基本模式，创新过程是由一系列基础性创新和基于此的应用性创新循环构建而成。基础研究注重重大开创性的技术研发，往往具有较强的前瞻性，但由于与目前市场匹配性较弱，需要有应用性研究的开展，这种应用性研究通过一系列开发活动，产生出适用于消费者需求的产品，从而完成一个创新链过程。

产业技术链升级是以产业链为主线的自主创新过程，是沿产业链上下游顺序推进或拉动的技术创新发展过程。上游产业技术水平滞后，中游和下游产业升级则难以实现，沿产业链上下游顺序推进是因为上游产业的技术创新，推动了下游产业技术创新升级，沿产业链上下游顺序拉动是下游产业面向需求升级，客观要求并拉动上游产业实现技术创新以满足下游产业发展需要。每一条产业链实质上是由上向下嵌入的产品组成的链，即产品链；每一产业链环节都有与该环节产品对应的关键技术，即技术链；每一产业链环节的关键技术都需要相应的研发，从而形成了研发链；而每一关键技术的研发都需要从基础研究、应用基础研究到应用开发研究，按照后熊彼特主义，可称为创新链（见图 5-2）。

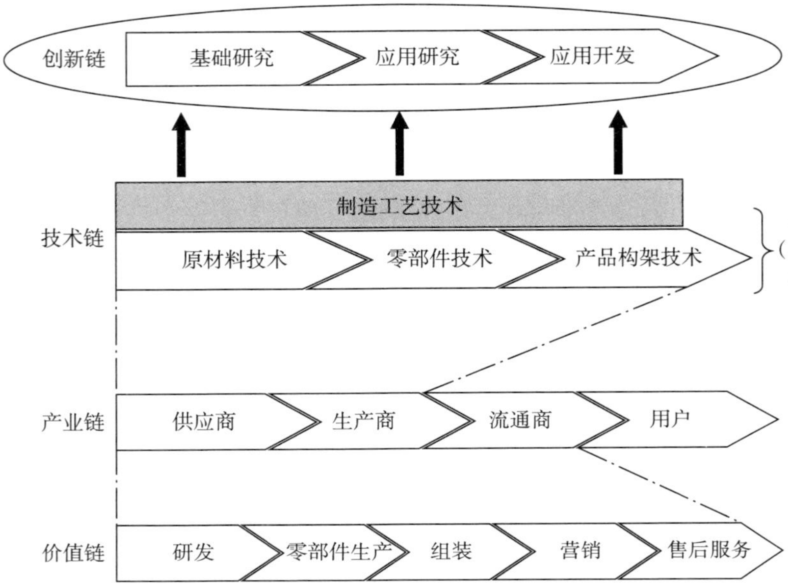

图 5-2　产业链、技术链、创新链、价值链关系示意图

未来产业和战略性新兴产业发展的关键不是当前产值，更不是政府支持的产业投资，其实质应该是核心技术或关键技术的掌控。因此，发展未来产业或战略性新兴产业，最先要梳理出每一个战略性新兴产业链，深入分析每个产业链上下游每一环节产业，透彻把握上下游产业关系，按照上游产品嵌入下游产品的产业链基本逻辑，清晰把握每一产业链环节的产品，再根据每一产业链环节的产品，分析其关键技术。在此基础上，列出每一环节关键产品的关键技术需求，面向这一需求，提炼出重大技术难题，开展技术研发，形成一个具有战略意义的研发链条，每一产业的研发链条，为战略性新兴产业提供技术支撑，从而推动产业链升级，进而获取产业竞争力。假如在产业链、产品链和技术链分析中发现，产业链第三环节属于产业链关键环节，即 I_3 为产业链关键环节，则 P_3 为产业链上关键环节的关键产品，T_3 为关键产品的核心技术或关键技术，RD_3 为核心技术或关键技术的研发。那么，围绕 RD_3

必须进行基础研究、应用基础研究和应用开发研究，即 FR_{31} 为核心技术或关键技术研发基础研究，AFR_{32} 为核心技术或关键技术研发应用基础研究，ADR_{33} 为核心技术或关键技术研发应用开发研究（见图 5-3）。需要指出的是，核心技术的自主创新，如果没有基础研究和应用基础研究，那么是很难实现的。

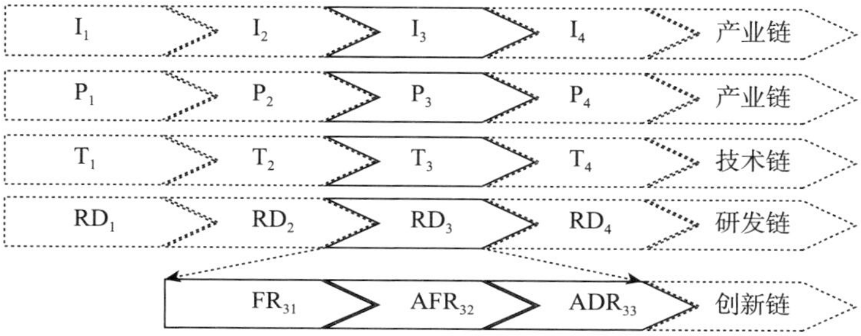

图 5-3　以产业链为主线的自主创新路线图

资金链、人才链和政策链也是推动未来产业发展的三个关键要素，它们相互关联，共同作用，构成了支持技术创新和产业发展的创新生态系统。资金链涵盖了从早期研发、技术转化到市场推广的整个过程，为未来产业提供持续的资本支持。资金链既包括政府资金、风险投资与私募基金，也包括科技创新基金、绿色金融等金融工具。资金链的充足保障可以让创新企业迅速从实验室阶段进入市场应用。通过金融工具的创新，企业能够灵活融资，扩大技术推广和市场占有率。未来产业往往涉及高科技和跨学科领域的创新，也就需要大量具备前沿知识和创新能力的高端人才。建立和优化人才链，确保科技人才的培养、引进、流动和再教育，是推动产业发展的关键。未来产业的发展往往需要政府通过顶层设计，制定长期的国家战略规划，明确重点发展领域，并提供政策、资金和资源支持等。这就需要有稳定的政策链为未来产业健康发展提供制度性保障，引导产业发展方向、优化资源配置、促进市场创新和技术应用。

2. 未来产业“六链”协同机制

在推动未来产业发展过程中，创新链、产业链、资金链、人才链、政策链和技术链六链的协同作用是构建强大、可持续性创新生态系统的关键。这六链彼此相互依存、相互作用，形成了完整的创新产业链条，共同推动未来产业的技术突破、市场扩展和全球竞争力的提升。

创新链可以推动产业链中的技术升级，通过技术创新为产业链注入新动力。创新链、产业链的研究与开发都离不开资金链和政策链的支持，都需要技术工人、工程师和管理人员等各类人才的参与。前沿技术的突破需要长期资本投入，资金链的持续投入能够确保创新项目在市场化之前得到足够的研发支持。产业链负责将创新链的技术成果转化为具体的产品或服务，确保新技术能够实现商业应用。产业链还需要依赖技术链中的技术标准、工艺流程等来确保生产过程的高效和稳定。政府通过政策链制定激励措施，可以引导资金链流入重点未来产业领域，通过产业规划、市场准入、标准制定等措施能够优化产业链的发展环境，可以确保未来产业能够按照国家战略目标顺利扩展。

以新能源汽车产业为例，电池技术、智能驾驶和电动动力系统等技术突破，推动了新能源行业的发展。资金链为行业发展提供强力支持，带动大量创新型企业迅速成长。产业链与技术链通过技术工艺的提升，优化了从零部件供应、整车制造到充电网络建设的全流程。政策链通过补贴、市场准入等方式加快了电动汽车普及。人才链作为研发和制造的重要保障，确保了产业链和技术链中的技术水平不断提升。

第六章　产业链协同创新：夯实企业创新主体地位

目前，高端医疗器械、航空发动机、芯片等高端产业的产业链薄弱环节都主要处于前端和上游，其生产和制造也需要自身产业链供应链支撑。要打好关键核心技术攻坚战，需要不断创新支持方式，强化企业创新主体地位，尤其是提高上游企业创新能力，激励企业加大研发投入；更要支持企业联合科研院所和上下游企业开展技术研发，积极推进重大项目建设，加快解决“卡脖子”问题，保持产业链供应链安全稳定。

一、产业链协同创新机制模型构建

2019 年 8 月，中央财经委员会第五次会议提出，增强产业链韧性，提升产业链水平，在开放合作中形成更强创新力、更高附加值的产业链，打好产业基础高级化、产业链现代化的攻坚战。随着“中兴事件”的爆发，我国产业基础能力不强、产业链现代化水平不高的问题显得尤为突出。如何实现产业链现代化、产业基础高级化，已成为各部门和各产业亟须解决的问题。产业链现代化的重点是通过产业链各环节的产业基础现代化和创新化来实现整个产业链的现代化，进而推动全球产业价值链体系的建设。现代化的产业链不仅要有强大的创新能力、高端的引领能力，还要有坚实的基础能力和良好的协同能力。产业链上下游各企业需要进行联动协同创新，充分利用和整合外部研发资源，才能增强企业的技术创新能力，进而提升产业链的创新水平。产业链视角的企业自主创新体系是一个复杂的系统，需要多主体共同参与，产业链创新是指从产业链的角度出发，以市场为导向，以产业链上现有企业技术创新能力为基础，以提高产业链整体竞争力为目标，通过产业链上企业与企业或企业与其他相关机构合作，实现从新设想的产生到新产品的生产之间的一系列活动的总和。

前沿产业链的纵向协同创新也称链合协同创新，是指企业与产业链中包括供应商、分销商、零售商在内的上下游企业紧密合作，吸引合作伙伴参与企业的新产品研究开发，建立信息共享机制，通过上下游企业间的技术转移，有效地运用合作伙伴的经验和专门技术，扬长避短，带动整个产业链的创新，达到缩短新产品开发周期，降低开发风险，提高企业核心竞争力的目的。链合协同创新主要集中在产业链上中游企业，即整个产业链的原材料创新、零部件创新和产品创新阶段。链合协同创新既可以是上游企业同中下游企业中的某个企业合作创新，也可以是与中下游的多个企业同时进行合作创新。链合协同创新主要以合作为主，可使产业链上各个企业之间的技术联系更加紧密，产品供应的依赖性更强。从产品的生产过程看，产业链上下游企业之间是供求关系，上下游企业都为降低自己的市场风险，上游企业希望生产出来的产品被较多的下游企业选择，下游企业也希望有稳定的高质量的产品供应。因此，上下游企业技术“链合”联动协同创新，能起到共担市场风险的作用。同时，产业链上下游企业进行协同创新，会纵向自动延伸或缩短产业链，整体提升产业链创新能力，进而实现产业链现代化的目标。

在未来产业中，产业链协同创新对技术突破和市场化应用尤为关键，因为这些产业通常涉及跨领域、跨行业的复杂协作。未来产业中的协同创新主要依靠产业链上下游之间的深度合作，包括技术供应商、制造商、分销商等环节的密切协作。技术供应商提供核心技术，制造商则通过整合这些技术实现产品的生产。例如，在智能手机行业，芯片制造商（如高通）与整机制造商（如苹果、三星）的合作，推动了从硬件设计到手机生产的全面协同创新。产业链企业链合协同创新中，上下游厂商具有不同的利益动机，它们在协同创新中必然表现出不同的倾向，这正是协同创新实践中需要考虑的关键问题。而且上下游厂商在创新时必定存在一定的风险，关于创新的风险也很少有学者进行研究。

本书考虑一个两层的产业链结构，研究上下游企业协同创新关系的博弈情况，分析对比在上下游企业不同创新选择的四种组合情况下，产业链中的上下游企业的利润和产业链总利润的大小以及其随创新风险变化的关系，进而为产业链协同创新促进关键技术突破提供对策建议（见图 6-1）。

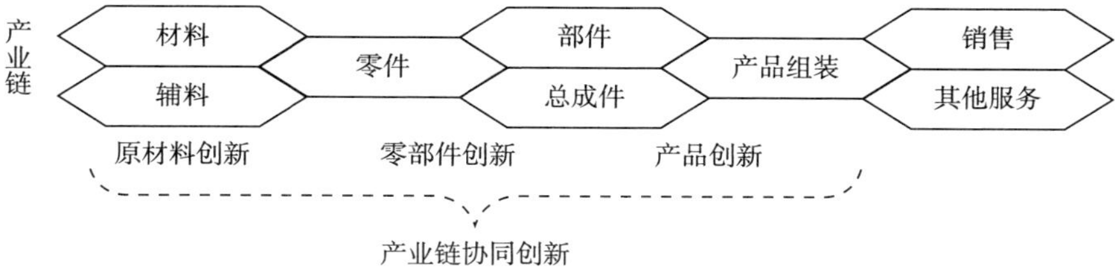

图 6-1 产业链视角的自主创新体系

二、产业链联动协同创新模型分析

本书考虑一个两层的产业链结构，设上游企业为企业 1，下游企业为企业 2，并且假设每个单位的上游企业的产品只能转化为一个单位的下游企业的产品。上游企业的单位生产成本为 c_1，下游企业的单位生产成本为 c_2，上游企业以中间价格 w 将产品卖给下游企业，下游企业的价格反需求函数为 $p=a-bQ$（$a>0$，$b>0$），Q 表示产业链中上下游企业的产量。产业链上下游企业都可能在生产过程中开展技术创新活动来减少生产成本，获得更大利润。本书假设上游企业开展技术创新，进行研究与开发有一定的风险，风险系数为 η，则技术创新带来的单位利润增量为 $(1-\eta)y_1$，y_1表示技术创新无风险时单位利润增量。同样，若下游企业开展技术创新，R&D 风险系数为 ε，则技术创新带来的单位利润增量为 $(1-\varepsilon)y_2$，y_2表示技术创新无风险时单位利润增量。用 $E(y_i)$ 来表示上下游企业进行技术创新的投入，设 $E(y_i)=Iy_i^2$，$i=1$，2，I 表示一个较大的正值。

在未进行技术创新时，企业 1 和企业 2 的利润函数分别为：

$$\pi_{11}=Q(w-c_1)$$

$$\pi_{21}=Q(p-w-c_2)=Q(a-bQ-w-c_2)$$

1. 上下游企业均未进行技术创新

上下游企业均未开展技术创新，可以建立一个两阶段的决策模型：第一阶段，上游企业 1 决定中间价格 w；第二阶段，下游企业 2 决定产量 Q。这里采用逆向归纳法解此模型。

先考察第二阶段，下游企业 2 为取得利润最大化，利润函数对 Q 求一阶偏导得出：

$$\frac{\partial \pi_{21}}{\partial Q}=a-w-c_2-2bQ=0$$

$$Q=\frac{a-w-c_2}{2b}$$

考虑第一阶段，企业 1 通过决定中间价格 w 来使得自身利润最大化，此时企业 1 的利润函数为 π_{11}，对 w 求一阶偏导，可以求出 w，进而可求出 Q，有：

$$w=\frac{a+c_1-c_2}{2}$$

$$Q=\frac{a-c_1-c_2}{4b}$$

则下游产品的价格为 $p=a-bQ=a-b\cdot\frac{a-c_1-c_2}{4b}=\frac{3a+c_1+c_2}{4}$。

由 w、Q 可求得上下游企业利润以及产业链利润为：

$$\pi_{11}=\frac{(a-c_1-c_2)^2}{8b} \tag{6-1}$$

$$\pi_{21}=\frac{(a-c_1-c_2)^2}{16b} \tag{6-2}$$

$$\pi_1=\frac{3(a-c_1-c_2)^2}{16b} \tag{6-3}$$

2. 上游企业单独开展技术创新

在上下游企业中，若只有上游企业 1 开展技术创新，设企业 1 的技术创新单位利润增量为 $(1-\eta)y_1$，技术创新投入为 Iy_1^2。此时企业 1 和企业 2 的利润函数分别为：

$$\pi_{12}=Q[w-c_1+(1-\eta)y_1]-Iy_1^2$$

$$\pi_{22}=\pi_{21}=Q(a-bQ-w-c_2)$$

这里建立一个三阶段的决策模型：第一阶段，企业 1 决定创新投入 Iy_1^2；第二阶段，企业 1 决定中间价格 w；第三阶段，企业 2 决定生产产量 Q。采用逆向归纳法解此模型。

首先考虑第三阶段，企业 2 决定生产产量 Q。此时企业 2 仍然是通过设定

产量 Q 来取得利润最大化，此时仍然是企业 2 的利润函数对 Q 求一阶偏导，有：

$$Q=\frac{a-w-c_2}{2b}$$

第二阶段，企业 1 通过设定中间价格 w 来使得利润最大化，企业 1 的利润函数对 w 求一阶偏导，有：

$$w=\frac{a+c_1-c_2-(1-\eta)y_1}{2}$$

第一阶段，企业 1 决定创新投入，企业 1 的利润函数为 π_{12}，对 y_1 求一阶偏导，有：

$$y_1=\frac{(a-c_1-c_2)(1-\eta)}{8bI-(1-\eta)^2}$$

由 y_1 为无风险时的值，此处取 $\eta=0$，则有 $y_1=\dfrac{a-c_1-c_2}{8bI-1}$，进而可求得 w 和 Q：

$$w=\frac{(a+c_1-c_2)(8bI-1)-(a-c_1-c_2)(1-\eta)}{2(8bI-1)}$$

$$Q=\frac{a-c_1-c_2}{4b}\cdot\frac{8bI-\eta}{8bI-1}$$

由 w、Q、y_1 可求得上下游企业利润以及产业链利润为：

$$\pi_{12}=\frac{(a-c_1-c_2)^2[(8bI-\eta)^2-8bI]}{8b(8bI-1)^2} \tag{6-4}$$

$$\pi_{22}=\frac{(a-c_1-c_2)^2(8bI-\eta)^2}{16b(8bI-1)^2} \tag{6-5}$$

$$\pi_2=\frac{(a-c_1-c_2)^2[3(8bI-\eta)^2-16bI]}{16b(8bI-1)^2} \tag{6-6}$$

3. 下游企业单独开展技术创新

在上下游企业中，若只有下游企业 2 进行技术创新，设企业 2 的技术创新单位利润增量为 $(1-\varepsilon)y_2$，技术创新投入为 Iy_2^2。则此时企业 2 和企业 1 的利润函数分别为：

$$\pi_{13}=Q(w-c_1)$$

$$\pi_{23} = Q[a - bQ - w - c_2 + (1 - \varepsilon)y_2] - Iy_2^2$$

这里建立一个三阶段的决策模型：第一阶段，企业 2 决定创新投入 Iy_2^2；第二阶段，企业 1 决定中间价格 w；第三阶段，企业 2 决定生产产量 Q。仍然采用逆向归纳法解此模型。

考虑第三阶段，企业 2 决定生产产量 Q。此时企业 2 通过设定产量 Q 来取得利润最大化，企业 2 的利润函数对 Q 求一阶偏导，有：

$$Q = \frac{a - w - c_2 + (1 - \varepsilon)y_2}{2b}$$

第二阶段，企业 1 通过决定中间价格 w 来使得企业 1 的利润最大化，π_{13} 对 w 求一阶偏导，有：

$$w = \frac{a + c_1 - c_2 + (1 - \varepsilon)y_2}{2}$$

第一阶段，企业 2 决定创新投入。企业 2 的利润函数为 π_{23}，对 y_2 求一阶偏导，有：

$$y_2 = \frac{(a - c_1 - c_2)(1 - \varepsilon)}{16bI - (1 - \varepsilon)^2}$$

这里取 $\varepsilon = 0$，则有 $y_2 = \dfrac{a - c_1 - c_2}{16bI - 1}$，可以求得 w 和 Q 分别为：

$$w = \frac{(a+c_1-c_2)(16bI-1) + (a-c_1-c_2)(1-\varepsilon)}{2(16bI-1)}$$

$$Q = \frac{(a-c_1-c_2)(16bI-\varepsilon)}{4b(16bI-1)}$$

由 w、Q、y_2 可求得上下游企业利润以及产业链利润为：

$$\pi_{13} = \frac{(a - c_1 - c_2)^2 (16bI - \varepsilon)^2}{8b(16bI - 1)^2} \tag{6-7}$$

$$\pi_{23} = \frac{(a - c_1 - c_2)^2[(16bI - \varepsilon)^2 - 16bI]}{16b(16bI - 1)^2} \tag{6-8}$$

$$\pi_3 = \frac{(a - c_1 - c_2)^2[3(16bI - \varepsilon)^2 - 16bI]}{16b(16bI - 1)^2} \tag{6-9}$$

4. 上下游企业均进行技术创新

在上下游企业中，若上下游企业均进行技术创新，设企业 1 的技术创新

单位利润增量为 $(1-\eta)y_1$，技术创新投入为 Iy_1^2；企业 2 的技术创新单位利润增量为 $(1-\varepsilon)y_2$，技术创新投入为 Iy_2^2。则此时企业 1 和企业 2 的利润函数分别为：

$$\pi_{14}=Q[w-c_1+(1-\eta)y_1]-Iy_1^2$$

$$\pi_{24}=Q[a-bQ-w-c_2+(1-\varepsilon)y_2]-Iy_2^2$$

这里建立一个三阶段的决策模型：第一阶段，企业 1 和企业 2 同时决定创新投入；第二阶段，企业 1 决定中间价格 w；第三阶段，企业 2 决定生产产量 Q。仍然采用逆向归纳法解此模型。

考虑第三阶段，企业 2 决定生产产量 Q。此时企业 2 通过设定产量 Q 来取得利润最大化，企业 2 的利润函数对 Q 求一阶偏导，有：

$$Q=\frac{a-w-c_2+(1-\varepsilon)y_2}{2b}$$

第二阶段，企业 1 通过决定中间价格 w 来使得企业 1 的利润最大化，π_{14} 对 w 求一阶偏导，有：

$$w=\frac{a+c_1-c_2-(1-\eta)y_1+(1-\varepsilon)y_2}{2}$$

第一阶段，假设企业 1 和企业 2 在决策时都不知道对方的技术创新投入水平。企业 1 的利润函数 π_{14} 对 y_1 求一阶偏导，企业 2 的利润函数 π_{24} 对 y_2 求一阶偏导，有：

$$y_1=\frac{(a-c_1-c_2)+(1-\varepsilon)y_2}{8bI-(1-\eta)^2}(1-\eta)$$

$$y_2=\frac{(a-c_1-c_2)+(1-\eta)y_1}{16bI-(1-\varepsilon)^2}(1-\varepsilon)$$

这里取 $\varepsilon=0$，$\eta=0$，并联立两方程可解得 $y_1=\dfrac{2(a-c_1-c_2)}{16bI-3}$，$y_2=\dfrac{a-c_1-c_2}{16bI-3}$，$y_1>y_2$，可以求得 w 和 Q 分别为：

$$w=\frac{(a+c_1-c_2)(16bI-3)+(a-c_1-c_2)(2\eta-1-\varepsilon)}{2(16bI-3)}$$

$$Q=\frac{(a-c_1-c_2)(16bI-\varepsilon-2\eta)}{4b(16bI-3)}$$

由 w、Q、y_1、y_2 可求得上下游企业利润以及产业链利润：

$$\pi_{14}=\frac{(a-c_1-c_2)^2[(16bI-\varepsilon-2\eta)^2-32bI]}{8b(16bI-3)^2} \tag{6-10}$$

$$\pi_{24}=\frac{(a-c_1-c_2)^2[(16bI-\varepsilon-2\eta)^2-16bI]}{16b(16bI-3)^2} \tag{6-11}$$

$$\pi_{4}=\frac{(a-c_1-c_2)^2[3(16bI-\varepsilon-2\eta)^2-80bI]}{16b(16bI-3)^2} \tag{6-12}$$

三、模型结果分析

当上下游企业创新均无风险时，即 $\varepsilon=0$，$\eta=0$，可以发现：

$\pi_{14}>\pi_{12}>\pi_{13}>\pi_{11}$，$\pi_{24}>\pi_{22}>\pi_{23}>\pi_{21}$，$\pi_4>\pi_2>\pi_3>\pi_1$

对于上下游企业以及产业链来说，首先上下游均创新时的利润最高，其次为仅上游企业创新，再次为仅下游企业创新，最后上下游企业均不创新时的利润最低。但是创新总是有风险的，上下游企业进行创新都有一定的风险，上下游企业利润以及产业链利润在四种情况下均随风险的变化而变化。这里，对其他参数赋值来分析利润随风险变化的关系。假定 $b=1$，$I=1$，$a=10$，$c_1=1$，$c_2=2$，使用 Matlab 对利润函数随风险参数变化的情况分析。

1. 下游创新无风险，上游创新有风险

图 6-2、图 6-3、图 6-4 分别为在下游创新无风险，即 $\varepsilon=0$，且当上游创新风险系数 $\eta\sim[0,1]$ 时，上游企业、下游企业以及产业链的利润函数在四种情况下随 η 的变化情况。

对于上游企业 1 来说，当上游创新风险小于 0.512 时，上下游均进行技术创新时其利润最高；当上游创新风险大于 0.512 时，仅下游企业创新时企业 1 的利润最高；当上游创新风险小于 0.45 时，单独上游企业进行创新给企业 1 带来的利润比不进行创新要大；当上游创新风险大于 0.45 时，都不进行技术创新时企业 1 的利润比单独上游企业创新的利润要大；甚至当风险大于 0.911 时，都不进行技术创新时企业 1 的利润比都进行技术创新的利润还要大。

对于下游企业 2 来说，无论上游创新风险大小如何变化，在上下游均进行技术创新时，企业 2 的利润最高，都不进行技术创新时，企业 2 的利润最

低。在上游创新风险小于 0. 77 时，仅上游企业进行技术创新给企业 2 带来的利润远大于下游企业 2 单独进行技术创新所带来的利润；当上游创新风险大于 0. 77 时，仅下游企业创新给企业 2 带来的利润比仅上游企业创新给企业 2 带来利润要高。

对于产业链来说，当上游创新风险小于 0. 669 时，上下游都进行创新时产业链利润最大；当风险大于 0. 669 时，仅下游企业进行创新时产业链利润最大；当风险小于 0. 259 时，仅上游企业进行创新时产业链利润要比仅下游企业进行创新时更大；当风险大于 0. 259 时，仅下游企业进行创新时产业链利润要比仅上游企业进行创新时更大；甚至当风险大于 0. 629 时，仅上游企业进行创新时产业链利润比都不进行创新时还要低。

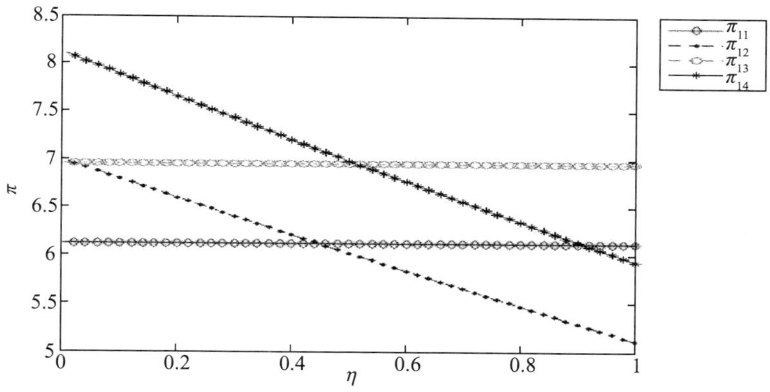

图 6-2　下游创新无风险，上游企业利润随上游创新风险变化情况

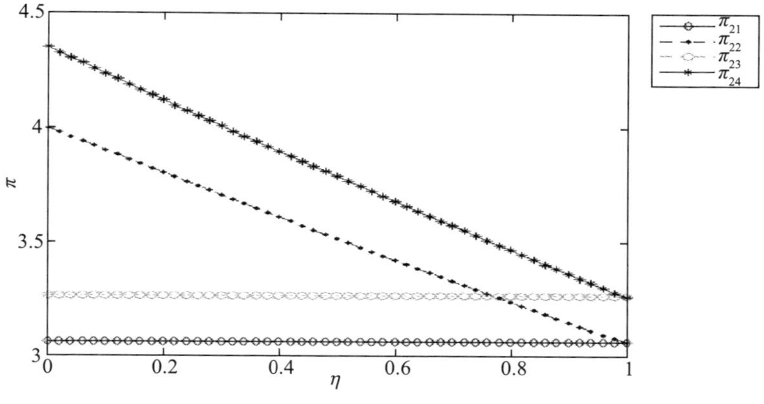

图 6-3　下游创新无风险，下游企业利润随上游创新风险变化情况

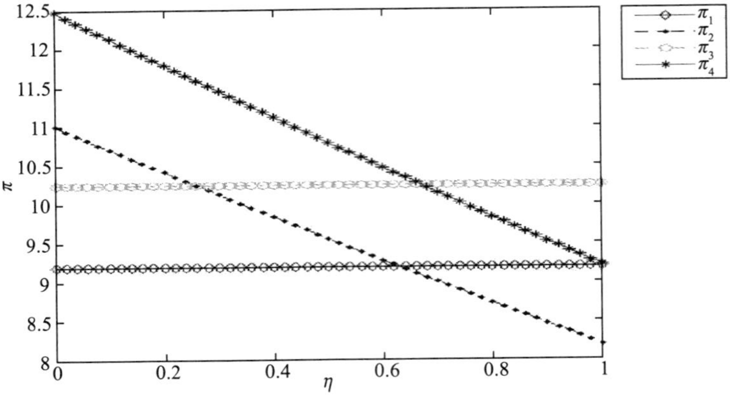

图 6-4　下游创新无风险，产业链利润随上游创新风险变化情况

2. 上游创新无风险，下游创新有风险

图 6-5、图 6-6、图 6-7 分别为在上游创新无风险，即 $\eta=0$，且当下游创新风险系数 $\varepsilon\sim[0,1]$ 时，上游企业、下游企业以及产业链的利润函数在四种情况下随 ε 的变化情况。

对上游企业 1 来说，在上下游都进行技术创新时，企业 1 的利润最高；仅上游企业进行创新时企业 1 的利润比仅下游企业创新时企业 1 的利润要高；都不进行创新时企业 1 的利润最低。

对下游企业 2 来说，上下游都进行创新和仅上游企业进行创新时企业 2 的利润比其他两种情况下的利润要高得多；在下游创新风险小于 0.614 时，上下游企业都进行创新时企业 2 的利润最大；在下游创新风险大于 0.614 时，仅上游企业进行创新时企业 2 的利润更大。当风险小于 0.476 时，仅下游企业进行创新时企业 2 的利润比都不进行创新要高；当风险大于 0.476 时，都不进行创新时企业 2 的利润反而比仅下游企业进行创新时要高。

对于产业链来说，当下游创新风险小于 0.867 时，上下游企业都进行技术创新时产业链利润最大；当下游创新风险大于 0.867 时，仅上游企业进行技术创新时产业链利润最大；当下游创新风险小于 0.823 时，仅下游企业进行技术创新时产业链利润要比都不进行技术创新时大；当下游创新风险大于 0.823 时，仅下游企业进行技术创新时产业链利润要比都不进行技术创新时小；上下游企业都进行技术创新和仅上游企业进行技术创新时的产业链利润要比其他两种情况下的产业链利润大得多。

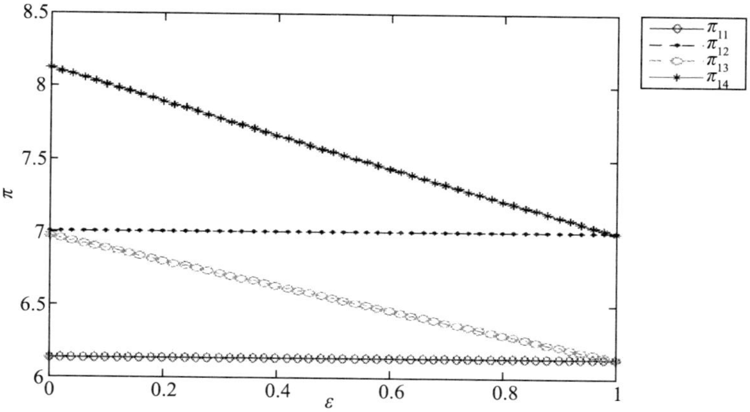

图 6-5　上游创新无风险，上游企业利润随下游创新风险变化情况

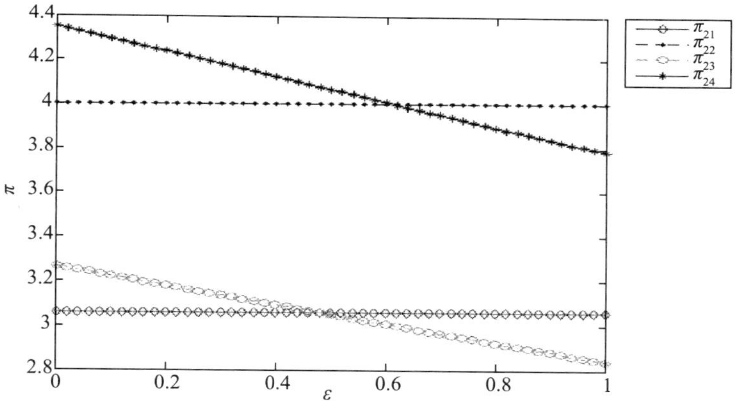

图 6-6　上游创新无风险，下游企业利润随下游创新风险变化情况

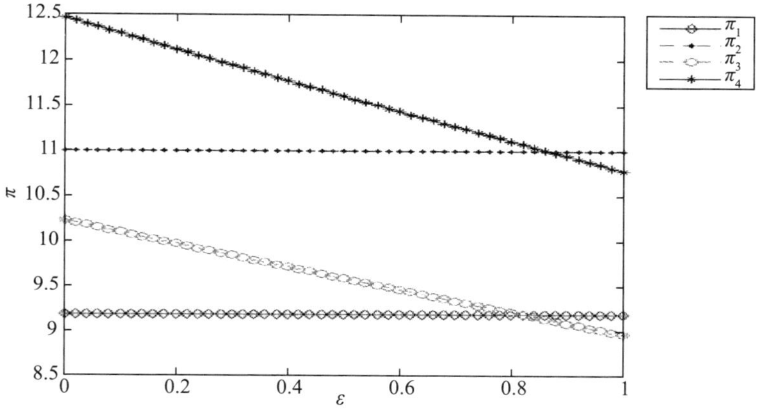

图 6-7　上游创新无风险，产业链利润随下游创新风险变化情况

3. 上下游创新均有风险

图 6-8、图 6-9、图 6-10 分别为在上下游创新均有风险时，当下游创新风险系数 ε ~ [0, 1]，上游创新风险系数 η ~ [0, 1] 时，上游企业、下游企业以及产业链的利润函数在四种情况下随 ε 和 η 的变化情况。

对于上游企业 1 来说，当上下游创新风险系数满足：

$27(8-\eta)^2+49\varepsilon^2-196\varepsilon(8-\eta)-216>0$，$56(16-\varepsilon)^2+900\eta^2-900\eta(16-\varepsilon)-7200>0$ 时，此时上下游企业共同创新时的上游企业的利润最大。

对于下游企业 2 来说，当上下游创新风险系数满足：

$27(8-\eta)^2+49\varepsilon^2-196\varepsilon(8-\eta)-784>0$，$56(16-\varepsilon)^2+900\eta^2-900\eta(16-\varepsilon)-896>0$ 时，此时上下游企业共同创新时的下游企业的利润最大。

对于产业链来说，当上下游创新风险系数满足：

$81(8-\eta)^2+147\varepsilon^2-588\varepsilon(8-\eta)-1216>0$，$168(16-\varepsilon)^2+2700\eta^2-2700\eta(16-\varepsilon)-15296>0$ 时，此时上下游企业共同创新时的产业链的利润最大。

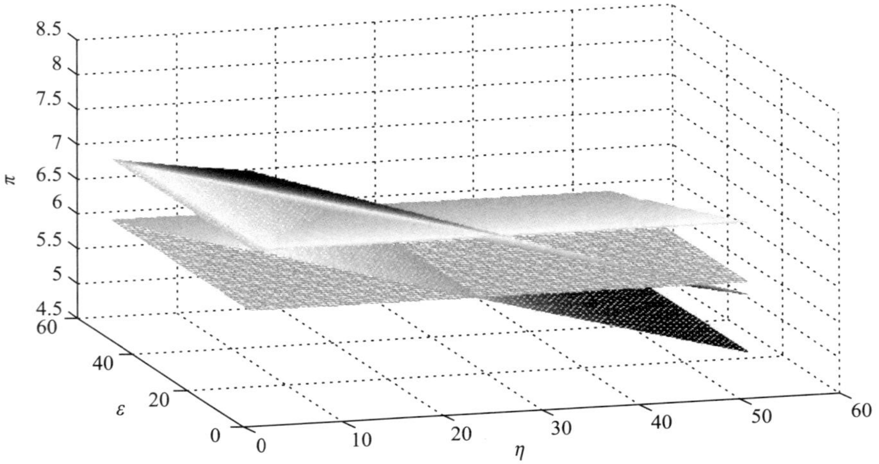

图 6-8　上下游创新均有风险，上游企业利润随上下游创新风险变化情况

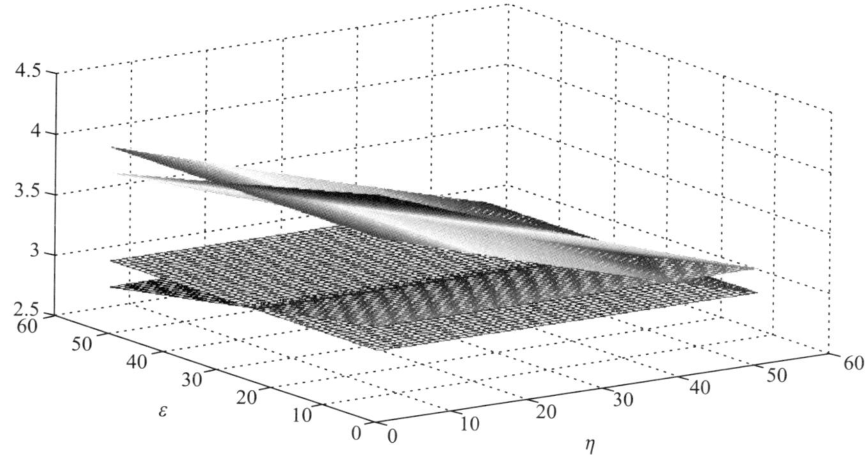

图 6-9　上下游创新均有风险，下游企业利润随上下游创新风险变化情况

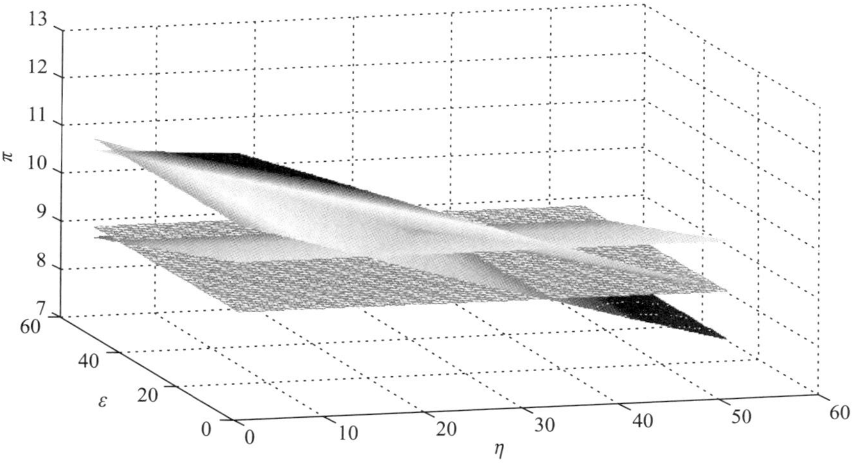

图 6-10　上下游创新均有风险，产业链利润随上下游创新风险变化情况

四、产业链协同创新结论及启示

1. 协同创新主要结论

从对上下游企业和产业链的利润函数随创新风险系数的变化情况来看，

可以得到以下结论：

结论 1：在一定的创新风险范围内，上下游企业共同创新时，上下游企业以及产业链的利润均达到最大。

结论 2：当下游创新无风险，上游创新风险在一定的范围内时，上下游企业自己创新所带来的利润不如对方进行创新时给自己带来的利润高，此时存在一种“搭便车”的现象。

结论 3：当上游创新无风险时，无论下游企业创新风险系数如何变化，仅上游企业创新给上下游企业带来的利润都要比仅下游企业创新所带来的利润高。

结论 4：在一定的创新风险范围内，仅上游企业创新给产业链带来的利润要比仅下游企业创新给产业链带来的利润高。

结论 5：在一定的创新风险范围内，上下游企业都能从技术创新中获利。

对于企业来说，创新风险是存在的，同时也是可以控制的，只要把创新风险控制在一定范围内，创新总能够为企业带来可观利润。此时，上下游企业进行链合联动协同创新是最佳选择，上下游企业可以实现技术转移，互相吸取经验，带动产业链创新。上下游企业进行信息共享，进而缩短新产品开发周期，上下游企业及产业链均可以达到利润最大化。

从结论 3 和结论 4 可以发现，在一定条件下，对下游企业和产业链来说，上游企业进行创新更为有利，因此，下游企业应该和上游技术供应商加强合作。当前关键技术和核心技术受制于人的主要原因也是原材料的技术受限，要想实现关键技术突破，必须提升产业链的上游控制能力，增强产业链上游企业创新能力和技术水平。尤其是当前仍处于国际产业链中下游的中国企业，更需要主动寻求上游技术供应商合作，并通过兼并一些高端的技术供应商，以实现吸收技术、品牌并继而打入国际市场的目的。

2. 建议依托龙头企业推动未来产业协同创新

对于政府而言，从结论可以看出，在一定条件下，存在着一种“搭便车”的现象，所以政府为了产业链整体利润水平和社会福利水平的提高，应该鼓励上下游企业进行链合联动协同创新，可以给予创新企业一定的资金和政策支持。政府还应提升产业配套能力，保证产业链上下游各环节配套，优化市场资源配置，推动产业链协同创新发展。相比下游企业创新，上游企业创新可以给产业链带来更多的利润，因此，如果上下游企业不能进行链合联动协同创新，政府应该优先对上游企业的创新给予资金和政策支持。在当前先进制造业和现代服务业融合发展的背景下，要打好关键技术突破的攻坚战，更需要大力支持上游企业创新，帮助上游企业解决“卡脖子”的基础产品和基础技术，逐步实现点、线、面的突破。

龙头企业不仅能够整合产业链中的各方资源，还可以通过技术和标准引领，推动创新生态的形成，帮助中小企业和上下游合作伙伴共同成长。从本部分的研究发现，依托上游龙头企业培育未来产业的产业链，可以发挥龙头企业技术引领、标准制定、资源整合和市场推广能力，能够带动整个产业链的创新活力，引领整个产业链的技术升级。政府可以与龙头企业联合，在智慧城市、智能交通、清洁能源等领域推动创新试点项目，为未来产业技术提供大规模验证和推广的机会。政府和龙头企业可以联合设立产业创新基金，帮助中小企业获得研发资金支持，助力其提升创新水平。

第七章　新型研发机构：点燃创新驱动发展的新引擎

新型研发机构是聚焦科技创新需求，主要从事科学研究、技术创新和研发服务，投资主体多元化、管理制度现代化、运行机制市场化、用人机制灵活的独立法人机构。新型研发机构主要开展基础研究、应用基础研究、产业共性关键技术研发、科技成果转移转化以及研发服务等，能够充当“基础研究—技术发明—产业发展”的桥梁，除技术开发外还能根据市场需求进行科技成果转化甚至产业化，加速未来产业的发展，为未来产业关键技术的落地提供了保障。

一、新型研发机构的内涵和发展现状

不同于传统的科研院所或企业研发部门，新型研发机构具有更为灵活的组织形式、更强的市场导向性和更广泛的资源整合能力。

1. 新型研发机构的内涵

新型研发机构是随着我国科技进步、产业转型升级与经济结构转型应运而生的新生事物，是致力于产业共性技术研发和成果转化的一种新型研发组织。中央及地方政府多个政策文件都对新型研发机构进行了定义，指明了新型研发机构的内涵和特征。学术界关于新型研发机构内涵及特征的理论研究相对较少，目前尚未有明确的界定标准。

从理论研究看，新型研发机构是以科技研发为主业，承接国内外政府、机构或企业委托研发项目，并向社会转让不同阶段的科技研发成果，形成特有盈利模式与财务平衡机制的研究型、企业化的法人机构（孙正心等，

2015）。冯冠平和王德保（2005）分析了深圳清华大学研究院运行方式和机制，并提出“四不像”理论，即既是企业又不完全像企业，目标不同；既是事业单位又不完全像事业单位，机制不同；既是大学又不完全像大学，文化不同；既是研究机构又不完全像科研院所，功能不同。新型研发机构重在将研究成果的应用、产业化和商业化作为目的，直接以衍生、创造新产业或新企业为导向（苟尤钊、林菲，2015）。新型研发机构是“亦企亦研”的创新组织，比企业内设研发部门对专业技术的理解更宽阔，比传统研发机构对市场商机捕捉更敏感、对应用技术研发更接地气（陈雪等，2019）。孙海鹰（2024）研究认为，新型研发机构通常由多方共建，强调产学研资之间的紧密连接，在实验室的机制上与市场需求进行对接，力图将实验室的项目有效推向市场，整合从科研到商品化的创新链条。和传统科研机构相比，新型科研机构领导方式和管理方式发生了变化，新型科研机构建设的主要问题涉及研发机构类型、学科方向、谁发起主办、谁出钱来建、谁牵头组建、何种运行机制、人才从哪里来、如何进行评价等多方面（樊建平、杨建华，2018；杨建华，2019）。

从政府对新型研发机构的定义看，2016 年，中共中央、国务院印发的《国家创新驱动发展战略纲要》和国务院印发的《“十三五”国家科技创新规划》，都提出了“要发展和培育面向市场的新型研发机构，构建更加高效的科研组织体系”。受国家层面重视各地方政府积极引导扶持，新型研发机构逐渐成为地方深化科技体制改革的突破口。2019 年，科技部制定了《关于促进新型研发机构发展的指导意见》，明确了我国新型研发机构的发展定位和方向。

综合政府文件和相关理论研究的观点，以科技部对新型研发机构的内涵界定为标准，新型研发机构是聚焦科技创新需求，主要从事科学研究、技术创新和研发服务，投资主体多元化、管理制度现代化、运行机制市场化、用人机制灵活的独立法人机构。新型研发机构可以是科技类民办非企业单位（社会服务机构），也可以是事业单位和企业。新型研发机构在管理制度、运行机制、投资主体、用人机制方面都具有鲜明的特点。

2. 新型研发机构的特点

与传统科研机构相比，新型研发机构具有一系列显著的特点和优势。传统科研机构主要是由政府设立或由高校主导，通常侧重于基础研究和理论创新，而新型研发机构则更加市场化、应用导向化，体制机制也更加灵活。

一是强调市场导向与需求驱动。传统科研机构通常侧重于基础研究，研究目标往往基于国家战略需求或学术发展，不以市场需求为直接导向，成果的应用和转化周期较长。新型研发机构更加注重市场需求，研究方向和项目选择以产业需求为导向，能够快速将科研成果转化为实际的生产力。它们通过与企业密切合作，开发具有商业价值的技术，缩短了从研发到市场应用的周期。

二是强调产学研融合发展。传统科研机构更多聚焦于学术研究或由政府资助的研究项目，科研成果与产业的对接程度相对较低。新型研发机构积极推动产学研合作，深度融合高校、科研机构、企业和市场需求。通过建立科技创新平台，新型研发机构可以将高校的科研优势和企业的市场化能力结合起来，加速成果的转化与应用。

三是组织结构与管理机制更灵活。传统科研机构的组织结构较为固定，管理机制相对僵化，层级较多，运行方式较为规范化，通常遵循固定的科研流程和评价体系。新型研发机构具有更加灵活的组织结构和管理机制，根据市场需求和技术发展动态，快速调整研发方向和项目设置。在人员管理、经费使用和科研资源配置方面，新型研发机构具有较大的自主权。

四是资金来源更加多元。传统科研机构的资金主要依赖政府财政拨款、科研资助和大学预算等。新型研发机构的资金来源多样化，除了政府资助外，还可以从企业合作、社会资本、风险投资和技术转让等多渠道获取资金。基于这种多元化的资金来源，新型研发机构能够更加灵活地开展创新活动，科技成果转化的后期阶段能够得到更多的投资支持。

五是科研成果转化机制更为有效。传统科研机构的科研成果主要以论文发表、专利申请等形式呈现。新型研发机构更注重科研成果的商品化、市场化和产业化，通常建立专门的成果转化部门，通过技术转移中心、孵化器、产业联盟等机制，推动科技创新带来直接效益。

六是更加注重跨学科、跨领域合作。传统科研机构多以学科为基础，研究通常集中于某一特定领域或学术方向。在科技融合加剧的背景下，新型研发机构高度重视跨学科、跨领域的研究，如人工智能与生命科学、信息技术与材料科学等领域。新型研发机构通过跨学科合作，能够更有效地应对复杂的技术挑战，促进颠覆性创新的产生，带动未来产业技术发展。

七是人才激励机制更为灵活。传统科研机构对科研人员的激励机制主要基于职称评定、学术成果发表等，对科研人员科技成果转化的激励较为有限。新型研发机构普遍引入了更灵活的激励机制，注重科研人员的多维度激励，如股权激励、成果转化奖励、项目分红等。这些创新激励机制能够有效调动科研人员的积极性，鼓励他们将技术创新与市场需求结合，推动更多实用性成果的落地。

八是更加强调国际化与开放创新。传统科研机构的国际合作较多局限于学术交流和联合研究项目。新型研发机构采用开放式创新模式，广泛与国际知名科研机构、企业和学术机构合作，推动全球科技资源的共享和流动。通过国际化合作，新型研发机构能够引入更多的外部资源、技术和人才，进而形成国际竞争优势。

基于这些特点，新型研发机构能够更加高效地应对快速变化的技术环境，成为科技创新体系中不可或缺的重要力量。

3. 我国新型研发机构的发展现状

（1）新型研发机构的主要类型

面临改革的迫切需求，“巴斯德模式”成为我国研发机构改革的主要选择之一。“巴斯德模式”的核心观点是，以应用激发的基础研究既能产生突破性科学成果，又可以随即进入产业化过程，使科学知识和商业价值合二为一，因此，研发活动的主体和组织机制也需要相应的变革。经过多年改革和摸索，我国已经涌现出一批有影响力的新型研发机构，也探索出了具有中国特色的新型研发机构发展模式，包括高校和地方政府合作模式、高校主导模式、政府主导模式、科研院所主导以及企业主导的民办官助模式等类型。

一是高校和地方政府合作模式。以深圳清华大学研究院为例，1996 年 12 月，深圳市政府与清华大学共建深圳清华大学研究院，研究院是采用企业化方式运作的事业单位，深圳市政府与清华大学各占一半股份。深圳清华大学研究院通过创新体制和机制，建立了集技术、资本、人才、管理、环境等多种功能为一体的综合型科技企业孵化器模式。该院独特的协同治理模式对激发高校与地方协同推动“政、产、学、研、用、资”深度契合的内在和外在动力具有一定的示范影响。

二是高校主导模式。这种模式通常通过产教学结合形式，成立企业联合创新模式的新型研发机构，例如，浙江大学基础医学创新研究院于 2019 年成立，由浙江大学与临平区国家级经济技术开发区合作共建，是一个以“创新驱动、服务地方、成果转化、市场导向”为目标的高水平生物医药源头创新基地。研究院依托浙江大学基础医学院的学科优势和临平区国家级经济技术开发区的医药产业优势，面向全球征集国际领先原创性学术成果进行医药源头转化，力争孵化出若干个全球首创或源头创新医药项目，打造成为国际一流的原创医药项目孵化基地。

三是政府主导模式。以广东华南新药创制中心为例，2008 年 10 月，在广东省政府主导下，广东省政府相关部门、多所区域内著名高校和科研机构、著名企业等联合组建广东华南新药创制有限公司。公司成立了致力于从事新药创制和公共服务的科技类民办非企业机构——广东华南新药创制中心，该中心开创了政府主导、企业与高等院校和研究机构协同创新的全新体制，发展定位是医药行业的核心加速器。该中心与多家专业科研院所、高校、医药企业联合设立研究中心、实验室、新药项目，推动了新药研发项目落地、带动区域企业发展，促进医药技术转化和产业化。

四是科研院所主导模式。这种模式既有由科研骨干以股权为纽带，政府资金、投资基金和社会资本等参股共同组建的混合所有制独立机构，也有传统科研机构（事业单位）通过体制机制改革，转化为具有造血功能、机制灵活的新型研发机构等方式。例如，江苏省产业技术研究院，发起单位为江苏省政府，由理事会、总院和专业性研究所组成，总院为具有独立法人资格的省属事业单位，实行理事会领导下的院长负责制。

五是企业主导模式。例如，江西中特瓷新材料有限公司与中国科学院上海硅酸盐研究所签订合作协议，采取龙头企业控股、院校技术团队持股的合作模式，探索通过深度利益捆绑组建新型研发机构“江西中科特瓷新材料研发中试孵化中心”。

（2）新型研发机构的发展历程

梳理新型研发机构的发展阶段及相关政策，我国新型研发机构的发展经历了 3 个阶段：发达地区先行先试阶段（1996—2013 年，从无到有）、国家政策大力支持阶段（2014—2019 年，从有到大）以及全国新型研发机构高质量发展阶段（2019 年至今，从大到强）。随着国家政策全面支持新型研发机构高质量发展，新型研发机构已成为科研体系和创新体系中的重要部分。

1996 年深圳清华大学研究院出现之后，面向市场、以企业化方式运作、理事会领导下院长负责制的研究院，形成了“政、产、学、研、资”为一体的科技创新体系，在技术研发、成果转化、企业孵化和人才培养等方面彰显出比传统研发机构更高效率的功能作用，引起了政府和社会的高度关注。随后，北京生命科学研究所、华南新药创制中心、华大基因、东莞中小企业综合服务中心等一批新型研发机构快速发展，它们以多学科知识和技术创新作为其主要生产经营活动，以跨行业产品创造作为主营业务范围，以知识密集的人力资源作为主要资本结构，以多样化的创新服务作为主要商业模式，显示出强劲的创新活力。此后，新型研发机构在珠三角地区、长三角地区乃至全国迅速蓬勃发展起来。

2014 年，习近平总书记在两院院士大会上强调，科技创新活动不断突破地域、组织、技术的界限。2015 年，中共中央委员会办公厅、国务院办公厅发布《深化科技体制改革实施方案》，要求“推动新型研发机构发展，形成跨区域跨行业的研发和服务网络”。2016 年国务院印发的《国家创新驱动发展战略纲要》、2017 年国务院发布的《“十三五”国家科技创新规划》以及 2018 年的政府工作报告都提出，要培育面向市场的新型研发机构，采取与国际接轨的治理模式和运行机制，协同多方资源，开展基础前沿研究和共性关键技术研发，通过产学研合作，提升产业竞争力。

随着新型研发机构被纳入国家的顶层设计中，新型研发机构与科研院所、高校、企业内部研发机构等构成国家创新体系的重要驱动力，成为我国创新体系的重中之重。为深入实施创新驱动发展战略，推动新型研发机构健康有序发展，提升国家创新体系整体效能，2019 年 9 月，科技部印发《关于促进新型研发机构发展的指导意见》，明确了新型研发机构的定义、条件和发展原则，以及一系列支持举措，为新型研发机构发展指明了方向。在此基础上，全国各省份陆续出台了多个支持新型研发机构发展的文件，如《广东省支持新型研发机构发展实施办法》、江苏省《关于进一步支持新型研发机构发展的若干政策》，这些政策覆盖了新型研发机构的功能定位、资金支持、科技成果转化、人才激励、体制机制创新等多个方面，为新型研发机构的建设和发展提供了有力的政策支持。

在国家和地方政策的大力扶持下，新型研发机构实现了井喷式发展，各地掀起了新型研发机构的建设热潮，新型研发机构已然成为地方深化科技体制改革的突破口。各地政府为打造科技创新高地，积极响应国家号召，出台相应政策补助鼓励企/事业单位和高校院所联动建立新型研发机构，推动当地产业高质量高效率发展，且补助金额比例也比较高。

4. 新型研发机构已成为国家战略科技力量

从我国研发机构多年的发展历程看，研发机构一直承担着重要的创新载体作用，其中以中国科学院为典型代表。中国科学院自1949年成立以来，一直是不可替代的国家战略科技力量，也是我国在国际科技前沿的重要代表。

改革开放后，一系列科技规划、科技计划相继实施，科技事业在改革中重新发展壮大，我国研发机构体系先后经历了调整与恢复时期（1978—1984年）、第一轮改革期（1985—1994年）、第二轮改革期（1995—2005年）和第三轮改革期（2006年至今）。相关文件强调，充分发挥国家研发机构的骨干和引领作用，建立健全现代科研院所制度，制定科研院所章程，完善治理结构，进一步落实法人自主权，探索实行由主要利益相关方代表构成的理事会制度。

《中国科学院1950年工作计划纲要（草案）》中提到，1950年我国大约仅有700名从事科学研究且有一定成就的自然科学家，研发机构不足200个。自开启科技体制改革后，我国研发机构的总体改革导向就是进行转制和市场化，从而减轻政府财政负担，并促进科技和经济的有效结合。经过多年发展，中国研发机构及其所取得的成就，为新中国科学事业的蓬勃发展奠定了坚实的基础。但研发机构在发展过程中仍面临诸多问题，转制和改制之间的关系，计划经济坐标系与市场经济坐标系的关系很难处理。经济与科技“两张皮”没有根本上解决，基础研究与应用开发彼此脱节，尤其是科技成果转化难题亟须解决。

在全球科技竞争日益激烈的背景下，新型研发机构通过更加灵活的体制机制、市场导向的创新模式以及跨学科、跨领域的合作，成为推动国家科技自立自强和实现高水平科技创新的重要支柱。通过自主创新和突破“卡脖子”技术，新型研发机构在应对国际技术封锁、提升国家自主创新能力方面有着重要战略价值。中国在芯片、5G、人工智能、生物技术等关键领域，依靠新型研发机构的科技力量进行自主研发，推动技术自立自强，减少对外技术依赖。

《“十四五”规划纲要》强调，强化国家战略科技力量。以国家战略性需求为导向推进创新体系优化组合，加快构建以国家实验室为引领的战略科技力量。支持发展新型研究型大学、新型研发机构等新型创新主体，推动投入主体多元化、管理制度现代化、运行机制市场化、用人机制灵活化。

打造国家战略科技力量对于我国加快解决关键核心技术“卡脖子”问题，更好地构建新发展格局至关重要。构建新发展格局，需要加强对接基础研究和应用基础研究成果，加大对战略高技术研发的支持力度，找准源头性技术创新领域，着力攻破关键核心技术，形成关键核心技术举国攻坚体制，抢占事关长远和全局的科技战略制高点。研发机构尤其是新型研发机构在推动构建新发展格局，实现基础研究和应用研究的连接，突破关键技术等方面，将起到独特的重要作用。未来，我国研发机构，尤其是国家研发机构，将进一步深化改革，走出一条有中国特色的科技发展道路，继续担当国家战略科技力量的重要载体。

新型研发机构在推动区域创新和产业升级中发挥着重要的战略作用。它们通常依托国家级科技园区或地方高新技术产业开发区，成为区域创新驱动发展的核心引擎。通过集聚高端人才、技术和资本，新型研发机构带动了地方产业的创新和技术升级，帮助地方经济走向高质量发展。新型研发机构作为国家科技力量的重要组成部分，还参与全球科技合作与竞争。通过吸引国际顶尖人才和技术，新型研发机构能够获取全球最前沿的科技资源，提升国家的科技创新水平。

二、发达国家新型研发机构的发展经验和趋势

1. 发达国家先进研发机构的发展经验

（1）法国巴斯德研究所发展模式及特点

法国巴斯德研究所（Institut Pasteur）是世界著名的非营利性研发机构，由法国著名微生物学家、化学家路易斯·巴斯德以募捐形式创立的公益性私人研究机构，是微生物学、免疫学、传染病学等学科摇篮之一，致力于推动科学、医学和公共卫生的发展，已培养出多名诺贝尔生理学或医学奖获得者。巴斯德研究所是致力于研究、教育、健康、创新“四位一体”的研究机构，对很多方面的创新都有一定的借鉴意义。

一是从基础研究、应用研究到医疗诊治和教育培训全覆盖的研究布局。在基础研究方面，巴斯德研究所的 11 个研究部门针对相关领域持续开展基础

研究。在应用研究方面，巴斯德研究所针对公共卫生重大挑战进行研究，包括癌症、传染病、神经退行性疾病、孤独症等方面的研究。在医疗诊治方面，巴斯德研究所设有专门从事传染病和过敏性疾病等预防、诊治和研究的医疗中心。在教育培训方面，巴斯德研究所成立了教育培训中心，以高水平的教学培养全球科学研究人员与医学研究人员。在生命科学和健康两大领域，巴斯德研究所已成为法国最大的在线课程机构。

二是独特的巴斯德国际网络（IPIN）。巴斯德研究所拥有一个由 1 个总部和 32 个分支机构成员组成的巴斯德国际研究网络，遍布 26 个国家，包括欧美国家和一些饱受传染病困扰的亚非拉国家。通过生物医学研究、公共卫生活动、创新和技术转让培训等方式，巴斯德国际网络实施了广泛的国际合作项目，致力于全球公共卫生安全。IPIN 设置了国际网络理事会进行管理，会长由巴斯德研究所所长兼任，每年举行 1~2 次理事会会议，决议理事会拟定的国际网络年度发展计划等。

三是人才创新机制。巴斯德研究所在人才吸引、人才考核、人才交流方面都形成了自身的特点。在人才吸引方面，巴斯德研究所于 2000 年设立了“G5s”项目，用于发现和吸引人才。该项目创建了由 1 名组长和不超过 4 名组员组成的青年科学家小组，多个小组均已成功转化为研究所的研究单元。巴斯德研究所为终身研究员提供了多样化的职业发展机会，通过“口袋”计划建立有薪酬竞争力的岗位招聘海外人才，并设立“卓越教授”职位来吸引全球年轻科学家。在人才考核方面，巴斯德研究所从基础科学、应用科学两个方面制定考核标准。在基础科学领域，研究所终身研究员须具备该领域世界一流研究水平；在应用科学领域，研究所要求研究员能够将基础科学领域的科研成果进行应用转化。在人才交流方面，研究所建有多种横向激励研究项目，用于推进研究人员的交流合作，进而提升研究所的国际影响力。

四是以企业促进科研的经营模式。巴斯德研究所以企业促进科研，用科研成果转化反哺基础领域研究。研究所在 20 世纪 70 年代开始实施“研究所办企业，企业促科研，进行生产自救”的策略，通过多学科和横向研究促进创新发展和技术转让，进而将科研成果转化为企业的生产力。研究所发展部负责培育新的研究项目，通过建立跨学科研究项目加强国际网络的交流合作。研究应用与产业关系部负责技术转让工作，通过发展合作伙伴、促进发明、保护创新、专利转让等方式，将研究所的技术和创新用于促进诊断、疫苗、治疗和技术方面。

五是多渠道经费保障。研究所经费以自筹和社会募捐为主，随后是政府财政拨款和其他收入。在法国政府科技预算中，巴斯德研究所是全国生命与健康研究预算支持的第四大机构，仅次于法国国家科研中心、法国国家健康与医学研究院、法国原子能与可替代能源署等大型国立研发机构，得到的财政拨款约占该领域预算总额的6%。近年来，社会募捐在研究所经费中占比越发重要，为促进募捐来源多样化，研究所2014年开始关注国际资金资助，将大额捐助者及国际捐助者作为重要募捐对象，已在瑞士、美国、日本、中国香港等多地建有筹款基金会。

（2）美国国立卫生研究院发展模式及特点

美国国立卫生研究院（National Institutes of Health，NIH），是美国最主要的医学与行为学研究机构，也是世界上规模最大、最具影响力的医学研究与资助机构。NIH的定位是探索生命本质和行为学方面的基础知识，并充分运用这些知识延长人类寿命，以及预防、诊断和治疗各种疾病和残障。NIH由27个研究所和中心（IC）及1个院长办公室组成。

NIH资助项目包括院外项目和院内项目，每年项目基金中80%以上的资金用来资助院外项目，约10%的资金用来资助院内项目，其余10%左右的经费用于NIH的管理和培训。NIH下属的27个研究所或研究中心中有24个直接接受美国国会拨款，资助研究项目。各研究所和研究中心也有完整的管理架构，主要服务于自身的科研管理和学术研究工作。

第一，协调管理机制。NIH对所属各研究所、中心的管理并非直接管理，而是采取了一系列机制。一是行政管理上实施例会制度。NIH采取例会制度协调、管理跨NIH的行政和科学事务。例会制度中最重要的就是院长、研究所所长、中心主任、各办公室负责人的每周例会。NIH的大多数整体事务和各研究所、中心之间的“所际”事务都是通过这个例会制度统一处理的。二是科学合作上采取科研协调工作组机制。为协调NIH内部的科学合作事务，NIH设有正式和半正式的科研协调工作组，后期逐渐涵盖一些外部的科研协调功能。其中，部分协调机制由NIH行政决定设立，部分由NIH自行设立后经国会批准，另有部分是由HHS部长会同其他联邦机构、部委一起设立的。总体而言，这个协调机制是在国会的指导下建立的。三是赋予院长的战略管理权限。院长在规划NIH的研究步骤和重点任务方面仍然举足轻重，是整NIH科研和行政事务的全权责任人。院长有权资助一些暂未获得资助的项目，可以将不超过NIH总预算1%的经费在院内进行调拨，也可以运用国会批准的自由基金对本年度产生的特定研究机遇给予支持。

第二，以研究所为主体的经费管理模式。NIH 科技计划经费包含了院内研究资助和对外研究资助，均以各研究所为单位进行组织。研究所经费也分为对外资助经费和对内运行经费。NIH 下属各研究所单独从国会获得年度预算拨款后，可自主决定各自领域的优先资助对象，并制定预算方案。通常情况下，各研究所提交的预算由 NIH 院长办公室汇总后提交总统预算办公室，再由总统提议到国会审批。对于跨领域的研究，则由 NIH 负责组织听取来自社会各界的建议和意见，协助判断和选择资助对象，完善运作机制。这个过程既复杂又困难，通常称之为设置优先级。

（3）德国弗朗霍夫协会发展模式及特点

德国弗朗霍夫学会是以协会身份注册的独立社团法人，是民办、公助的非营利科研机构，是欧洲最大的应用科学研究机构之一。

一是强调技术开发转移。弗朗霍夫协会面向产业界采取市场化的定制技术开发与转移模式。研究人员会与企业客户就所面临的问题或需求进行充分沟通，为客户定制高满意度的技术解决方案。按照商业合同的要求签订并履行科研合同，包括技术开发的期限、技术的交付、详细的时间表和预算等。产业研究人员和产业专家从技术研发项目的早期就开始介入，对技术路线、技术方案的产业化进行评估。

二是打造独特的资金来源体系。弗朗霍夫协会创建之初采取“民办官助”模式，启动资金与前期运营经费主要由政府出资支持。随着研究所陆续成立，承接企业研发任务，资金来源主体由联邦政府及州政府拨款的“非竞争性资金”向公共部门的招标课题、企业研发合同收入、民间基金会资助等形式的“竞争性资金”转移。1973 年，弗朗霍夫协会进行经费改革，提出世界知名的“弗朗霍夫财务模式”。即协会总经费 1/3 来自政府拨款，2/3 来自“竞争性资金”；各研究所（4 家国防军工研究所除外）将无条件获得政府拨款中约 1/3（即占研究所总预算约 10%）的资金用于战略前瞻性研究，其余约 90% 的预算中 70%~80% 为竞争性资金所得，剩余 10%~20% 与该研究所上一年度竞争性资金挂钩。1997 年经费模式调整，明确了各应用技术研究所至少 70% 资金应来自竞争性资金。“弗朗霍夫财务模式”在保证科研机构完成基本目标与科研任务的前提下，有效地提高了“非竞争性资金”的使用效率，同时提高了各研究所企业服务能力、客户资源挖掘能力和可持续发展的能力，已成为全球样本。

（4）国外研发机构发展经验借鉴

总结国外研发机构发展经验可以发现，很多研发机构已成为国家创新体系的重要支撑，具有完善的治理结构，并肩负推动知识创造和产业发展的重要任务，同时还不断向全球扩散成为全球性的研发机构。

一是研发机构在完善国家创新体系中起到重要作用。德国弗朗霍夫协会定位于以共性技术为主的应用型研究，主要从事技术和生产工艺的开发与优化、新技术推广、产品测试、科技评估、认证服务等科技研发和服务工作。德国弗朗霍夫协会和马普学会、赫尔姆霍兹国家研究中心联合会等德国其他研发机构一起构成了德国国家创新链研发环节，基础研究、应用研究是相互促进的，保障了德国在研发各阶段都没有短板。

二是国外研发机构已形成十分完善的理事会治理结构。国外成熟的研发机构大多为理事会管理模式，法人治理结构带来了更多自主权。德国弗朗霍夫协会虽由国家资助，但享有高度自主管理权，政府对研究项目不做任何干涉。在理事会管理模式下，美国国立卫生研究院院长具有战略管理权，是研究院科研和行政事务的全权责任人。各研究所和研究中心也有完整的管理架构，主要服务于自身的科研管理和学术研究工作。

三是研发机构有效推动产学研深度融合。研发机构肩负着政产学研深度融合的责任，在推动知识创造和产业发展中发挥着重要作用。美国的科技工业园区模式和合作研究中心模式是研发机构发展成为产学研深度融合媒介的重要方式。科技工业园区模式是以研究型大学为核心，联合企业和研发机构在高校周围创办科技企业、开发新技术和新产品，逐渐发展成的科技工业园区，最成功的是以斯坦福大学为中心创办的科技工业园——硅谷。合作研究中心模式是由企业、大学和科研院所联合建立的研究中心，一般由企业提供资金，大学和研发机构提供实验设备和研究资料。

四是国外研发机构正不断发展成为国际化的全球组织。日本产业技术综合研究所不仅积极与世界一流研究机构及高校进行合作，还积极推进科研人员的国际交流。日本产业技术综合研究所同麻省理工、斯坦福、中国科学院、法国国家科研中心、美国国家标准及技术研究院等研究机构都建立了良好的合作关系。巴斯德研究所在全球多个国家设立分所，并成立了国际网络理事会。逐步扩大国际合作网络，深化实质性合作，派遣研究人员到国外高校及研发机构进行学术访问，已成为众多成熟的研发机构掌握先进技术、新兴技术信息，在相关领域保持国际领先地位的重要手段。

2. 先进的研发机构是发达国家的重要科技支撑

“线性科研模式”给人们带来了一种思维定式，即基础研究和应用研究是科技进步的源泉。“二战”后，时任美国科学研究发展局主任的万尼瓦尔·布什在《科学：无止境的前沿》中，提出了“基础研究—应用研究—产品开发”的线性科研模型。这一模型在随后的几十年中，一直是全球科研的既定范式。对于这种科研模式的思考和突破，是近年来科技界着力进行的一项工作。哈佛大学卡特希·那拉亚那穆提教授 2016 年在《发明与发现：反思无止境的前沿》一书中，提出了和传统科技创新不同的全新观念，认为基础研究与应用研究的传统分类观阻碍国家的科学与技术进步，导致许多无用的政策建议；并阐述了美国大学的科技成果由新思想到实践应用的转化过程。目前正处于新一轮科技革命和产业变革时期，“技术群”特征明显，科技创新不再只依赖于单一技术，更多是技术群的融合和集成。

2020 年 12 月 17 日，为纪念《科学：无止境的前沿》发表 75 周年，美国国家科学院出版报告《无止境的前沿——科学的未来 75 年》，从科研事业、科学传播、政府和大学研发机构伙伴关系演化等方面，提出将美国的基础研究与今后几十年的经济增长关联起来的对策建议。推进新型研发机构在创新生态系统建设中发挥重要作用，也成为国外研发机构发展的重要趋势。

从全球视角看，国家战略科技力量是赢得全球竞争优势的关键。实现创新强国，需要大批有创新能力的载体，包括大学、科研机构（研发机构）、创新企业等。尤其是国家实验室和世界一流研发机构，更是国家战略科技力量的重要载体。国立科研机构也已成为美国、英国、德国等发达国家科研体系的重要组成部分和科技成果产出的重要载体。科技发达国家的研发机构基本代表了各国科技的最高水平，聚焦于新兴、交叉、综合性的前沿科学问题，担负着引领科技发展的重要使命。

包括政府研发机构、高校研发机构、企业界研发机构和非营利研发机构在内的美国研发机构，为美国科技水平突飞猛进提供了重要支撑。政府研发机构和国家实验室是美国科研活动的基础力量，美国国防部、能源部、国家航空航天局、国立卫生研究院以及美国国家自然科学基金会等部门成立的研发机构，已是美国科技创新的中流砥柱。国防高级研究计划局（DARPA）是其中的典型，专注于开发颠覆性技术，通过创新推动美国的军事优势，而且许多项目后来在民用领域也有重大影响，如互联网和全球定位系统（GPS）。麻省理工学院和加州理工学院等顶尖大学建立了跨学科研究中心，研究领域涵盖人工智能、气候变化、生物技术等，通常需要多学科背景的研究团队共同攻关。同时，政府也鼓励跨机构合作，美国能源部的国家实验室体系就推动了许多跨领域的研究。洛斯阿拉莫斯国家实验室、橡树岭国家实验室等国家级实验室在清洁能源、核科学、材料研究等方面的研究，不仅推动了各自领域的科技突破，还通过联合攻关解决了许多全球性问题。美国企业界投入的研发机构，主要从事产品和工艺紧密结合的研究工作，包括贝尔实验室、美国通用电气公司、杜邦化工研究所等。通用电气目前已在美国、印度、中国、德国等多地成立实验室，为通用公司业务部门提供技术服务，是通用的产品创新和技术创新的重要力量。非营利机构也是美国科研体系的重要内容，包括非政府组织和私人建立的研发机构等。

由政府研究机构、高校、非营利机构、企业等组成的德国研发机构体系，涵盖了基础研究到应用研究的各个方面，是德国国家创新体系的重要支撑。其中，非营利性研发机构是德国最重要的基础和前沿领域研究的科研力量，是德国长期战略性重点基础研究项目的主要承担者，主要有马普学会、弗朗霍夫协会、亥姆霍兹联合会、莱布尼茨协会和德国几大知名研究院。马普学会以基础研究为主，具有跨学科研究氛围，主要针对需要长期进行且不适合高校研究的领域。弗朗霍夫协会以应用研究为主，主要服务德国中小企业。亥姆霍兹联合会有明确的国家任务导向，以未来应用的基础研究为主，为德国科技发展做出了重大贡献。莱布尼茨协会将基础科学研究与应用相结合，研究领域涵盖自然科学、工程科学、环境科学、经济科学、社会科学等。德国坚持“科学研究自由”的原则，非营利性研发机构经费虽然来自德国联邦和州政府拨款，但多以“基金会”“社会组织”的形式出现，具有自主管理权，对颠覆性技术和未来产业发展起到了重要支撑。

三、新型研发机构助力未来产业关键技术突破的三条路径

国外对关键技术的专利壁垒、技术封锁、产品进出口限制等措施，导致我国大量高技术企业核心技术被“卡脖子”，也引发了企业生存和产业发展的重大挑战。企业和市场对新技术和核心技术具有非常强的需求，要求企业必

须加大研发，高校和研发机构提高技术水平。2020年，科技部、国家发展改革委等五部门印发《加强“从0到1”基础研究工作方案》的通知，鼓励企业与高校、研发机构共建各类研究开发机构和联合实验室，推动科研院所与高等院校围绕企业技术创新需求，解决企业发展中面临的重大科学问题和技术难题。对于已知的政府主导型的关键技术，新型研发机构可以通过强化基础研究实现关键技术突破；也可以以市场需求为导向，推动源头创新，防范“科技烂尾楼”现象；还可以打造“STETS”循环创新的科教融合模式，实现STE与ETS循环往复，助力关键技术突破。

1. 提高基础研究水平

基础研究是整个科学体系的源头，是所有技术问题的总机关，对未来产业科技创新起到源头供给和引领作用。国家统计局、国际经济合作与发展组织等都对研究与试验发展（R&D）、基础研究定义做了界定。研究与试验发展包括基础研究、应用研究和试验发展三种类型。基础研究指为了获得关于现象和可观察事实的基本原理的新知识而进行的实验性或理论性研究，包括纯基础研究和定向基础研究，其中纯基础研究是指不追求经济或社会效益，也不谋求成果应用，只是为增加新知识而开展的基础研究；定向基础研究是指为当前已知的或未来可预料问题的识别和解决而提供某方面基础知识的基础研究。与美国、日本等科技强国相比，我国R&D经费投入强度明显不足，基础研究占比与发达国家普遍15%以上的水平相比差距仍然较大。在推动基础研究发力强弱项的进程中，新型研发机构将起到重要作用。

“从0到1”式的纯基础研究和“技术科学”都是创新链的动力源泉。技术科学是连接基础研究与工程需求的节点，是很多新型研发机构模式的关键。为解决我国基础研究缺少“从0到1”原创性成果的问题，科技部、发展改革委、教育部、中国科学院、自然科学基金委于2020年3月联合印发《加强“从0到1”基础研究工作方案》。文件指出，支持高校、科研院所自主布局基础研究。高等学校与研发机构结合国际一流研发机构、世界一流大学和一流学科建设，遵循科研活动规律，自主布局基础研究，扩大高等学校与研发机构学科布局和科研选题自主权。

以研发为主的新型研发机构，聚焦创新链上游的基础研究和应用研发等功能，着重原始创新，能够充分发挥以研发源头创新带动产业发展的杠杆作用，解决特定关键领域和战略性新兴产业发展中的技术瓶颈，将成为提升我国基础研究和科技创新能力的重要保障。

2. 促进科技成果转化

以科技创新驱动高质量发展，是贯彻新发展理念、破解当前经济发展中突出矛盾和问题的关键，也是加快转变发展方式、优化经济结构、转换增长动力的重要抓手。近年来我国科技创新取得了巨大进步，专利申请量、研发人员数量位居世界第一，研发费用支出位居世界第二，但我国科技成果转化率相较于发达国家还有很大差距。美国、日本等发达国家科技成果转化率高达60%到80%，我国科技成果转化率仅为10%到20%，2018年全国技术交易成交金额17697.4亿元，研发机构技术交易成交金额为828.3亿元，同比下降4.4%。研发机构科技成果转化不足，严重制约科技对经济增长的贡献度。传统研发机构积累的大量科技成果难以转化，很大原因是科技成果和用户需求之间存在距离。对于新型研发机构来说，其中一项重要职责就是通过和企业实时对接，推进科技成果转化进入市场。

传统的科技成果转化是一种外部的协同创新机制，产、学、研三方分别作为独立的个体。大学、科研院所这些组织承担的主要职能是进行科学、技术研发活动，而企业则主要承担将大学和科研院所的研发成果产业化的职能，要实现科学研究成果的产业化，研究成果就得从大学、研发机构向企业转移，这个转移的过程就是知识创新与企业技术创新的对接路径。新型研发机构主体之间是一种内部协同创新机制，也是促进科技成果顺利转化的关键因素。新型研发机构能够通过自身协同创新机制优势在科技研发、成果转化、市场导入和产业化等各链条、环节衔接过程中对人才、成果、资金、信息、中介服务、管理、政策引导等各要素进行优化组合和高效配置，促进科技成果转化顺利实施。

以平台为主的新型研发机构，依托创新成果转化新机制，吸引相关专业机构进入平台，构建专业化技术转移和产业创新体系，能够加快推动关键原始技术在产业中的应用，孵化育成各类科技型企业。为加快新型科研的科技成果转化应用效率，各地出台的相关政策中也重点提及科技成果转化功能。

3. 打造“STETS”循环创新的科教融合模式

关键技术卡脖子近年来已成为我国亟须攻克的难题，布局新型研发机构，就是希望能在关键核心技术领域取得突破，解决诸多“卡脖子”问题。新型研发机构目前已成为发展“卡脖子”技术创新的主力之一，新型研发机构能够吸引来自政府、高校研发机构、企业等各创新主体共同参与，研究内容包括了基因工程、人工智能等创新技术方向的行业前沿，为实现关键技术创新奠定了相关基础。新型研发机构能够充当“基础研究—技术发明—产业发展”的桥梁，除技术开发外还能根据市场需求来进行科技成果转化甚至产业化，为关键技术的落地提供了保障。

我国大多数地区常见的科技创新发展路径是 ETS 模式，即 E（工程）-T（技术）-S（科学），深圳一直遵循的就是这种模式。知识经济的时代已经到来，高水平大学和科研机构建设将决定知识经济时代城市的国际地位。人才队伍是区域创新的源动力，当前人口红利已经消失，中高端科研人员迅速增加，为创新驱动发展提供了保障，“工程师红利”已经出现。核心领域“卡脖子”现象严重，底层出现和源头创新的缺口不断加大。创新链各环节均不可忽视，我国已经开始进入实验室经济下的“知识经济”市场，新型研发机构将发挥重要作用。“科学家红利”时代即将到来，新型研发机构在培养创新人才，培养科学家方面将做出重大贡献。相关研究指出，近年来我国科技人才对区域经济增长的贡献程度不断提高，但总体较为有限，且增速明显低于科技人才规模扩充速度，中国科技人才巨大的红利潜能亟待释放。

建设高水平的研究型大学和科研机构是新产业发展的核心和关键，科教融合是科创人才供给的有力途径，是科研设备等科研资源共建共享的有力途径。以硅谷为代表，国外很多区域发展是通过科学研究引领社会需求，科技创新路径是：S（科学）-T（技术）-E（工程）模式，即从基础研究到技术发展，最终实现成果转化。

我国新型研发机构可以通过打造“STETS”循环创新的科教融合模式，实现 STE 与 ETS 循环往复、双向促进、螺旋上升，即从工程→技术→科学，正好是一个完美的闭环式螺旋式上升的一个态势——创新引领发展，产业需求拉动技术和知识进步。传统科研机构更专注于学术研究，新时代的新型研发机构功能更加多元化和集成化，集“科学、教育、产业、资本”等多位于一体，承担科教融合协同育人和关键技术突破的重任。技术科学发展的一个重要内容是对现有的技术经验进行标准化建模和改造，而深圳的产业基础为这个“科学反求”的环节提供了经验土壤和应用场景，可以高效率、低成本地进行创新与试错，未来深圳的新型研发机构也将成为打造“STETS”循环创新的重要主体。

专栏 7.1 中科院先进院科教融合模式介绍

中国科学院深圳先进技术研究院（简称“深圳先进院”）由中国科学院、深圳市人民政府及香港中文大学于2006年2月共同建立，实行理事会管理，探索体制机制创新；瞄准国际一流工研院，致力于建设与国际学术接轨、与粤港澳大湾区产业接轨的新型科研机构，定位为提升粤港澳大湾区制造业、健康产业和现代服务业的自主创新能力，推动自主知识产权新工业建立，率先建成国际一流科研机构。

1. 科教融合，聚焦“0~1”原创突破

深圳先进院拓展了科教融合的内涵和模式，营造了“新型研究型大学+基础研究机构”的科教融合创新载体，建设了深圳理工大学。目前该校已经开始招生。

深圳先进院着力研究信息技术（IT）与生物技术（BT），重点布局健康与医疗、机器人、新能源与新材料、大数据与智慧城市等前沿科学领域，催生了一批重量级科研成果诞生，为我国攻克“卡脖子”技术提供了重要支撑。

2. 科产融合，助力“1~10”的产业转化

深圳先进院依托一流的科研设备、国际化的学术交流环境、开放的产业化培训平台、多元化的职业发展平台、高效的人才激励机制，构建了学科交叉集成创新的开放式转化平台，衍生出了创客学院、育成中心等孵化平台和特色研究院，孵化出了中科强华、中科迅联等一批控股参股公司和自主创业创办的高新科技企业。

3. 政府和市场协调，带动“10~∞”的能级跃升

深圳理工大学校长樊建平曾发文提出“蝴蝶模式”，并指出，“有为政府”前瞻布局创新生态，“有效市场”高效承载创业，二者耦合协调，驱动“10~∞”的科技创新与产业发展能级跃升。

第八章　综合性国家科学中心：打造科技创新的策源地

《国家重大科技基础设施建设“十三五”规划》指出，综合性国家科学中心应“成为原始创新和重大产业关键技术突破的源头，成为具有重要国际影响力的创新基础平台。建设综合性国家科学中心，有助于汇聚世界一流科学家，突破一批重大科学难题和前沿科技瓶颈，显著提升基础研究水平，强化原始创新能力”。加快建设综合性国家科学中心和作为重要承载区的科学城，将成为推动未来产业关键核心技术突破的重要途径。

一、综合性国家科学中心的概念和内涵

1. 综合性国家科学中心的内涵界定

针对综合性国家科学中心的内涵和建设路径，学者们进行了大量研究，但国内外目前尚未对“综合性国家科学中心”的概念形成统一的界定。本书结合相关研究和综合性国家科学中心建设实践认为，综合性国家科学中心是指经国家法定程序批准设立，依托重大科技基础设施集群，支持多学科、多领域、多主体、交叉型、前沿性基础研究和应用基础研究，开展核心技术攻关，促进科技成果产业化，推动创新要素流动的区域大型开放式研发基地。

综合性国家科学中心具有国家性、综合性、开放性等特征。首先，综合性国家科学中心是国家创新体系的基础平台，围绕世界科学发展前沿领域方向布局设计，服务于国家战略需求，支持科技强国建设，是国家创新水平的代表，体现了国家在国际科技竞争中的实力。其次，综合性国家科学中心是多主体、多目标的综合体，是重大科技基础设施集群建设与高水平交叉前沿

研究的融合基地，是重大原创科学成果和颠覆性产业技术诞生的摇篮，是全链条科技创新生态的支撑。最后，综合性国家科学中心是区域大型开放科研平台，是创新要素集聚的开放创新基地，是全球创新网络的重要节点。

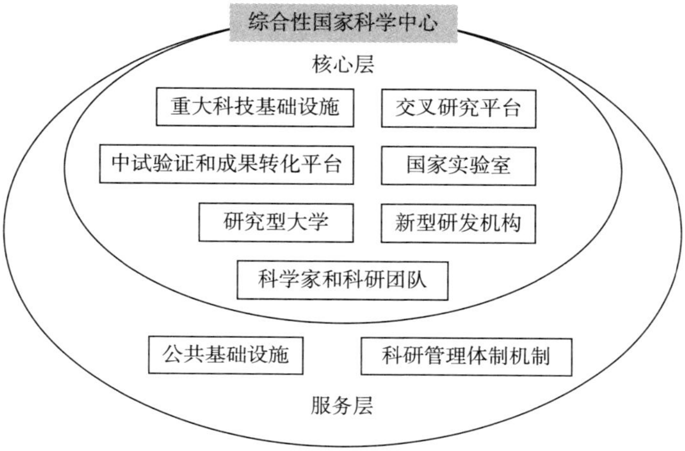

图 8-1　综合性国家科学中心内涵

2. 综合性国家科学中心与科技创新中心、科学城的关系

综合性国家科学中心、科技创新中心、科学城三者都是科技创新活动的重要载体，但在内涵、功能等方面存在显著差异，在空间上也存在明显的异质性。

科技创新中心是服务于国家创新驱动发展战略、建设创新型国家重大战略决策的重要支撑，是推动重要城市及城市群提升科技创新竞争力的高能载体。国内科技创新中心概念，出自 2014 年习近平总书记调研北京时提出的北京建设“全国科技创新中心”定位。国家科技创新中心主要针对科技创新资源密集、科技创新活动集中的城市或地区。“十四五”规划纲要强调，支持北京、上海、粤港澳大湾区形成国际科技创新中心，建设北京怀柔、上海张江、大湾区、安徽合肥综合性国家科学中心，支持有条件的地方建设区域科技创新中心。

科学城是以提升原始创新能力为核心，集聚科研基础设施、多元创新主体和创新服务等创新要素，涵盖基础研究、应用研究、产业共性关键技术创新、新产业新业态培育等功能的创新载体。1957 年，西伯利亚科学城首次在全球范围内以“科学城”命名。国内科学城建设主要集中于科技园区范畴，是地方政府推动创新驱动发展战略的重要平台，目前正向“城市”层面转型。

从定位看，科学城是综合性国家科学中心建设的核心载体，综合性国家科学中心和科学城都是科技创新中心建设的重要依托主体。从功能看，综合性国家科学中心注重基础研究和产业化，科学城注重“科产城人融合”，科技创新中心则包含了两者的整体功能。从所属层次看，科技创新中心是由国家全局层面进行统筹布局，综合性国家科学中心是由国家发展改革委、科技部等认定批复的区域性创新中心，科学城更多是由地方政府自行规划。从区域范围看，从科学城、综合性国家科学中心到科技创新中心，是一个地域空间范围从小到大的变化。

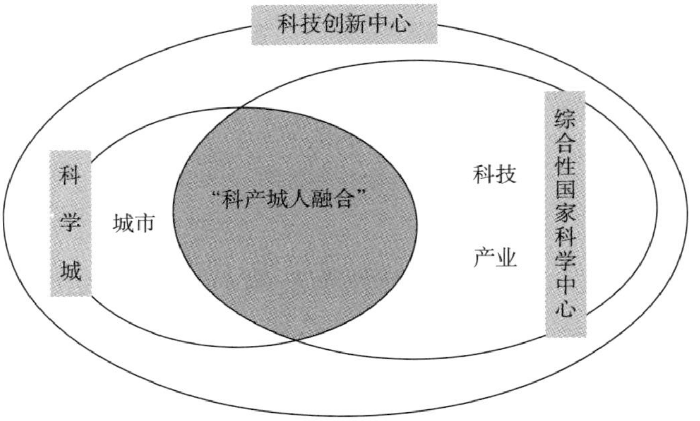

图 8-2　综合性国家科学中心、科学城和科技创新中心的逻辑关系

二、发达国家科学中心（科学城）的建设经验

1. 美国布鲁克海文国家实验室

布鲁克海文国家实验室（Brookhaven National Laboratory，BNL）隶属美国能源部，成立于 1947 年，位于纽约州长岛。BNL 以物理、化学、材料科学、生物学和能源研究著称，是全球重要的科研机构之一。BNL 主要开展基础科学研究，涵盖了从基础物理到应用研究，也关注解决与能源、环境、国防和健康相关的重大技术挑战，推动了多个领域的技术创新。从 BNL 发展的成功

经验来看，先进科研设施、跨学科合作、基础研究与应用研究并重以及国际化合作，是推动科技进步和国家科技竞争力的关键因素。

一是建设大型科研设施并开放共享。BNL 的成功得益于其世界级的大型科研设施，如相对论重离子对撞机（RHIC）和国家同步辐射光源（NSLS-II）。这些设施不仅支持了前沿科学研究，还对全球科学家开放共享，推动了国际合作。BNL 通过设施共享，吸引了世界各地的科研人才，扩大了其科研成果的影响力。

二是构建跨学科、跨领域的科研模式。BNL 的研究领域涵盖物理、化学、材料、能源和生物学等多个学科，强调跨学科合作，形成了多学科融合的创新生态系统。实验室通过整合不同学科的研究成果，推动了新材料、能源和生物技术等领域的创新，推动了新兴技术的突破。

三是坚持基础研究与应用研究共同发展。BNL 不仅在基础研究方面取得了重大成就，还注重推动科研成果的实际应用。实验室的研究成果广泛应用于新能源技术、环境保护和先进材料开发，形成了从基础研究到应用开发的完整创新链条。

四是通过国际合作汇聚人才。BNL 的国际化特征非常突出，吸引了来自全球的科学家和研究人员，并通过广泛的国际合作推动了全球科技创新。通过全球合作，BNL 能够参与和领导国际重大科研项目，如核物理、同步辐射研究等，进一步提升了美国在全球科研领域的领导地位。

五是保持与政府和产业的紧密合作。BNL 与美国政府（以能源部为主）以及工业界保持了密切的合作关系。政府的持续投资确保了大型科研设施的建设与维护，而与产业界的合作推动了科研成果的转化和商业化。

2. 英国哈维尔科学和创新园

哈维尔科学和创新园（Harwell Science and Innovation Campus）是英国重要的科研和技术创新中心之一，位于英格兰牛津郡，靠近牛津大学。该园区以多学科的科研设施和世界级的科研机构著称，主要研究核物理与粒子物理、空间科学与技术、生命科学与健康技术、能源技术与环境科学、高级材料和工程、数据科学和大数据分析等领域，在推动英国乃至全球的科技创新、科研合作和商业化应用方面发挥了关键作用。通过公私合作、国际化合作以及对新兴技术领域的支持，哈维尔成功转型为全球科技创新和商业化应用的核心枢纽。

一是采取政府与私营资本的合作模式。英国政府为园区的基础设施建设和科研机构提供了资金和政策支持，而私营企业则通过投资和技术合作参与到园区的创新生态中。通过这种合作模式，哈维尔不仅能够获得政府的长期支持，还能借助市场力量加速科技成果的转化和产业化。园区内不仅有顶尖的科研机构，还有大量的高科技公司和初创企业。研究机构与企业的合作使科研成果能够快速进入市场，推动了新兴技术的商业化。

二是打造大科学装置集群。21 世纪以来，英国政府开始部署依托重大科技基础设施集群建设综合性科学研究中心的计划，英国贸工部科学技术办公室（OST）2001 年发布了第一个版本的《大型研究设施战略路线图》，并先后进行了 4 次更新。与布鲁克海文国家实验室一样，哈维尔园区也拥有一系列世界级的大型科研设施，现已建有计算实验室（Atlas）、钻石光源（DIAMOND）、英国散裂中子源（ISIS）等一系列世界领先的重大科技基础设施，对全球科学家和研究机构开放，促进了国际科研合作。设置在园区的三大主要装置，都围绕无机或有机材料的微观结构进行探索，且细分领域互为补充，谁也无法替代谁。

三是强化多学科交叉与合作。通过粒子物理、材料科学、生命科学、空间科学等跨学科合作，哈维尔的科研团队能够更快地攻克复杂的技术挑战，推动创新。例如，钻石光源不仅用于材料科学，还广泛应用于生物医学、化学等领域。

四是支持新兴科技领域的发展。哈维尔园区的开放创新环境为新兴企业和研究人员提供了充足的支持。在大数分析、人工智能、清洁能源等新兴领域，哈维尔通过建立专门的研究中心和创新孵化器，积极推动技术的快速发展。

五是健全设施管理模式。2006 年，哈维尔研究综合体（RCaH）成立，为科学家提供实验室空间与设备。在园区资产管理中，政府拥有大多数资产所有权，可以将资产转移给不同签约者运营。设施内部管理采用的是理事会领导下的实验室主任负责制，由主任管理实验室科研工作。

3. 日本筑波科学城

筑波科学城（Tsukuba Science City）是日本最大的科研城市和全球知名的

科技创新中心，位于茨城县筑波市，距离东京约 60 千米。筑波科学城汇集了大量的国家研究机构、大学和高科技公司，包括筑波大学、日本宇宙航空研究开发机构（JAXA）、筑波宇航中心、国家材料科学研究所（NIMS）、高能加速器研究机构（KEK）等，推动了日本在基础研究、技术开发和产业创新领域的进步。

一是以国家战略驱动科技创新发展。筑波科学城的建设和发展是日本国家战略的一部分，政府从规划、基础设施建设到科研机构布局都提供了强有力的支持。自 1960 年代起，日本政府便制定了详细的发展蓝图，确保了科技创新与城市发展的有机结合。通过将多个国家级科研机构集中在一个区域内，形成了科研、教育与产业紧密结合的创新生态系统。《筑波科学城建设法》明确研究学园地区建设计划、周围开发地区整备计划等。日本政府和地方政府持续在筑波科学城的科研基础设施方面给予大规模投资，提供保障。

二是打造多学科融合的研究体系。筑波科学城的科研机构涵盖了物理学、生命科学、工程技术和环境科学等多个学科领域，不同学科之间的合作与交叉研究是筑波取得多项科技突破的关键。作为筑波科学城人才培养的中心，筑波大学在本科生教育方面实施学群制，打破了不同学科之间的壁垒。材料科学和生命科学的融合推动了生物材料领域的创新，信息技术与物理学的结合则促进了新一代电子器件的开发。通过多学科融合，筑波形成了强大的创新能力。

三是强化科技成果转化。科学城科研机构与企业之间的合作机制非常完善，推动了技术的快速转移和产业化。筑波政府与大学、科研机构签订合作协议，优先将科研成果在筑波转化，推动了科技成果就地转化；针对创新型企业，政府建立了从概念验证、前孵化、创业孵化到产业化完整的产业扶持体系。筑波大学和日本多家企业合作开发了先进的医疗技术，国家材料科学研究所的研究成果也被广泛应用于日本的制造业和能源行业。筑波科学城的产学研合作被称为“产学官”合作，体现了其产学研合作官方主导的实质和特征。

四是智慧城市与科技应用的结合。筑波科学城将智能技术融入城市管理，通过大数据、物联网和智能交通等技术提高城市的运行效率。智慧城市的建设不仅使居民生活更加便利，也为科研机构提供了实际应用场景，推动了科技的快速转化。例如，智能交通系统的实施为交通领域的研究提供了丰富的实验数据，形成了科研与城市发展的良性互动。筑波科学城还建设了先进的信息交流平台，促进高校、研究机构以及企业等创新主体之间的交流。

三、我国综合性国家科学中心的建设路径

我国近年来积极推动综合性国家科学中心的发展，围绕重大技术的基础研究、应用研究以及科技成果转化，服务于国家重大科技任务和战略性新兴产业、未来产业发展，提升国家的科技创新能力，抢占全球科技竞争的制高点。这些科学中心的设立和发展，集中布局了高水平科研机构、世界级科技基础设施和重大科技创新平台，已经成为国家创新驱动发展的核心引擎。自2016年上海张江综合性国家科学中心成立后，我国先后批复了合肥、北京、粤港澳大湾区、西安等综合性国家科学中心建设，目前已形成了五个综合性国家科学中心和六个科技创新中心的整体布局。

1. 上海张江综合性国家科学中心

张江综合性国家科学中心位于上海市中心城东南部，规划范围北至龙东大道、东至外环—沪芦高速、南至下盐公路、西至罗山路—沪奉高速，总面积约94平方千米。张江综合性国家科学中心于2016年2月获批开展建设，中心积极聚焦生命、材料、环境、能源、物质等交叉前沿领域，依托重大科技基础设施组织，组建张江实验室，开展高水平研究，推动实现重大原创性突破，力争解决对人类认识世界具有重要作用的科学前沿问题和制约产业发展的重大基础瓶颈问题，为科技、产业持续进步提供源头创新支撑，目标是成为重大原始创新的重要策源地。

目前，上海现有建成、在建和规划建设的国家重大科技基础设施20个，涵盖光子、物质、生命、能源、海洋等多个领域，形成全球规模最大、种类最全、综合能力最强的光子重大科技基础设施群，瞄准生命科学集群建设，率先构建了完整的生命科学领域集群。

目前，上海的三大主导产业中，张江是国内集成电路产业链最完整、技术水平最高的区域，是国内生物医药研发机构最集中、创新实力最强、创新成果最突出的区域，也是全国首批人工智能创新应用先导区和国内人工智能产业生态圈最完善的区域之一。

2. 合肥综合性国家科学中心

合肥综合性国家科学中心位于合肥主城区西部，占地约47平方千米，中心区约6平方千米，与城市水源地董铺水库及高新技术开发区相邻。科学中心于2017年1月获批建设，是继上海之后国家正式批准建设的第二个综合性国家科学中心。科学中心聚焦能源、信息、材料、生命、环境等科学领域，依托全超导托卡马克、稳态强磁场等重大科技基础设施集群，集聚前沿交叉研究平台、重大产业技术开发平台、世界一流创新团队，支撑多学科、多领域、多主体开展交叉前沿性研究，已成为促进重大原始创新成果产出的战略高地。

合肥综合性国家科学中心包括四个层级。核心层是建设科学中心的核心力量和基础支撑，主要是服务于国家重大战略需求。实验室有同步辐射国家实验室、量子信息科学国家实验室、新能源国家实验室，大科学装置有中国超导托卡马克实验装置（EAST）、稳态强磁场实验装置（SHMFF）、同步辐射实验装置、中国聚变工程实验堆（CFETR）、合肥先进光源（HALS）、大气环境立体探测实验研究设施（AEOS），已建、在建预研全超导托卡马克等大科学装置目前共有13个。2024年9月，中国科学院合肥物质院强磁场科学中心自主研制的水冷磁体产生42.02万高斯的稳态磁场，刷新世界纪录。中间层主要是充分发挥地方政府的积极性，依托中国科学技术大学、中国科学院合肥物质科学研究院，建设世界一流的创新型大学和研发机构。提升现有公共技术研发平台的创新能力，支持新建一批共性技术研发平台，开展多学科交叉前沿研究。外围层是科学中心建设的重要外延，主要是面向地方经济社会发展重大需求，围绕产业链部署创新链，依托中国科学技术大学先进技术研究院、中国科学院合肥技术创新工程院等高端技术创新平台。联动层是组织实施大型科技行动计划，启动量子通信与计算机研究等重大科研项目。

3. 北京怀柔综合性国家科学中心

北京怀柔综合性国家科学中心位于北京怀柔区平原区东北部，总规划面积约100.9平方千米，目标定位于建设世界级原始创新承载区和开放科研平台，引导和推动高端创新资源要素加快集聚，打造科技创新中心新地标。怀柔综合性国家科学中心建设方案于2017年5月获批，计划到2020年，中心建设成效将初步显现，到2030年，全面建成世界知名的综合性科学中心。

怀柔综合性国家科学中心目标建设中国科学院大学、全球最大风洞实验室、世界上最大的高速列车模型试验平台，新布局建设高能同步辐射光源、综合极端条件实验装置、地球系统数值模拟装置、子午工程二期、多模态跨尺度生物医学成像设施等一批重大科技基础设施。目前，中国科学院系统电子所、力学所、空间中心、纳米能源与系统所、物理所、大气物理所等研究所已入驻怀柔科学城。全球最大风洞实验室、世界上最大的高速列车模型试验平台已经建设完成，正在为科学家的各项研究发挥着重要作用，钱学森国家工程试验基地也已投入使用。根据北京发展改革委介绍，截至2024年9月，怀柔科学城围绕物质、空间、生命、地球系统、信息与智能5大科学方向，已布局37个科技设施平台项目，包括6个大装置、17个科教基础设施、14个交叉研究平台，已成为全国重大科技基础设施密度最强的地区之一。怀柔还将建设专业化产业园区，加快怀柔高端科学仪器装备产业集聚区、怀柔科学城东区重点产业集聚区建设，围绕仪器传感器、生命科学等领域，提升产业化项目承载能力。

4. 大湾区综合性国家科学中心先行启动区

大湾区综合性国家科学中心先行启动区于2020年7月获批建设，总面积约190平方千米。大湾区综合性国家科学中心先行启动区的核心承载区是深圳光明科学城和东莞松山湖科学城，两座科学城正积极合作，合力推动大湾区综合性国家科学中心先行启动区建设。科学中心聚焦信息、生命、材料等，依托重大科技基础设施集群，建设国家实验室，突出市场导向，突出粤港澳合作，促进产学研深度融合，成为粤港澳大湾区国际科技创新中心的重要引擎，引领大湾区高质量发展。

大湾区综合性国家科学中心先行启动区是科技成果转化和应用推广高地。面向大湾区高质量发展需求，聚焦信息、生命、材料等领域，对接全球技术资源，开展产业关键核心技术联合攻关，进一步强化产业创新和应用创新，布局建设一批高水平中试验证平台和产业化平台，打造具有全球影响力的中试和应用推广高地，在若干战略必争领域形成独特优势，支撑构建现代化产业体系。

2024年7月，光明科学城与松山湖科学城达成《共同推进大湾区综合性国家科学中心先行启动区建设战略合作协议》，在科学资源共建共享、产业协同发展、交通互通互联方面的联动进一步加强，汇聚先行启动区建设最大合力。2024 年 9 月，松山湖科学城先进阿秒激光设施正式获得国家有关部门概算批复，项目即将开工建设，也是继中国散裂中子源之后落地的又一国家重大科技基础设施。光明区委书记 2024 年 10 月接受采访时指出，光明科学城将推动运营管理体制机制改革，推动大科学装置开放共享，支持深圳医学科学院与深圳湾实验室一体化融合发展。探索科技成果“先用后转”机制，培育发展科技服务专业人才，全力支持科技成果“沿途下蛋”，加快形成从技术发现到生产制造全闭环生态。

5. 西安综合性国家科学中心

2022 年 12 月，西安正式获批建设综合性国家科学中心和科技创新中心，成为继北京、上海以及粤港澳大湾区后第四个获批建设“双中心”的区域，彰显了国家对西部地区战略科技力量的倾斜，标志着西安科技创新迈向高质量发展新阶段。根据《西安高新区“双中心”核心区建设方案（讨论稿）》，高新区将“双中心”核心区打造成：具有全球影响力的硬科技创新策源地；具有前沿引领性的未来产业衍生地；“一带一路”顶尖人才首选地。2023 年 4 月 18 日，西安高新区举行“双中心”核心区启动建设暨高新区二季度重点项目开工仪式，总投资 39.09 亿元的 20 个高能级创新平台项目签约落地，标志着西安高新区“双中心”核心区建设迈出重要一步。

四、建设综合性国家科学中心攻关“卡脖子”技术的路径

综合性国家科学中心是国家科技领域竞争的重要平台，是国家创新体系建设的基础平台。综合性国家科学中心瞄准未来产业关键核心技术、“卡脖子”领域，通过建设大科学装置、构建国家实验室以及搭建前沿交叉研究平台等路径，完成助力国家科技自立自强的使命。

1. 结合区域优势带动前沿科技和未来产业发展

各综合性国家科学中心的发展都紧密围绕国家战略需求，同时结合地方的产业基础和科技资源优势，形成了独具特色的科技创新发展路径。它们通过基础研究和前沿科技的突破，引领了未来产业的方向。

北京综合性国家科学中心充分发挥了首都的科研资源优势，依托中国科学院等高水平科研机构，集中发力信息技术、量子科技、人工智能等领域，推动国家在前沿技术领域的国际竞争力。基于这些领域的研究，也带动了智能制造、无人驾驶、智能医疗等未来产业的发展。

上海张江综合性国家科学中心依托上海的产业和金融优势，专注于生物医药、集成电路、人工智能等领域，推动科技成果与产业链深度融合，形成了高效的创新生态体系。上海张江综合性国家科学中心通过材料科学和新能源技术的研究，推动了新能源、储能技术、半导体材料等相关产业的发展，为电动汽车、智能设备、可再生能源等领域提供了关键技术支持。

合肥综合性国家科学中心依托中国科学技术大学，特别是在量子信息、物质科学等领域发挥国家战略性优势，通过基础研究突破带动创新应用。目前，已经在量子信息领域取得了一系列重要突破。

这种区域优势与国家战略结合的经验，不仅确保了综合性国家科学中心的科研聚焦和资源高效配置，还形成了与国家经济、科技需求紧密对接的创新路径，促进了地方经济的转型升级。

各综合性国家科学中心不仅依托地方资源，还强调区域协同发展，形成了多个区域协作的创新网络。粤港澳大湾区综合性国家科学中心通过粤港澳三地的优势互补，形成了跨区域的协同创新体系。广州、深圳、香港、澳门的高等教育、产业、科技优势相互支撑，提升了大湾区的整体创新能力。长三角和京津冀地区也在推动区域协同创新，通过建立科技协同网络，实现区域间科研资源共享，促进了科技、产业、资本、人才等创新要素的跨区域流动，提升了整个区域的创新竞争力。

近年来，上海张江综合性国家科学中心与安徽合肥综合性国家科学中心携手实施“两心同创”，联合开展关键核心技术攻关，探路科技创新共同体建设。聚焦集成电路、生物医药、人工智能、新能源汽车等重点领域，共建长三角世界级产业集群。其中，“合肥光源”和“上海光源”的合作，正是这一探索的生动实践案例。“光源”是大科学装置“同步辐射光源”的简称，为先进功能材料、能源与环境、生命科学与医学等领域提供微观观测条件，上海与合肥正在共建第四代“合肥先进光源”。

2. 打造以国家实验室为龙头的战略科技力量

国家实验室是以国家现代化建设和社会发展的重大需求为导向，开展基础研究、竞争前沿高技术研究和社会公益研究，积极承担国家重大科研任务的国家级科研机构。美国国家实验室体系是世界上规模最大、综合实力最强的科研系统之一。这一体系主要由美国能源部、国防部等联邦政府部门管理，在服务国家战略需求、引领科技创新方面发挥着关键作用。美国劳伦斯伯克利实验室有 3500 多位高级雇员，其中有 14 位获诺贝尔奖、15 位获得美国国家科学奖章、70 位晋升美国科学院院士，深度参与了美国重大科技攻关。

“十四五”规划明确指出要推进国家实验室建设，组建国家重点实验室体系，强化国家战略科技力量。2021 年的政府工作报告也强调，完善国家创新体系，加快构建以国家实验室为引领的战略科技力量，打好关键核心技术攻坚战。国家实验室的建设对攻克重大科学前沿领域中的核心关键技术有重要作用，综合性国家科学中心纷纷筹划和建设国家实验室，对辐射引领带动区域发展、推动国家创新体系建设、提高科技领域国际竞争力，具有重要作用。通过打造以国家实验室为龙头的战略科技力量，可以有效推动国家重点实验室、国家技术创新中心等国家级重大创新载体集聚，释放叠加效应，推动相关领域完成“卡脖子”技术的攻关。

合肥国家实验室是我国组建的首个国家实验室，面向量子科学前沿，聚焦量子通信、量子计算机、量子精密测量等国家重大需求，着眼经济高质量发展需要，解决重大科学问题，突破关键核心技术，培育战略性新兴产业，抢占未来国际竞争制高点，为建设科技强国、实现高水平科技自立自强提供重要支撑。目前，合肥国家实验室还深度参与科教融合，与中国科学技术大学自 2022 年起联合开展了工程博士改革专项培养计划。

3. 重大科技基础设施支撑未来产业技术创新

重大科技基础设施也称为大科学装置，被认为是“大国重器”，是指通过较大规模投入和工程建设来完成，建成后通过长期的稳定运行和持续的科学技术活动，实现重要科学技术目标的大型设施。大科学装置是国家科技基础条件平台的重要组成部分，是重大原创成果产出和关键核心技术突破的重要条件，也是推动科技前沿突破和未来产业发展的核心基础设施。

一是大科学装置通过推动基础研究，奠定未来产业的科技基础。通过推动基础研究的进步，大科学装置为新兴科技的发展提供了理论支持和技术储备，也是未来产业的重要推动力。上海光源和北京的高能同步辐射光源，能够产生极高强度的X射线，广泛应用于材料科学、化学、生物医学等领域。这些光源装置帮助研究人员在新材料、生命科学和纳米技术等领域取得重大突破，推动了新型材料、药物开发等未来产业的发展。

二是大科学装置助力未来产业关键技术创新。大科学装置提供先进的实验条件和技术支持，为突破关键技术瓶颈提供了先进的实验条件，推动了新兴产业的技术创新。以量子信息技术为例，量子通信、量子计算等新兴领域的发展依赖于大科学装置的支持。合肥综合性国家科学中心的量子实验装置，推动了量子通信和量子计算技术的研发，进而推动了合肥量子信息技术产业的发展。

三是大科学装置能够带动未来产业集聚，形成未来产业集群。大科学装置所在的科研园区和创新平台，不仅提供了科研实验条件，还通过集聚人才、技术、资本等创新要素，形成了未来产业集群。上海张江高科技园区依托上海光源等大科学装置，集聚了大量生物医药、新材料、人工智能等高科技企业，形成了完整的创新链和产业链。园区内的科研机构和企业共享实验设施、数据平台，加速了从基础研究到技术开发、产业应用的全流程创新，推动了产业集群的形成与发展。合肥科学中心通过建设量子信息、能源技术相关的大科学装置，推动了量子技术、核聚变能等未来产业集群的成长。这些产业集群不仅形成了技术领先优势，还通过科研成果的转化带动了区域经济的发展。

从发达国家经验来看，综合性国家科学中心或科学城瞄准重点领域，通过布局和建设大科学装置集群，聚焦关系根本和全局的基础研究领域，开展战略性前瞻性研究，为多学科基础研究和应用研究的原始创新提供了基础支撑。大科学装置集群会像“磁铁”一样，吸引一大批前沿技术与科技人才，为产生高水平的科研成果提供有力支撑。同时，综合性国家科学中心依托重大科技基础设施集群，围绕重点领域、交叉方向，兼顾科学研究和产业培育，建设一批前沿交叉研究平台，推动科技创新资源共享，能够与重大科技基础设施集群形成交叉融合、紧密协作、相互支撑的创新链条。

4. 通过产学研融合和中试验证推动产业化

一方面，综合性国家科学中心注重产学研融合，加强科研机构、大学与企业的合作，推动科技成果的快速转化和产业化。上海张江综合性国家科学中心成功将生物医药、集成电路、新能源材料等领域的科研成果与企业需求紧密结合，形成了从基础研究、技术开发到市场应用的完整产业链。张江生物医药园区孵化了大量新药研发企业，促进了生物技术的快速发展。北京在量子通信、集成电路等领域的科技成果已经转化为实际应用，为国内外市场提供技术支持。粤港澳大湾区科学中心通过三地紧密合作，将生命科学、精准医疗、智能制造等前沿科技研究与区域的产业优势相结合，推动了科技成果的产业化，增强了区域经济竞争力。

另一方面，未来产业从基础研究到成果产业化，至少要经过理论验证、中试、资金投入、市场竞争等多个步骤。中试基地作为创新主体，可以带动产业链上中下游、大中小企业融通创新，也是推动企业跨越技术转化鸿沟、产品试制发展到规模生产的重要平台。数据表明，经过中试的项目，成果转化成功率能达 80%～100%，未经过中试的项目，其成功率低于 30%，中试基地也被誉为企业跨越“达尔文死海”的重要平台。突破制造业“卡脖子”技术，需要源头上的基础理论创新，也需要解决从基础理论到产品的中试环节。综合性国家科学中心通过打造中试验证和成果转化基地，以产业需求牵引技术创新，能够有效助推科技成果向现实生产力转化。大湾区综合性国家科学中心先行启动区的其中一大定位就是科技成果转化和应用推广高地，建设光明国际技术转移转化中心，面向产业需求开展关键核心技术联合攻关，布局建设中试验证平台和产业化平台，打造具有全球影响力的中试和应用推广高地，打通科研成果到产业化“最后一公里”。

5. 通过国际化合作推动全球创新资源汇聚

综合性国家科学中心通过国际合作，引进全球先进技术和创新资源，助力未来产业的快速发展。这种国际化合作不仅推动了科技成果的全球共享，还促进了国内企业与国际领先科技企业的合作，推动了技术交流和产业发展。上海张江科学中心与全球著名科研机构和跨国公司合作，建立了多个联合实验室和国际研发中心，推动了全球科技资源的汇聚与共享。

同时，综合性国家科学中心高度重视国际合作与全球人才引进，通过开放科研平台和大科学装置，吸引全球顶尖科研人员和团队，共同推进国际科技前沿研究。合肥综合性国家科学中心在量子信息、新能源等领域，与国际顶尖科学家和科研机构保持紧密合作，参与并领导了多项国际重大科技项目。

第九章　区域创新体系：实现科技自立自强的动力源

区域创新体系是在特定区域内，由企业、高校、政府、科研机构、科技服务机构等各类创新活动主体组成的系统和创新资源配置的制度、体制、机制。协同高效的区域创新体系能够提高中心城市和城市群集聚效应和规模效应，打造新技术、新产业、新模式、新业态的策源地，推动未来产业重点领域新兴技术突破和解决制约地区支柱产业共性技术瓶颈，从而实现区域高质量发展。

一、区域创新体系的内涵及重要意义

1. 区域创新体系的内涵

学术界研究中，区域创新体系和区域创新系统是一个概念，学者们近年来针对区域创新体系或区域创新系统进行了大量研究。1996 年，库克在其代表性著作《区域创新系统：在全球化世界中的治理作用》一书中对区域创新系统进行了详细阐述，认为“区域创新系统是由地理上相互临近和关联的企业、高校及研究机构等创新主体构成的区域性组织体系，这种体系遵循一定的治理规则并产生创新”，其强调了区域创新系统的本地根植性和系统性。

Asheim B（2005，2007，2011）把区域创新系统定义为“区域内的制度条件、基础设施条件与本地的生产结构相互结合并产生创新”，认为区域创新系统形成的基础是产业集聚。其从知识流的角度把区域创新系统分为知识应用与开发子系统、知识创造与生产子系统。知识应用与开发子系统主要是指区域的生产结构，如各类产业集群；知识创造与生产子系统主要是指区域内的各类创新支持基础设施条件，包括各类公共的和私人的研究机构、技术转移机构、教育培训机构等。

Leydesdorff L 和 Fritsch M（2006），Strand O 和 Leydesdorff L（2013）提出了创新的三螺旋结构，认为区域创新系统的核心是由高校—企业—政府三者交互进行的知识生产活动，产业结构、地理分布和学术传统之间的协同作用构成了区域创新系统的关键力量。

国内学者对区域创新系统和区域创新体系的概念也进行了研究及定义。冯之浚等（1999）研究认为，区域创新系统是指由某一地区内的企业、大学和科研机构、中介服务机构，以及地方政府构成的创新系统，突出了主体要素多元化的特征。

黄鲁成（2000）指出，区域创新系统是在特定的经济区域内，各种与创新相联系的主体要素（创新机构和组织）、非主体要素（创新必需的物质条件）及协调各要素之间关系的制度和政策网络，强调了制度和政策在区域创新系统中的重要作用。刘曙光等（2003）研究指出，区域创新系统是由创新环境、创新要素、创新单元集合构成的交互式系统，主要分为独立、模仿和合作开发三种模式，新投入规模和产出规模、创新环境转变、创新内部运行以及创新的外部影响是确定区域创新系统规模和质量的主要因素。柳卸林等（2021）认为，区域创新系统是一个区域内有特色的、与地区资源相关联的、推进创新的制度组织网络，其目的是推动区域内新技术或新知识的产生、流动、更新和转化。

朱付元（2005）指出，以知识流聚集为基础，创新系统各主体——政府、企业、研究机构和中介机构等——以科学创新和技术创新为中心的聚集和互动，就构成了一个区域创新系统，并认为知识集聚的形成是构成区域创新系统的先决条件。任胜钢和陈凤梅（2006）研究指出，区域创新系统的基本内涵包括：具有一定地域空间；以生产企业、研发机构、高等院校、地方政府机构和服务机构为主要的创新主体；不同创新主体之间通过互动构成创新系统的组织和空间结构形成一个社会系统；强调制度因素以及治理安排的作用。毛艳华（2007）在此基础上研究指出，区域创新系统的基本内涵还应包括以促进区域内创新活动为目的，鼓励区域内的企业充分利用地域范围内的社会关系、规范、价值和交互作用等来形成特殊形式的资本（社会资本），以增强区域创新能力和竞争力。

王吕萍等（2014）认为，区域创新系统中的“区域”是特指一国范围内自由人的经济活动造就的、具有特定的地域构成要素的、不可分割的经济社会综合体。杨剑等（2010）把区域创新系统看成一个复杂的社会系统，从系统动力学的角度提出人才、知识和资金是主要的创新动力要素，三者有机结合形成有效的动力循环机制是区域创新系统有效运行的基础。王祥兵等（2012）指出，区域创新系统是企业与科研机构之间合作创新、学习决策和动态博弈的系统，强调了各主体要素的演化和博弈在区域创新系统中的作用。

综合国内外关于区域创新体系概念的研究，区域创新体系是在特定区域内，企业、高校、政府、科研机构、科技服务机构等各类创新活动主体组成的系统和创新资源配置的制度、体制、机制。区域创新体系具有区域性、系统性、网络性、知识性和制度性等特点。

一是区域性。区域创新活动的参与主体局限在一定的地理范围之内，以产业集聚和知识流汇聚为一定基础。区域边界存在的本质原因是知识溢出效应随距离增加而衰减。

二是系统性。区域创新体系是由各类创新主体和创新资源构成的集成系统，系统内创新主体在特定区域内相互竞争、相互协同，进而促进整个区域层面创新效率的提升。推进以科技创新为核心的全面创新，必须充分发挥各类创新主体作用，缺一不可，加强科技供给，支撑引领供给侧结构性改革，进而提升区域科技创新实力。

三是网络性。区域内创新主体间相互关系构成区域创新网络，创新网络是资源流通和知识交换的渠道和载体，是维持整个系统运转的纽带，企业等市场主体在区域创新网络中起到主导作用。有机合作、协同高效的创新网络为各类创新主体提供了交流沟通平台，能够解决资源共享不足、创新内容和市场需求不匹配、技术供给和技术需求不对应、创新成本高等难题。

四是知识性。创新的本质是创造新知识，从知识流动角度可以把区域创新体系分为知识应用与开发子系统、知识创造与生产子系统。相关研究突出了知识流动在区域创新体系中的重要性，强调了区域创新系统形成的过程。

五是制度性。区域创新体系的发展遵循一定的治理机制，区域创新政策对引导和调节创新体系发展具有重要作用。“有为政府”具有支持区域创新发展的动机和能力，政府“既不能越位也不能缺位”。推动“有效市场”和“有为政府”更好结合，才能有效推动区域持续发展，提高区域创新能力。

科技创新过程中，往往存在科技成果无法有效地商品化、产业化问题，导致技术创新与商业化之间存在“死亡之谷”。如何跨越这一“死亡之谷”，实现技术产业化，已成为当前我国推动创新发展的重要政策着力点，区域创新体系也成为重要的着力点。功能健全、生态良好的区域创新体系包括多元参与的创新主体、创新要素，通过多元创新参与者之间构成的协同创新网络，促进各类要素合理流动和高效集聚，能够解决创新主体的孤岛效应，降低创新成本，提高创新效率，推动科技成果产业化，增强创新发展动力。

2. 区域创新体系是高质量发展的重要抓手

当今世界正经历百年未有之大变局，我国发展面临的国内外环境发生深刻复杂变化。这一大变局，是新一轮科技革命和产业变革带来的生产生活方式和国家竞争形态之变局，是全球化背景下世界经济重心东移带来的国际权力和国际秩序之变局。因应这一巨变，欧美大国凭借科技方面的雄厚基础，加大科技创新力度，纷纷推出新的科技创新、产业发展等方面的战略，力图保持和扩大竞争优势，抢占未来发展制高点。

在“我国经济已由高速增长阶段转向高质量发展阶段”的当下，要切实提高经济运行质量，必须在“补短板”上下真功、见实效。党的十九大报告把“加快建设创新型国家”作为建设现代化经济体系的一个重要方面。2018年5月，习近平总书记在两院院士大会上的讲话中强调要“健全国家创新体系，强化建设世界科技强国对建设社会主义现代化强国的战略支撑”，将创新体系建设的战略意义提升到科技强国和现代化强国建设的高度。建立与高质量发展相适应的现代化国家创新体系和区域创新体系，是高质量发展的重要动力。

习近平总书记2019年在中央财经委员会第五次会议上强调，要根据各地区的条件，走合理分工、优化发展的路子，落实主体功能区战略，完善空间治理，形成优势互补、高质量发展的区域经济布局。从宏观角度看，经济发展存在质量短板的关键原因是创新驱动不足。只有不断创新并将创新成果充分运用到经济活动中，人民群众新的需求才能不断得到满足，经济运行质量才能提高。

党的十九届五中全会提出，我国发展不平衡不充分问题仍然突出，重点领域关键环节改革任务仍然艰巨，创新能力不适应高质量发展要求。要坚持创新在我国现代化建设全局中的核心地位，把科技自立自强作为国家发展的战略支撑，深入实施科教兴国战略、人才强国战略、创新驱动发展战略，完善国家创新体系，加快建设科技强国。要坚持实施区域重大战略、区域协调发展战略、主体功能区战略，健全区域协调发展体制机制，推动区域协调发展。

要实现区域高质量发展，必须加快形成特色鲜明的区域创新体系，多措并举提升科技创新能力，充分发挥中心城市和城市群创新能力强、集聚效应和规模效应显著的优势，把这些中心城市和城市群打造为新技术、新产业、新模式、新业态的策源地，为区域高质量发展落实赶超提供强大动力。

二、我国区域创新体系现状及存在的问题

1. 全国区域科技创新格局

近几年的《中国区域科技创新评价报告》显示，我国已形成各具特色的区域创新体系。北京、上海、广东的科技创新中心引领地位越发明显，也带动了京津冀、长三角、粤港澳大湾区的区域创新能力进一步提升。在西部大开发和“一带一路”倡议的带动下，西部地区高质量发展不断提速，西部地区创新水平指数逐年上升。

从各地科技创新水平看，全国区域科技创新水平可分为三类：第一类是综合科技创新水平指数值高于全国平均水平的地区，包括上海、北京、广东、天津、江苏和浙江，均为沿海发达地区。第二类是综合科技创新水平指数值低于全国平均水平，但高于50%的地区，包括重庆、湖北、陕西、安徽、山东、四川、福建、辽宁、湖南、江西、河南、宁夏、吉林、河北、黑龙江、山西和甘肃。第三类是综合科技创新水平指数值在50%以下的地区，包括内蒙古、广西、云南、贵州、海南、青海、新疆和西藏。

从全国区域整体发展情况看，已从过去单个区域发展转向多区域跨区域协调发展，区域协同发展路径逐渐清晰。京津冀协同发展成效显著，长三角一体化快速发展，粤港澳大湾区建设进一步推进，长江经济带创新能力取得明显突破，国家自主创新示范区有力发挥创新发展改革辐射引领作用。

表 9-1　2018—2020 年各省市综合科技创新水平指数（%）

排名	2020 年		2019 年		2018 年	
	区域	科技创新水平指数	区域	科技创新水平指数	区域	科技创新水平指数
1	上海	86.77	上海	86.59	上海	85.63

续表

排名	2020年		2019年		2018年	
	区域	科技创新水平指数	区域	科技创新水平指数	区域	科技创新水平指数
2	北京	84.55	北京	84.79	北京	84.83
3	广东	81.67	天津	81.17	天津	80.75
4	天津	79.79	广东	81.00	广东	79.47
5	江苏	79.19	江苏	77.93	江苏	77.13
6	浙江	74.93	浙江	74.58	浙江	74.26
7	重庆	69.97	重庆	67.83	湖北	67.44
8	湖北	69.62	湖北	67.53	重庆	66.63
9	陕西	68.39	陕西	67.04	陕西	66.58
10	安徽	66.6	山东	65.73	山东	65.71
11	山东	65.91	安徽	63.57	安徽	63.46
12	四川	65.79	四川	63.57	四川	62.47
13	福建	65.32	福建	63.49	福建	61.38
14	辽宁	65.28	辽宁	63.48	辽宁	60.55
15	湖南	63.96	湖南	61.24	湖南	57.34
16	江西	56.68	吉林	55.44	黑龙江	56.05
17	河南	56.59	黑龙江	54.97	吉林	54.59
18	宁夏	56.11	江西	52.11	甘肃	51.38
19	吉林	54.96	河南	52.10	江西	51.28
20	河北	54.46	山西	51.94	山西	50.85
21	黑龙江	54.07	河北	51.85	河南	50.7
22	山西	53.95	宁夏	51.75	河北	48.78
23	甘肃	51.63	甘肃	50.72	内蒙古	46.76
24	内蒙古	48.32	内蒙古	47.46	宁夏	46.68
25	广西	48.29	广西	46.70	广西	44.84
26	云南	48.26	云南	45.21	青海	43.95
27	贵州	46.95	青海	44.50	海南	43.76
28	海南	46.15	贵州	44.49	云南	43.01
29	青海	45.28	海南	43.23	贵州	41.24
30	新疆	40.22	新疆	39.18	新疆	40.59
31	西藏	32.23	西藏	29.42	西藏	29.75

续表

排名	2020 年		2019 年		2018 年	
	区域	科技创新水平指数	区域	科技创新水平指数	区域	科技创新水平指数
全国平均	72.19		70.71		69.63	

注：《中国区域科技创新评价报告》所用数据较报告发布时间滞后 2 年，如《中国区域科技创新评价报告 2020》使用的多是 2018 年数据。

资料来源：2018—2020 年《中国区域科技创新评价报告》。

2. 我国发展区域创新体系的主要模式

我国科技创新水平整体处于后发赶超阶段，各地方创新基础和创新水平差异大，区域创新体系发展参差不齐。

（1）以产业集群为主要依托，发展专业型创新体系

基于产业集群的聚集效应和区域特色产业，能够推动创新资源更加集中，创新成果得以更快速地转化为生产力，促进区域经济的高质量发展。

产业集群指在特定的地理区域内，相关产业的企业、上下游供应链和配套服务机构高度聚集，通过地理邻近和产业关联形成紧密的合作与竞争关系。集群内的企业和机构可以通过共享基础设施、技术、人才和市场等资源，实现整体创新能力的提升。产业专业型创新体系是指围绕某一特定产业或技术领域，建立起高度专业化的创新网络和生态系统。这一体系将技术研发、产品开发、市场推广等创新活动与产业链的各环节紧密结合，以推动产业链的整体升级和创新效率的提升。

产业集群具有聚集效应，能够集聚资源，产生“创新溢出效应”。产业集群通过吸引大量企业、科研机构和配套服务企业，形成技术、人才、资本等创新资源的高度集聚。这种资源聚集效应有助于提升区域内的创新能力。同时，集群内的企业和机构通过知识共享和技术合作，促进创新成果在整个集群内的扩散，产生“创新溢出效应”，提高了整个产业集群的技术水平和竞争力。

产业集群内创新链与产业链紧密融合，能够带动技术创新和产业升级。产业集群中的企业与科研机构通过技术研发、产品开发等创新活动推动产业链的升级。智能制造产业集群通过推动自动化技术、人工智能与传统制造业的结合，促进了制造产业的数字化和智能化升级。集群内的上下游企业通过

协同创新，实现产品设计、研发、制造和市场推广的快速对接。通过这种专业化分工和协同，集群内的创新链与产业链实现无缝衔接，推动了技术创新和产业化的高效进行。

绝大多数的传统产业集群萌生于大城市的产业园区或中小城市。以苏南地区为例，苏南模式由费孝通在20世纪80年代初率先提出，通常是指苏南的苏州、无锡、常州等地通过发展乡镇企业实现非农化发展的方式。在产业集群发展方面，苏南地区（以苏州、无锡、常州为代表）通过产业集群推动区域创新体系建设，也被称为“新苏南模式”。苏南模式通过政府引导、企业主导、科技支持，推动传统制造业转型升级为创新驱动型产业。苏南地区通过推动制造业的科技转型升级，形成了多个优势产业集群，如电子信息、智能制造、光伏产业。其中，苏州工业园区和无锡的高新区通过集聚高科技企业，推动了智能制造和新材料技术的发展。东莞依托其强大的制造业基础，通过智能制造和科技创新推动传统制造业向高端产业链转型，形成了东莞特色的区域创新体系。

（2）以核心大城市为依托，发展多元区域创新体系

北京、上海、深圳、西安等城市都在着手建设全球科技创新中心，均表现为通过高度集聚的创新资源和跨区域协同合作，形成强大的区域创新体系。大城市作为科技、人才、资本、政策等创新资源的集聚地，通过构建开放、多元化的创新环境，推动科技创新、产业升级和社会进步。大城市通常拥有多样化的产业结构，具备传统制造业、服务业、高新技术产业、文化创意产业等多个领域的创新基础。这种多元化的产业结构为跨界合作和产业融合创造了条件。大城市还强调多元化创新主体协同，政府、高校、科研机构、企业、创投机构、中小企业等多种主体共同参与创新活动，形成全链条、多层次的创新体系。

长三角地区通过区域合作机制，打破行政壁垒，推动科技、人才、资金等创新要素在上海、苏州、杭州、南京等城市之间自由流动。各城市基于各自的产业特色，打造了如生物医药、信息技术、先进制造等多个产业集群。大湾区内的深圳、广州、香港、澳门等城市，依托各自的科技、资本、人才和市场优势，形成了协同创新体系。大湾区还注重打造创新平台，如前海深港现代服务业合作区、南沙自贸区、横琴自贸片区，推动跨境科研资源的共享和科技成果的转化。

（3）以创新型大学和国家级科研机构为重点，发展“政产学研用”融合型创新体系。

大学和科研机构作为技术创新的核心力量，与企业和应用方紧密合作，形成产学研合作的创新生态，推动科技创新、成果转化和产业升级。这种模式能够打通从基础研究、技术研发、产品开发到市场应用的创新链，提升科技创新的效率和效果。

创新型大学是“政产学研用”融合型创新体系的重要组成部分，在基础研究、应用研究、人才培养和科技成果转化方面发挥了至关重要的作用。创新型大学承担了大量的基础研究工作，是知识创新的重要源泉。大学通过前沿科学探索和技术突破，为整个创新体系提供了新的技术方向和研究成果。许多大学设立了专门的技术转移办公室和科技园区，负责将大学的科研成果转化为实际的产业应用。例如，清华大学、浙江大学通过其技术转移中心，帮助科研人员将创新成果转化为市场化的产品和服务。国家级科研机构如中国科学院、国家自然科学基金委、国家重点实验室等，承担了国家重大科研任务，在前沿技术领域（如量子计算、航天技术、新能源技术等）的创新中起到关键作用。国家级科研机构不仅进行基础研究，还承担了大量的应用研究任务，通过技术开发和中试研究，推动科研成果的产业化。例如，中国科学院通过其多个研究所推动新能源、生物医药、信息技术等领域的技术转化，促进了相关产业的升级。

打造“政产学研用”融合型创新体系，可以实现技术研发、市场需求和政策支持的有机结合，促进创新链和产业链深度融合，推动产业升级和经济转型。通过政府的引导和多方协同，国家和区域能够有效整合创新资源，形成创新高地，提升在全球科技创新中的竞争力。科研机构的技术研发能力与企业的市场化能力相结合，提高了成果的转化效率。

3. 我国区域创新体系存在的发展瓶颈

在区域科技创新能力有效提升的同时，我国区域创新格局依然呈现诸多发展困境。

一是东部西部差距过大。东部发达地区已形成对创新资源的虹吸效应，西部地区科技创新水平和东部沿海地区差距较大，内部存在显著的区域不平衡。京津冀、长三角、珠三角等经济发达地区集中了大量的科研机构、重点高校、高科技企业以及科技创新资金。相较之下，中西部和东北地区的创新资源匮乏，创新能力不足，创新基础设施薄弱。西部地区各省份的科技创新指数均低于全国平均水平，2020 年，重庆、陕西和四川科技创新能力分别排在全国第 7、第 9 和第 12 位，新疆和西藏科技创新水平排在全国末游，各项指标均有待提高。西部省份科技创新水平存在显著差异，2019 年西部地区内部差异系数为 21.97%，高于东部地区（19.5%）、中部地区（10.85%）和东北地区（6.74%）。中西部地区虽然一些高校和科研院所具备较强的科研实力，但由于产业基础薄弱，导致创新成果难以落地转化为实际的生产力，容易出现“产研脱节”现象。

二是区域协同创新不足问题明显。一方面，区域间协同创新机制不健全。我国各地区之间的协同创新机制较为松散，缺乏有效的合作机制和政策引导，导致创新要素难以在不同地区之间流动和共享，影响了全国创新体系的整体协同效应。很多地方政府在科技创新政策、产业发展规划上缺乏充分协调，政策之间存在重叠或冲突，难以形成统一的创新战略。创新要素主要集中在少数发达地区，科技资源、人才、资金等创新要素在不同地区之间流动仍存在一些堵点。另一方面，城市群协同创新的体制机制尚不够完善。城市群正在成为引领区域高质量发展的核心载体，但部分城市群的协同创新体系仍存在一些问题，城市群内的核心城市与周边城市在科技创新领域的合作不够深入，创新成果的共享和转移机制不完善，区域创新网络的协同效应没有充分发挥。尽管核心城市具备较强的创新能力，但由于外围城市的承接能力不足，创新成果无法有效扩散至整个城市群，导致城市群内部创新发展不均衡。

三是创新资源配置效率低。一方面，区域创新体系存在资源分散、低效配置的现象，部分地方政府为了追求短期发展，盲目建设科技园区、创新中心和研发机构，导致创新资源的重复建设和浪费。这种“重复创新”往往忽视了当地的实际需求，创新资源难以形成合力。另一方面，存在资金投入与产出不平衡的问题。尽管近年来我国的科技创新资金投入持续增加，但部分地区的科研资金分配机制存在分配不合理、资金审批流程复杂等问题，导致创新项目难以及时获得资金支持，制约了创新进程。

四是创新主体的合作与创新生态有待完善加强。首先，产学研合作不足的问题较为突出，科技成果转化效率不高，科技创新与企业需求脱节。高校和科研院所的科技创新成果难以与企业的实际需求相结合，企业缺乏科研机构的技术支撑，科研成果的市场化和产业化进展缓慢。许多高校的科研成果

“束之高阁”，难以形成实际的经济效益。其次，企业创新主体作用发挥不够。部分企业，尤其是中小企业，在科技创新中的主体地位没有得到充分发挥，企业缺乏技术创新的动力和能力。最后，在一些区域，创新生态系统尚未形成，创新要素的有效整合与协调不足。创新体系中的要素没有形成有效联动，导致各个创新主体之间的合作效率较低。此外，科技创新的支持体系（如科技中介、知识产权服务、金融支持等）不够完善，尤其是在一些中西部和欠发达地区，科技创新服务体系薄弱，制约了区域创新能力的提升。

五是创新模式和机制相对僵化，缺乏对市场和技术快速变化的灵活响应能力。首先，创新体制机制缺乏灵活性。部分区域的创新体系建设过于依赖行政力量推动，而市场化机制较弱，导致创新链条缺乏自主性和灵活性。政府在创新政策设计和执行中，往往采取自上而下的模式，忽视了企业、科研机构和市场的自主创新动力。其次，产学研合作模式单一，未能充分发挥各类创新主体的协同作用，产学研结合不紧密，创新链条不完整。企业与高校、科研院所的合作多集中于短期项目，缺乏长效的合作机制，难以形成稳定的创新联盟。科技成果转移转化机制不灵活，科研机构的创新成果难以顺利转化为生产力。最后，创新资源分配机制也存在相对僵化问题，创新资源的配置与市场需求脱节，资源分配缺乏灵活性。部分地区的科研资金分配存在“撒胡椒面”的现象，缺乏聚焦重点产业和技术领域，难以集中资金支持具有战略意义的创新项目。

六是创新政策需加强聚焦。部分区域的科技创新政策设计过于宽泛，目标不明确，导致资源投入分散，未能有效聚焦重点领域。首先，政策覆盖面过广。很多地方政府在制定科技创新政策时，往往希望覆盖多个行业和技术领域，试图“一揽子解决”所有创新问题，但结果是资金和资源分配过于分散，难以形成重点突破，政策效果有限。部分区域的政策设计未能精准聚焦未来产业和战略性新兴产业，创新资源和资金的配置没有优先考虑对新兴技术进行重点支持，导致政策效果不显著。其次，政策的实施和落地常常面临执行力不足、操作不细化的问题，导致政策效能无法充分发挥。尽管一些地方政府出台了较多的科技创新扶持政策，但在实际执行过程中，存在政策落实不到位、执行效率低、配套措施不健全等问题。企业和科研机构在申请政策支持时，往往面临审批流程烦琐、执行时间过长的困境。部分地区的科技政策缺乏稳定性，政策变动频繁，导致企业和科研机构无法根据政策制定长远的创新规划。最后，政策的连续性不足，许多短期创新政策缺乏长期规划，无法确保持续支持创新发展。一些地方的政策制定后，缺乏有效的评估和监测机制，政策执行情况和效果未能及时反馈，导致政策执行中问题积累，难以及时调整和优化。

4. 完善区域创新体系的对策

与发达国家相比，我国区域创新体系在推动新兴技术发展的机制、模式和效果等方面仍有明显差距。在扎实推进中国式现代化进程中，应锚定实现高水平科技自立自强、进入创新型国家前列的总体目标，加快优化创新资源要素配置，构建与之相匹配的高质量区域创新体系。

（1）统筹区域之间的国家战略科技力量

国家战略科技力量以国家实验室、国家科研机构、高水平研究型大学、科技领军企业为核心主体，具备较强的多元性和层次性。在全球科技竞争日益激烈的背景下，合理统筹和调配区域之间的科技力量，不仅能够发挥各区域的比较优势，还能够实现科技创新的规模效应，形成全国一体化的创新格局，从而推动国家科技自立自强。

基于国家战略需求和区域科技能力，制定统一的全国科技发展规划，可以将不同区域的科技力量纳入整体规划中，形成全国一盘棋的科技创新格局。通过差异化布局，避免各地区在创新上的重复建设与无序竞争。建议设立国家级重大科技项目联合体，构建跨区域的协同创新平台，由政府主导，推动不同区域的高校、科研机构和企业形成科技项目联合体，集中力量攻克国家重大战略性技术问题，如量子技术、新材料、人工智能、清洁能源等领域，整合区域间的科技力量，形成跨区域的科研合作网络。

建议增强重点区域的创新引领作用，重点强化北京、上海、深圳等创新资源密集区域的引领作用。这些城市拥有雄厚的科研基础和科技人才储备，应继续发挥其在基础研究、技术攻关和创新政策上的先导作用，带动全国科技创新发展。同时，通过政策和市场机制，鼓励东部发达地区的科技成果向中西部和欠发达地区转移，并促进这些地区的企业和科研机构参与科技创新活动。通过区域间的技术转移和扩散，实现全国科技资源的优化配置，推动区域协调发展。

（2）推动区域创新体系与新一代信息技术融合发展

新一代信息技术（如5G、人工智能、物联网、大数据、云计算等）不仅是未来科技发展的重要领域，也是提升区域创新能力、促进产业升级、优化创新资源配置的重要工具。通过将新一代信息技术与区域创新体系的深度融合，可以加速技术创新、提升产业竞争力、优化社会治理，并形成区域经济发展的新动能。

通过加快新一代信息技术基础设施建设，加快5G网络和物联网基础设施的建设，可以提供高速、低延时、大连接的通信能力，满足智能制造、智慧城市、自动驾驶等新兴领域的需求。通过新一代信息技术与制造业的深度融合，可以推动制造业智能化升级，优化生产流程。

（3）提升区域产业链创新链双向融通水平

习近平总书记强调，“要围绕产业链部署创新链、围绕创新链布局产业链，推动经济高质量发展迈出更大步伐”。通过推动产业链与创新链的紧密结合，能够实现技术创新与产业发展的双向互动，既能加快科技成果的产业化进程，又能通过产业需求引导技术研发和创新活动，从而提升区域产业的竞争力和创新能力，推动产业转型升级。

政府应牵头搭建区域性的产学研合作平台，促进高校、科研机构与企业之间的协同创新；建立产业创新联盟、技术研发中心、创新实验室等平台，推动技术研发与产业需求的无缝对接。建议强化企业创新主体地位，推动产业链创新升级。龙头企业应通过上下游协作、技术合作等方式，构建产业链的创新生态圈，推动中小企业、配套企业的技术进步和生产效率提升。

同时，应在城市群、都市圈层面构建“基础研究—技术研发—中试生产—产业化”的产业链创新链共生发展生态，推进城际间科技创新与产业转化的同频共振。

三、西部区域创新体系的发展现状

《关于新时代推进西部大开发形成新格局的指导意见》于2020年5月17日印发，标志着新一轮西部大开发正式启动。推进西部大开发形成新格局，推动经济发展质量变革、效率变革、动力变革，科技创新肩负着重要使命。2021年2月25日，科技部印发《关于加强科技创新促进新时代西部大开发形成新格局的实施意见》并指出，到2035年，西部地区创新格局明显优化，形成以科技创新引领大保护、大开放、高质量发展的新格局，有力支撑解决区域发展不平衡不充分问题，推动西部地区成为构建国内大循环为主体、国内国际双循环相互促进新发展格局的战略支撑。“十四五”时期，西部部分地区仍处于工业化初期向中期过渡的发展阶段，科技创新驱动西部经济高质量发展的空间和潜力巨大，必须坚持创新驱动，多措并举提升科技创新能力，打造西部高质量发展的增长极和动力源，助力构建“双循环”新发展格局。

1. 西部地区科技创新现状及主要模式

（1）西部科技创新格局：川渝陕三足鼎立

从《中国区域科技创新评价报告》可以看到，西部地区创新水平指数逐年上升。和 2019 年相比，2020 年西部地区 12 个省（区、市）科技创新水平均有所提高。

西南的重庆和四川、西北的陕西已成长为西部地区的区域科技创新中心，在区域科技和经济发展中具有引领、带动作用。2020 年，重庆、陕西和四川科技创新能力分别排在全国第 7、第 9 和第 12 位，创新驱动效果显著。西南地区以重庆和成都为高地，辐射带动四川、贵州和云南创新能力提升。成渝双城经济圈已上升为国家战略区域，在“十四五”期间将发挥重大的辐射带动作用。西北地区以陕西为区域科技创新中心，辐射带动西北区域经济高质量发展。陕西省在“十四五”建议中提出，建设国家（西部）科技创新中心，将进一步成为带动西部地区的创新先导区和全国科技创新增长极。

西部其他省份科技创新水平则存在显著差异。2020 年，宁夏科技创新水平指数提高 4.35 个百分点，排名第 18 位，比上年上升 4 位，科技活动产出指数比上年上升 7 位，区域竞争力得到了显著提升。甘肃科技创新水平指数虽然有所增加，但排名和 2018 年相比下降 5 位，连续下滑，综合科技创新水平需加快提升。新疆和西藏科技创新水平排在全国末游，各项指标均有待提高。

（2）西部地区四类主要科技创新模式

总结西部地区的科技创新模式及特点，主要分为“技术追赶+自主创新”“引领型创新+区域协同创新”“区域特色创新+差异化创新”和“科技援西创新”等几类。

一是“技术追赶+自主创新”模式。发展中国家要在产业和技术结构方面追赶发达国家，通常会选择以引进成熟的技术和产业为主实现创新，既能降低研发成本，也可以避免研发可能造成的失败。西部长期实施技术追赶的创新战略，通过学习、模仿、引进再吸收，显著缩短了科技创新所需研发周期，完整的产业体系已初步形成。从引进模仿到自主创新，是欠发达地区提高创新能力必经的过程，也是西部地区的必经之路。在经过技术追赶阶段后，陕西、四川、重庆等省（市）通过强化自主创新，引领转型升级，涌现出多项重大科技成果，有效带动了经济发展。陕西省连续四年被国务院办公厅列入“实施创新驱动发展战略、推进自主创新和发展高新技术产业成效明显的地方”。

二是“引领型创新+区域协同创新”模式。在经过技术追赶阶段后，川渝陕三地坚持科技创新和体制机制创新的“双轮驱动”，积极打造高新技术产业引擎，引领全面创新，并积极推动区域协同创新，进一步提升了创新能力。四川省积极发展高新技术产业，形成了“一干多支、五区协同”新格局，在电子信息、装备制造、航空航天等领域也走在全国前列，拥有大批重大标志性成果。《关于加强科技创新促进新时代西部大开发形成新格局的实施意见》中，支持成渝科技创新中心建设排在了首位，还特别提到支持提升成都科学城建设水平，支持绵阳科技城探索建立区域科技创新特区的科学路径。在成渝地区双城经济圈建设和新一轮西部大开发的双国家战略支持下，四川和重庆面临进一步协同创新、共同高质量发展的新机遇。陕西省在 2020 年出台了《关于创新驱动引领高质量发展的若干政策措施》，也进一步明确了创新驱动的引领和激励作用。

三是“区域特色创新+差异化创新”模式。西部地区基于本土的地理环境优势和产业优势，探索出了有别于东部地区的差异化创新模式。贵州积极利用地理优势，探索出了“中国天眼”“中国数谷”等创新名片，贵阳贵安已成为全国重要的数据中心基地之一，数字经济增速也连续多年位居全国第一。云南围绕“人才”“平台”“产业”，在全国率先提出做大做强一个产业，打造科技创新标杆的目标，重点推进生物医药产业，并着力把花卉打造成为具有世界影响力的新型产业，摸索出了科技助力产业发展新模式。青海、内蒙古、广西等地也利用资源和成本优势，在生态环保、新能源、盐湖化工、现代农牧业等领域取得了丰富的创新成果。

四是“科技援西创新”模式。为加强科技创新支撑能力，助推西部地区转型发展，科技部、国家发展改革委等部门出台了《科技助推西部地区转型发展行动计划（2013—2020 年）》《全国科技援疆规划（2011—2020 年）》《关于进一步加强科技援藏工作的若干意见》等相关文件，实施了科技支宁、科技入滇、科技兴蒙、科技援疆、科技援藏、科技援青等多项支援计划，对提升西部各省（区、市）创新能力和产业化水平做出了较大贡献。云南省通过“科技入滇”机制，吸引了大批科技企业、科技团队到云南创新创业，为云南高质量发展带来了新动力。中国科学院自2007年底启动中国科学院科技支甘工程，上海张江与甘肃兰白进行高新区结对共建，为甘肃科技发展做出了重要贡献。“科技支宁”的推动，尤其是宁夏沿黄科技创新改革试验区建设，对提高宁夏科技创新水平，建立东西部合作机制起到了重要作用。

（3）初步形成创新型城市和城市群主导的区域创新网络

一是创新型城市已成为西部经济发展的重要增长极。建设创新型城市，是落实新发展理念和创新驱动发展战略的重要抓手，也是新时代城市发展的内在需求。截至2020年底，科技部、国家发展改革委已先后支持了78个城市（区）开展创新型城市建设，其中包括成都、西安、汉中、宝鸡、呼和浩特、包头、贵阳、遵义、昆明、玉溪、南宁、兰州、乌鲁木齐、银川、西宁、拉萨等西部16个城市。除不含重庆在内的西部11个省（区）的省会城市外，还包括汉中、宝鸡、包头、遵义和玉溪等5个具有创新实力和创新潜力的城市。

虽然整体科技创新水平和东部存在较大差距，但西部城市在建设创新型城市过程中，形成了多种独特的创新路径，西安、成都等创新型城市更是在全国展现出较强的创新竞争力。银川市通过在科技资源丰富的省市建设“离岸孵化+飞地育成”平台，形成了在“发达地区就近就地孵化、成果银川转移转化”的“空中走廊”。包头市在铝精深加工等产业实现了创新链、产业链、标准链的“三链融合”，在2020年11月被批准通过“标准国际化创新型城市”创建验收，也是继深圳之后全国第二家通过验收的城市。在《国家创新型城市创新能力监测报告2020》和《国家创新型城市创新能力评价报告2020》中，西安和成都位列第6和第9，是典型的创新策源地城市，高校和科研院所较多，原始创新能力较强。2019年西安R&D经费投入强度达5.17%，在全国仅次于北京的6.31%。包头、宝鸡、拉萨、玉溪、遵义、汉中等城市排名靠后，属于创新集聚区城市，创新潜力较大。这些城市科教资源相对稀缺，创新发展主要是以成果转化为主，需要进一步集聚创新资源。

二是以城市群为代表的协同创新网络初步形成。在经济高质量发展阶段，传统的行政区域限制了创新要素流动，科技创新跨区域融合、协同合作的特征越发鲜明，加大科技创新合作是必然趋势。我国已初步形成了以京津冀、长三角、粤港澳大湾区等区域为核心的协同创新格局，长江经济带沿江11个省市创新集群表现突出。共建“一带一路”倡议使得西部城市群走在了对外开放的前沿，在构建新发展格局和保证产业链自主可控战略实施中具有独特地位。西部地区近年来不仅加强和东部地区的创新合作，也在完善西部内部的城市群协同创新网络，探索西部协同创新网络治理模式。

以成渝、关中平原、北部湾、兰州—西宁、呼包鄂榆、宁夏沿黄、黔中、滇中、天山北坡等城市群为代表，西部地区已构建多个以中心城市和节点城市为核心的城市群，成为西部地区开放开发的重要引擎。以成都、重庆为中心的成渝城市群，不仅是长江经济带的战略支撑，也是西部大开发的重要平台。成都和重庆两地近年来不断加强协同创新，合作共建西部科学城，跨行政区域协同创新取得了显著成效，成渝城市群正向着世界级城市群努力。关中平原城市群具有承东启西、联接南北的区位优势，工业体系完整、产业聚集度高，科教资源、军工科技等位居全国前列。“十四五”时期，关中平原城市群将成为军民融合创新高地，纵深推进“一带一路”建设，成为向西开放的战略枢纽。2020 年 5 月，甘青两省签署《深化甘青合作共同推动兰州—西宁城市群高质量协同发展框架协议》，兰西城市群建设已迈入“深耕细作”阶段。两地将建立兰州—西宁城市群科技创新工作联席会议制度，制定协同创新方案，协调解决两市科技创新的痛点和难点，进一步带动兰州—白银都市圈和西宁—海东都市圈及周边节点城市发展。

2. 西部地区科技创新存在的突出问题

近年来，尤其是“十三五”期间，西部各地区深入实施创新驱动发展战略，一系列深化改革、鼓励创新和推动科技成果转化的政策成果显著，对推动高质量发展发挥了积极作用。各地科技实力显著提高，创新成果不断涌现。但和东部相比，西部地区科技创新能力仍存在较大差距，科技创新高质量发展也暴露出一些亟待解决的短板。

（1）省会城市创新资源过度集聚

一方面，东部发达地区已形成对创新资源的虹吸效应，西部地区科技创新水平和东部沿海地区差距较大，内部存在显著的区域不平衡。2020 年，重庆、陕西和四川科技创新水平指数排在全国前 15 位，宁夏排在全国第 18 位，剩余 8 省（区、市）均排在全国倒数前十位。2019 年西部地区 R&D 人员 98.6 万名，R&D 人员全时当量 60.99 万人年，R&D 经费内部支出 2858.5 亿元，广东省 R&D 人员、R&D 人员全时当量和 R&D 经费内部支出分别是

109.2万名、80.3万人年和3098.5亿元，高于整个西部地区总量，西部地区科技创新资源整体需要提升。

另一方面，在西部地区内部，创新资源多集中在川渝陕三地，且多聚集在省会城市。2019年重庆、陕西和四川三省（市）R&D人员、R&D人员全时当量和R&D经费内部支出占到西部地区的60.7%、62.9%和67.3%。其他省（区、市）创新资源相对不足，创新主体需要夯实，研发投入有待提高，尤其是西藏、青海、广西等欠发达地区科技创新资源相对较弱，需加快补充。和2018年相比，新疆和内蒙古两地R&D人员数量在2019年分别下降了7.4%和3.0%，新疆R&D经费内部支出也略微下降0.3%。同时，由于创新资源过度集中在省会城市和少部分核心城市，三、四线城市创新资源少投入低的问题亟须解决。例如，陕西省在创新资源和研发投入等方面一直呈现西安市“一家独大”的局面，西安市2019年R&D经费内部支出481.76亿元，占陕西全省的82.4%。呼和浩特、包头和鄂尔多斯三市2019年R&D经费总投入124.8亿元，占内蒙古全区的84.4%，创新资源过度集聚现象也十分严重。

（2）企业创新能力和积极性严重不足

首先，西部欠发达地区企业创新能力和R&D投入严重不足。习近平总书记多次强调，要发挥企业技术创新主体作用，推动创新要素向企业集聚，促进产学研深度融合。2019年西部地区12省（区、市）规上工业企业R&D人员共有46.8万名，仅占全国规上企业R&D人员总数的10.5%。2019年重庆规上工业企业中，有38.6%的企业开展R&D活动。但广西、内蒙古、西藏和新疆等欠发达地区的规上工业企业中，有R&D活动的企业分别只有615家、292家、9家和153家，仅占比分别为9.9%、9.8%、6.1%和4.8%，企业创新活力明显不足。有R&D活动的企业和有研发机构的企业数量较少，也进一步导致企业转化新产品的能力不足。2019年西部地区规上工业企业新产品开发项目仅有60477项，重庆、四川和陕西3个省（市）共有39517项，占比65.3%。青海和西藏只有259项和39项新产品开发项目，企业创新能力亟须提高。

其次，企业对研发和科技成果转化的资金投入不足，也限制了西部地区的成果转化。西部地区科技和产业“两张皮”问题严峻，产学研用一体化程度亟待提高。2018年广西登记2469项科技成果，其中高校和科研机构共登记1086项，但成果转化项目数仅63项，大量成果未能实现转化。为推动科技成果转化，西部各地出台了多项政策，如《青海省促进科技成果转化条例》等，但整体效果有待提高。陕西各项创新指标在全国排在中上游，拥有100多所高等院校、1300多家科研机构、26个国家重点实验室，也依然存在科研成果就地转化率较低、与市场结合严重不足等诸多问题。

（3）人才和技术流出严重

首先，人才是科技创新的基础，引进高层次人才难、留人难是西部大开发和西部地区科技创新面临的重大问题。第七次人口普查显示，四川、贵州和广西均有680万以上的人口净流出，人口流出数量均排在全国前五名。西部高校人才培养也陷入了“流失—培养—再流失”的怪圈，高层次人才队伍青黄不接，马太效应在东西部科研圈越发强烈。2018年，国家自然科学基金委资助杰出青年科学基金199项，全国有9个省市无一人入选，其中有8个是西部省市。陕西和四川高校数量在全国排名靠前，培养了大批人才，但东部优质的科研条件和高待遇对西部科技人才具有强大的吸引力，两地人才流失现象也较为突出。在2019年各省份大专以上学历人数排名中，仅有四川进入全国前15名。四川、重庆等地实施了“蓉漂计划”、《重庆英才计划实施办法（试行）》等人才引进政策，但西部整体人才吸引能力不足，在科技人才“东南飞”的趋势下，科技创新人才尤其是科技领军人才稀缺的难题亟待解决。

其次，西部地区技术流出现象严峻，陕西和四川需加快由“技术输出大省”向“技术吸纳大省”转变。2019年西部地区技术市场输出合同交易金额为3375亿元，陕西和四川两省输出合同交易金额共2679亿元，占到西部地区的79.4%，是西部地区的重要科技输出大省。陕西和四川的技术输出与技术吸纳之比分别是2.12和1.49，对外输出技术能力显著高于吸纳技术的能力，技术贸易“逆差”现象较为严重，凸显成果供给与技术需求匹配度不高的问题。2020年西安和成都输出技术合同成交额分别为1648.56亿元和1144.52亿元，排在全国第三位和第五位。西安2020年吸纳技术合同成交额仅661.59亿元，技术输出与技术吸纳之比达到2.49，科研外溢十分严重。和2018年相比，重庆、宁夏、云南、贵州和内蒙古技术吸纳合同金额同比下降51%、47%、34%、22%和21%，需要进一步提高吸纳技术的能力。

（4）资源型城市创新转型进程缓慢

一是“资源诅咒”现象在西部地区较为严重。西部地区资源富集，矿产、能源等资源十分丰富，但很多资源丰富城市反而经济水平不行，同时由于对当地资源的过度依赖，导致当地产业结构失衡，进一步阻碍经济发展。以攀枝花、金昌、六盘水等城市为代表的西部资源型城市，经过长期高强度开发，资源已进入稳产期或衰退期。我国有262个资源型城市，自2008年分三批确定了69个典型资源枯竭型城市（县、区），西部地区包括内蒙古阿尔山市、广西合山市、四川华蓥市、云南个旧市、陕西铜川市、宁夏石嘴山市、甘肃白银市和玉门市等多个城市及部分区县。西部资源型城市一般距离经济中心较远，在环境方面不利于高新技术发展，在资源逐步枯竭情况下，产业转型较为困难。

二是有部分地区实现了创新型城市转型，但多数传统资源型城市转型之路仍十分艰难。从资源依赖到创新驱动是西部资源型城市转型的重要战略选择。贵州省布局大数据战略，实现了“换道超车”，找到了产业转型的精准突破口。贵州省科技创新水平在全国排名也逐年上升，从2018年的第29位上升至2020年的第27位。甘肃省金昌市通过发展有色金属深加工和新材料产业，围绕“五大产业链”打造产业集群，探索出“金昌模式”。金昌市实现了科技创新驱动经济转型升级，正积极向创新型城市迈进。但资源型城市转型升级的效果还受到制度、政策等非科技因素的影响，离开传统的资源型支柱产业，资源型城市很容易失去稳定发展的根基。对于大多数西部传统资源型城市来说，尤其是资源枯竭型城市，要转变成创新型城市，仍面临着漫长的过程。六盘水市在发展过程中面临“重工业太重、轻工业太轻”的问题，虽然积极培育新兴产业，但2019年煤电钢材四大传统产业占全市规模以上工业增加值的比重达到84.3%，比2018年还增加了1.9个百分点。加快白银市、个旧市等资源枯竭型城市创新转型升级，将是“十四五”时期西部高质量发展的重要任务。

（5）产业结构短板突出

首先，西部地区产业整体处于中低端，亟须提升产业链现代化水平。云南咖啡种植面积和产量位居全国第一，且基本远销欧盟等地，但不管从国内还是国际看，都很少有云南咖啡的名号，走不出产业链低端的位置。铝产业是广西的重要支柱产业，但从铝土矿、氧化铝、电解铝到铝精深加工的产业链尚未形成，高端产品也供应有限，整体处于产业链的中低端。“十四五”规划纲要提出，发展壮大战略性新兴产业，推动战略性新兴产业融合化、集群化、生态化发展，战略性新兴产业增加值占GDP比重超过17%。西部地区整体战略性新兴产业占比较低，“高端产业低端化”现象突出，如成都市电子信息、汽车、轨道交通等产业主要集中于组装、加工制造环节。

其次，西部地区产业植入性特征明显，引进的国际性企业大多将西部城市作为生产基地和市场后端，很少布局研发、结算、运营等功能性总部和区域性总部，辐射带动效果有限。这也导致西部城市仅是很多大型企业全国布局和全球布局的一个节点，没有形成上下游完整的产业链和产业集群。重庆汽车产业本地配套率超过 70%，但成都市汽车产业本地配套却不足 30%。西部产业利润率和投资效率不高，以西部工业投资较好的成都市为例，其 2009~2018 年的工业平均投资系数为 0.31，在全国 GDP 前 10 的副省级及以上城市中仅处于中游梯队。

3. 加强科技创新推动西部地区高质量发展的建议

“十四五”时期，区域科技创新将成为促进新时代西部大开发的重要引擎，推动西部高质量发展的核心动力源，也是西部加快构建“双循环”新发展格局和推动共同富裕的重要抓手。必须加快科技创新，破除科技创新道路上的“制度藩篱”，为高质量发展提供强大动能。

（1）打造西部科技创新高地

一是加强区域统筹布局，打造科技创新中心、综合性国家科学中心。以科技创新能力较强的成都、重庆、西安为中心，整体布局西部地区创新体系。成渝加快共建西部科学城，将成渝地区打造成为具有全国影响力的重要经济中心、科技创新中心。西安充分利用和咸阳一体化的创新基础，打造全国重要科研和文教中心。成都、重庆等地积极争创综合性国家科学中心，推进大科学装置群建设，积极培育国家战略科技力量。以甘肃“华夏文明传承创新区”为载体，打造西部文化科技融合集聚区。

二是实行强省会战略，做大做强省会城市和创新型城市科技创新水平。当前西部地区科技创新资源多集中在省会城市，创新型城市也集中在省会，建议以“强省会战略”进一步提高省会城市首位度，发挥贵阳、银川、南宁等西部省会城市作为创新型城市的带动作用，辐射以省会城市为中心的都市圈。支持汉中、宝鸡、包头、遵义和玉溪等非省会创新型城市发展，打造创新驱动新旧动能转换的示范区。

三是发挥西部城市群的辐射带动作用。加快建设跨行政区域创新型城市群协同创新网络，重塑西部区域新格局，减少西部省市之间的无序竞争，融入区域发展新格局。打造成渝西昆菱形经济圈，构建省会城市跨区域协同创新网络。发挥成渝双城经济圈、兰西城市群、关中城市群等城市群和都市圈在构建新发展格局中的战略腹地作用，提升中心城市和重点区域带动辐射周边地区共同发展能力。

（2）增强创新主体创新能力

一是积极培育科技型企业。要深刻认识企业在创新中的主体地位，构建企业主体突出、市场导向鲜明、产学研结合紧密的产业创新体系。实施创新企业梯度培育工程，做大做强西部地区创新引领型龙头企业，大力培育技术驱动型“独角兽”企业。鼓励西部地区创办科技型中小企业，支持中小企业融入全国产业创新网络。

二是提高西部地区高等学校和科研机构等创新主体的供给质量。实施西部地区高等院校创新能力提升工程，优化西部地区高校科学研究体系，加大“从0到1”的基础研究。借鉴长三角、粤港澳大湾区等地经验，在加快传统科研机构改革的同时，建设集“科学发现、技术发明、产业发展”于一体的新型研发机构，着力解决西部产业共性需求难题。以南宁“产业技术研究机构3.0版本”为模板，在传统事业单位研究机构、半事业单位半企业化研究机构基础上，建设一批新型产业技术研究机构。

三是推进政产学研资介深度融合，提升西部地区科技成果转化能力。以陕西省“双链深度融合示范区”为重点，探索西部地区“双链融合”发展的重点领域。聚焦产业重大需求和“卡脖子”问题，采用“揭榜挂帅”“全球悬赏”“直接委托”等方式，联合产业链上下游企业、研究机构、高等院校等创新主体共同开展技术攻关。加快建设国家川藏铁路技术创新中心及成果转化基地、国际深地科学研究中心等重大平台。完善西部科技成果转化的市场体系，加强知识产权保护，推动科研成果“沿途下蛋、就地转化”。

（3）坚持差异化和特色创新

一是发展特色产业集群。发挥科技创新的引领带动作用，培育发展特色产业和新兴产业。以贵州“数据中心+中国天眼”为模板，聚焦西部地区重点行业和领域，探索西部特色的科技创新道路。青海、宁夏、新疆和西藏等地加快提高农牧业现代化水平、发展生物医药等创新型产业集群，重庆、陕西、四川等地加快发展军民两用高端技术、生物医药、能源化工、电子信息等创新型产业集群，内蒙古加快发展煤炭产业绿色发展与新材料创新型产业集群。

二是借力“新基建”提高科技创新水平。大数据产业在贵州、云南等地的布局已见成效，西部地区要积极利用加快信息基础设施、融合基础设施、创新基础设施等新型基础设施建设的机会，利用气候、土地、能源等方面的优势，实现特色化、集聚化发展。

三是资源型城市积极选择替代产业，推进产业升级迭代。西部地区的资源型城市，特别是铜川、个旧、白银等资源枯竭型城市，应学习安徽铜陵、山东枣庄等资源型地区转型发展经验，利用人工智能、互联网等新一轮技术革命作为转型的新动能，选择具有发展潜力的新兴产业集中发力，加快形成新的经济增长点。

四是加快县域科技创新，助力乡村振兴和共同富裕。西部各县（市、区）应明确各地主导产业和特色产业，将科技创新融入当地产业发展中。瞄准县域脱贫攻坚和乡村振兴中存在的科技短板，对接欠发达地区发展的科技需求，推进青海、新疆、西藏等地县域创业式扶贫，用科技赋能西部县域经济，增强乡村振兴的内在动力，缩小城乡差距、收入差距，推动西部地区共同富裕。

（4）提高西部地区开放程度

一是加强东西部科技创新合作。进一步加强科技援疆、科技援藏、科技支宁、科技入滇、科技兴蒙、科技援青等东西部科技合作。对接东部科技创新资源富集区域，推广银川“离岸孵化+飞地育成”建设模式，加快高新区结对共建，将产业化环节落地西部地区，推动外地项目在西部落地转化。

二是完善产业链生态，承接东部产业转移。挖掘并发挥西部地区的生态功能、旅游文化等特色产业优势，优化相关产业链配套，加强承接东部产业转移能力建设。鼓励大型国有企业带头向西部地区产能转移，加大西部税收、金融、产业等政策支持力度，为产业转移创造条件和转移动力。

三是积极参与“一带一路”科技合作。加强西部各地区的国际门户枢纽和“一带一路”桥头堡功能，推动西部陆海新通道建设。建议成渝共建“一带一路”科技创新合作区，内蒙古建设中蒙技术转移中心，广西建设中国—东盟科技合作中心，构建西部对外开放战略高地。

（5）优化创新创业生态系统

一是加快科技体制机制改革。西部地区创新意识不强、创新氛围不浓、体制机制滞后，这也是制约西部科技创新的重要瓶颈。西部各省（区、市）近年来出台了多项关于创新驱动发展战略的文件，但缺少创新布局统筹，创新资源较为分散，集中度不足。西部各省（区、市）应加快编制科技创新中长期发展规划，出台科技创新相关法规条例，指导和保障中长期的科技创新工作。在西部地区输出成都和西安的科技体制改革经验，实施职务科技成果权属改革和科研院所股权激励及混合所有制改革。

二是深化科技人才评价制度改革。优化企业研发人才职称评定，建立科研人员激励机制和项目转化激励机制。加快建设川桂科技创新长廊，推进技术转移合作和区域间人才交流培养。坚持引进与培育并重的人才发展理念，制定具有吸引力的人才政策，积极引进国际一流科研人才及科学家队伍，为西部培养科技创新“塔尖”“塔基”人才，支撑西部地区“十四五”时期高质量发展。

三是打造西部科技创新生态体系，赋能西部大开发。强化精准有力施策，创造有利于创新创业的营商环境，打造勇于探索、鼓励创新的氛围，营造鼓励创新、学术自由、宽容失败的科学研究环境。推动创业带动就业，提升双创平台服务，打造西部“双创”发展新高地。

四、区域创新体系推动未来产业关键技术突破的模式

1. 打造城市群和都市圈产业集群

我国产业集群往往由大量的中小企业、小微企业和少数行业龙头企业组成，集群内部不具备原创性技术研发能力，在核心技术、高端材料等领域面临诸多“卡脖子”问题。虽然很多企业通过内部分工协作等方式形成产业链或产业集群等集合体，建立了研发活动的风险共担机制，但依然不能彻底解决“卡脖子”问题。

城市群和都市圈能够集聚人才、科技、资金、市场等创新要素，形成具有国际竞争力的产业集群，进而为未来产业的发展提供强大动力。

以城市群建设为依托，促进都市圈和城市群创新空间拓展，围绕城市群主导产业，构建专业型创新体系，加强跨区域产业链与创新链、资金链融合，突出技术自主可控、供应链安全可靠，形成产业技术创新能力的集群。通过城市群内各城市的协同发展，可以形成具有规模效应的产业集群。城市群内不同城市发挥各自的比较优势，形成合理的产业分工和资源配置，从而推动未来产业的全面发展。长三角城市群通过上海、杭州、苏州、合肥等城市的产业协同，推动了集成电路、新材料、生物医药、人工智能等未来产业的发展。各城市通过差异化发展，共同打造具有全球竞争力的产业集群，优化了区域内的产业链布局。

城市群和都市圈可以通过打造创新平台、产业园区和孵化器，为初创企

业和高科技企业提供成长空间，推动未来产业的集聚发展。市场机制在城市群和都市圈产业集群的发展中扮演着重要角色，通过优化资本、技术、人才的流动机制，城市群能够加速未来产业的发展。粤港澳大湾区通过金融创新，建立了跨境资本流动和科技创新融资平台，推动了技术、资金和人才的自由流动。香港作为国际金融中心，为大湾区的创新型企业提供了强大的融资支持，助力高科技企业在全球市场上崭露头角。

2. 构建开放式区域创新体系

开放式区域创新体系是超越地域、无边界的新型区域创新体系，突破了双层边界限制。区域边界包括地理边界和行政边界两种，地理边界主要受到区域所在的区位条件影响，行政边界主要受到政府治理机制的影响。在开放式区域创新体系中，创新不仅是跨越了企业边界的开放式过程，而且是克服了区域边界的超本地化现象。各类创新主体通过合作研究、技术授权、商业合作、风险投资和战略联盟等方式与区域外部组织建立联系，完成信息流、知识流、资本流和物流的沟通，将创新网络延伸到区域外部，进而促使创新网络由本地化向超本地化发展。高水平的区域开放式协同创新体系兼具创新能力的累积性与路径转换性双重属性，打破了区域分割、部门分割等各类壁垒，逐步破除制约科技创新人才、技术、资金、数据等创新要素流动的体制机制障碍，在更多“卡脖子”领域实现创新突破。粤港澳大湾区通过连接深圳、广州、香港和澳门，汇聚了科技、金融、制造、贸易等多重资源，形成了区域协同创新体系。大湾区内的企业、高校和科研机构密切合作，推动了生命科学、智能制造、绿色科技等领域的快速创新和产业化。

通过开放式区域创新体系，各个区域之间可以共建和共享大科学装置、创新平台和研发中心，为未来产业提供技术支撑。上海、江苏、浙江三省市在信息技术、新能源、人工智能等领域开展了广泛的协同创新，形成了科技成果共享机制。区域内的科研机构、企业和高校通过合作共建实验室、共享大科学装置，推动了技术突破和产业化应用。通过这种跨区域的创新协作，长三角成为全球领先的高科技产业集聚区。北京作为科技创新源头，与天津的制造业基础、河北的产业链优势形成了互补，推动了人工智能、生物医药、清洁能源等未来产业的发展。三地通过联合创新平台和科技园区建设，促进了技术成果在区域内的转移与应用。

第十章　新型举国体制：突破政府主导型的关键技术

新型举国体制是中国为应对全球科技竞争、加速科技自主创新、推动产业升级而提出的一种创新体制模式。它与传统的举国体制不同，更多强调市场机制与政府引导的结合，注重多元主体的参与，特别是在已知的未来产业关键技术领域和前沿科技突破方面，通过集聚国家力量、企业、科研机构、大学等各方资源，形成科技创新和未来产业发展的强大合力。

一、新型举国体制的内涵及其特点

1. 新型举国体制的内涵

我国的举国体制扎根于深厚的历史文化传统。从中华人民共和国成立之初的“两弹一星”到新时期的“嫦娥探月工程”等，都代表了举国体制的重要成果。

《中共中央关于进一步全面深化改革、推进中国式现代化的决定》指出，“必须深入实施科教兴国战略、人才强国战略、创新驱动发展战略，统筹推进教育科技人才体制机制一体改革，健全新型举国体制，提升国家创新体系整体效能”。健全新型举国体制是构建支持全面创新体制机制的重要组成部分，也是实施创新驱动发展战略的必然要求和牢牢掌握创新主动权和发展主动权、实现科技自立自强的现实需要。党的二十大报告指出，“完善党中央对科技工作统一领导的体制，健全新型举国体制，强化国家战略科技力量，优化配置创新资源”。在复杂的国内外环境下，新型举国体制作为中国特色社会主义市场经济下资源配置的创新形式，既不同于中国过去现代化进程中单纯依靠行政命令在全国范围内统一调配各类资源的举国体制，也不同于依靠放任自流的自由市场实现资源配置的体制。

首先，新型举国体制以国家发展和国家安全为根本目标，体现了国家对于发展科技、提升综合国力的高度重视。通过科学统筹、集中力量、优化机制以及协同攻关等方式，新型举国体制能够有效发挥资源效益，推动国家重大科技项目的高效实施。

其次，新型举国体制是原有举国体制的继承与创新。传统的举国体制致力于攻关技术难题，但主要集中在国防、航天等特殊领域，面向民用市场的技术研发并不普遍。与传统的举国体制相比，新型举国体制更加注重关键核心技术的自主突破。在国际科技竞争加剧背景下，新型举国体制不仅关注国防和航天，还集中力量解决在半导体、芯片制造、5G、人工智能、生物技术等领域的技术短板问题，强调攻克被国外技术封锁的“卡脖子”技术，确保国家在这些战略性领域的自主可控。

最后，新型举国体制强调集中力量办大事的能力，也是我国成就事业的重要法宝。在这一体制下，可以凝聚各方力量，形成强大的创新生态，从而在国际上拥有话语权并展现国家的科技实力。

总的来看，新型举国体制是在传统举国体制的基础上，以国家发展和国家安全为根本目标，结合集中力量办大事的制度优势与超大规模的市场优势，通过科学统筹、优化机制、协同攻关，在国家重大科技项目组织实施过程中集中协调配置资源、有效发挥资源效益，攻克关键核心技术，提升国家综合竞争力的创新体制。

2. 新型举国体制的特点

新型举国体制既有传统举国体制的特点，又体现了时代特点，承担着新时代的任务和使命，具有以下几个特征。

首先，新型举国体制具有新的时代背景，有全球化特征。近年来，国际环境发生变化，单边主义、保护主义不断抬头，经济全球化遭遇逆流。全球化下各国竞争主要是科技的竞争，且全球化和数字文明的叠加进一步加大了各国面临的风险。我国提出要“构建以国内大循环为主体、国内国际双循环相互促进的新发展格局”，不仅重视国内市场，也重视国内国际市场的融合。新型举国体制高度结合市场、全球化和数字文明，是新时代的重要选择。

其次，新型举国体制是有效市场和有为政府的有机融合。新型举国体制的核心特征之一是政府与市场的双轮驱动。在过去的举国体制中，科技资源主要依赖于政府的集中调控和配置，而在新型举国体制下，市场成为创新资源配置的主导力量。政府主要通过战略规划、政策引导和环境建设，支持和激励企业、科研机构等市场主体的创新行为。企业特别是大型科技企业在研发投入、技术攻关、产业链构建等方面发挥了核心作用。例如，国家在集成电路、新能源、人工智能等战略性领域通过政策支持，引导企业加大技术投入，培育产业生态。

最后，新型举国体制更重视科技创新和关键技术攻关。面临西方国家对我国的技术封锁，我国仍然处于“赶超型现代化”的进程中，关键技术攻关亟须加快。新型举国体制更加强调在科技创新领域的应用，已成为突破国家重大技术短板、实现重点领域的重大突破、推进重大项目工程、实现核心关键技术顺利攻关的重要法宝。政府通过设立专项科研项目和科技计划，调集国内科研力量，集中攻克技术难题。在芯片、半导体、5G 通信等领域，中国通过国家科技重大专项的实施，快速缩短了与国际先进水平的差距。

二、未来产业与新型举国体制的相互匹配

未来产业的发展与新型举国体制之间存在深刻的相互依赖关系。未来产业作为新兴领域的代表，依赖新型举国体制提供的科技创新环境、政策支持和资源整合；同时，新型举国体制也通过推动未来产业的快速成长，实现技术自主、产业升级和国家战略目标。

1. 未来产业对新型举国体制的需求

未来产业涵盖了诸如人工智能、量子信息、5G 技术、生物医药、新能源、新材料等前沿科技领域，这些产业发展过程中需要大量的科技创新、政策支持、人才和资本投入，而新型举国体制的创新能力和战略支持恰好能够满足这些需求。

一是对国家战略引导的需求。未来产业的技术和市场尚未完全成熟，通常面临高风险和长周期的研发挑战。在这一过程中，未来产业需要国家层面通过新型举国体制战略引导，制定长远的产业发展规划，明确发展方向和优

先领域，从而集中力量攻克关键技术。

二是对科技资源整合的需求。未来产业涉及大量的前沿技术开发和跨学科研究，单一的企业或机构难以独立完成技术突破，需要大规模的科研力量整合、跨部门协同创新以及国际合作，因此需要新型举国体制充分调动全国的科研院所、高校、企业等多元主体，集中优势力量联合攻关。

三是对政策支持与资金保障的需求。未来产业的研发投入巨大，技术应用尚处于起步阶段，需要持续的政策和资金支持，这就需要通过新型举国体制模式，以及专项资金、税收优惠、技术补贴等政策工具，提供充足的资金支持。

四是对人才培养与技术转化机制的需求。未来产业高度依赖尖端科技人才和科研成果的快速转化。企业、科研机构、高校之间的合作和人才流动至关重要，这就需要强有力的体制保障和创新环境。

2. 新型举国体制对未来产业的推动

新型举国体制为未来产业提供了强大的科技创新动力和保障机制，在资源整合、创新体系建设、政策支持等方面推动了未来产业的快速成长和全球竞争力提升。

一是攻克“卡脖子”技术，实现技术自主可控。未来产业如集成电路、量子计算、5G 技术等领域存在技术封锁问题，核心技术依赖外部供应链可能成为经济和安全的重大隐患。新型举国体制能够有效集中国家力量，集中攻关“卡脖子”技术，推动关键领域的自主创新。

二是构建创新生态系统，加速科技成果转化。未来产业的发展离不开从基础研究到技术转化的完整创新生态。新型举国体制通过建设国家实验室、创新园区、企业孵化器等，打造了完整的创新生态系统，帮助科技成果加速转化为市场化应用。

三是通过区域协同创新，形成产业集群效应。新型举国体制推动区域协同创新，促进不同区域的产业集聚，形成未来产业的规模效应。通过区域协调发展，未来产业的创新链和产业链得以优化，增强了全球竞争力。

四是推动国际合作，提升全球竞争力。新型举国体制不仅依靠自主创新，还通过参与全球科技创新网络，推动国际合作，吸引全球科技资源，提升未来产业的国际竞争力。开放式创新使中国未来产业在全球范围内占据领先地位。例如，在量子信息技术方面，中国不仅自主研发了世界领先的量子通信卫星“墨子号”，还通过新型举国体制与欧洲、美国等国家的研究机构建立了合作关系，推动了全球技术标准的制定和应用。这种国际合作使中国在全球量子信息技术的竞争中占据了有利位置。

三、发达国家新型举国体制发展重点产业的经验

从历史经验看，举国体制并不只是中国特色，美国、日本等发达国家也通过举国体制实现了多个技术领域的突破。

1. 美国：云计算“三步走”支持策略

作为云计算使用和发展最充分的国家之一，美国政府采取了多层次、阶段性引导政策，培育互联、协同、反馈的创新生态网络，支持市场抢占全球科技、产业发展的制高点。

第一阶段：云优先战略（Cloud First）。在云计算发展的初期，美国政府意识到云计算对提升信息技术能力、经济效益和国家安全的潜力，主动采取了战略引导和政策支持的方式，为云计算的发展奠定了坚实基础。2010 年，美国政府发布了《联邦云计算战略》（Federal Cloud Computing Strategy），也称为云优先战略（Cloud First Policy）。这一战略要求各联邦机构优先考虑将 IT 服务迁移至云端，以提高资源利用效率、节约成本和提升信息技术灵活性。这一战略明确了政府各部门对云计算的支持立场，为云计算的大规模应用创造了政策基础，同时也对企业和市场形成了有力的推动。

第二阶段：云智能战略（Cloud Smart）。云优先战略是在云技术发展初期制定的，主要是为了推动政府机构广泛采用基于云的解决方案。但由于缺少执行计划，政府机构云服务进程缓慢。美国政府问责局在 2019 年的一份研究报告中指出，约有 11%的联邦 IT 系统在云上运行，国防部更是仅有 3%的技术用“云”，民用机构采用云计算技术的比例显著高于政府部门。为适应美国云产业发展需求，降低传统机构上云的难度，更好地发挥云效率实现现代化和智能化，联邦预算管理局在 2018 年 9 月发布了云智能战略草案，希望为各机构提供所需的最智能工具。

第三阶段：软件现代化战略（DoD Software Modernization Strategy）。基于

政府机构和企业界的成功实践，美国将云战略拓展到军事领域。美国认为美军分布全球的信息系统是相互脱节的、“烟囱式”的，亟须发展云技术，为作战人员提供战术支援。在技术需求变化的推动下，美国国防部（DoD）从2018年开始对其“云”环境建设做出了多次重大改变，先后发布了“DoD云战略”（2018年12月）、“美国本土外（OCONUS）云战略”（2021年6月）以及“DoD软件现代化战略”（2021年11月）。随着云计算技术逐渐成熟，云计算的应用不仅局限于IT行业，还逐渐渗透到金融、医疗、制造、零售等各个领域，推动了数字化转型的加速。通过推动云计算在各行业的深入应用和全球市场扩展，云计算产业实现了广泛的商业化和全球竞争力。

美国通过政府主导、市场驱动、技术创新和政策协同，推动了云计算技术的快速发展与广泛应用。美国通过云计算技术的领先地位，掌握了全球信息处理和大数据的核心能力。这不仅对商业有巨大的影响，对国家的科技实力、经济安全和全球竞争力也具有深远的战略意义。

2. 日本超大规模集成电路（VLSI）计划

日本的超大规模集成电路（VLSI）计划是20世纪后半阶段一个极具影响力的国家科技项目，主要是通过政府和企业的协作，推动日本在半导体领域的技术自主和全球竞争力。该计划于1976年启动，也是标志着日本在半导体技术领域从跟随者向全球领先者转变的重要里程碑。

VLSI计划采用了典型的“官产学研合作”模式，国家、企业和科研机构紧密合作，通过协调政府政策、企业资源和科研力量来集中攻关。日本政府通过通商产业省（MITI）负责整体规划和战略指导，并提供大量的研发资金支持。政府资助了实验室建设、人才培养以及产业技术研发等多个方面，确保企业和科研机构拥有充足的资金资源来开展创新工作。NEC、富士通、日立、松下、东芝等日本半导体企业在政府的推动下组建了联合研发团队，共享资源和研究成果。这种联合研发模式减少了各自研发的成本，同时增强了技术积累和竞争力。日本政府成立了超大规模集成电路研究所，即后来的产业技术综合研究所，为企业提供了技术平台和研究支持。实验室还成为重要的人才培养基地，为企业输送了大量技术人才。

通过VLSI计划，日本在20世纪80年代迅速崛起为全球半导体产业的领军力量。日本的半导体公司在全球市场占据了重要份额。在存储器、微处理器、逻辑电路等领域，日本公司与美国企业展开了激烈竞争。1982年底，日本公司占据当时最先进的64K RAM芯片世界市场份额的66%。20世纪80年代中期，日本的DRAM（动态随机存取存储器）芯片市场份额超过了美国，成为全球主要的供应者。正是由于日本半导体产业的崛起对美国半导体产业造成了严重冲击，美国在这之后开始对日本半导体产业实体发起制裁。

四、发挥新型举国体制优势推动未来产业发展

1. 坚持和加强党的集中统一领导，发挥战略引领作用

习近平总书记指出，“我们最大的优势是我国社会主义制度能够集中力量办大事。这是我们成就事业的重要法宝”。必须提高政治站位，从战略和全局高度认识社会主义市场经济条件下关键核心技术攻关新型举国体制，必须在党的领导下，集中力量办大事。通过新型举国体制，集中国家优势资源，设立重大科技专项，推动在“卡脖子”技术、关键核心技术等领域的突破。通过科技攻关，确保在高端制造、芯片、核心算法、关键材料等方面实现自主可控，解决技术瓶颈，提升国家科技竞争力。

围绕国家战略目标，建立全国范围内的创新资源调动和统筹机制，调动科研机构、企业、高校等各方力量，共同参与重大科研任务。在战略性新兴产业和未来产业领域，充分发挥新型举国体制优势，推动科研力量和产业需求的对接。

2. 政府引导与市场主导相结合，增强企业创新主体地位

从美国政府在云计算、人工智能等领域以及日本在半导体领域的经验看，发展新型举国体制，应在国家战略层面设定长期的技术发展目标，特别是针对“卡脖子”的关键技术，通过政府的政策引导和资金支持，明确重点发展领域（如芯片、量子技术、人工智能等），同时政府的战略引导需要结合实际产业需求，避免一刀切式的干预，让市场在资源配置中发挥决定性作用。

亚马逊、微软、谷歌等科技巨头通过市场化运作主导云计算等领域的技术创新，日本则通过企业联合研发、知识共享的方式，在VLSI计划中推动了半导体技术的发展。因此，应进一步明确企业在技术创新中的核心地位，推

动以企业为主体、市场为导向的创新体系建设。在芯片、新能源、人工智能等关键领域，政府应通过政策激励、税收优惠和研发补贴等方式，支持高科技企业进行自主研发和技术攻关。通过政策和市场机制相结合，鼓励企业在全球竞争中不断提升技术能力。

3. 加强产学研深度融合，打通创新链与产业链

美国国防高级研究计划局（DARPA）通过联合企业和学术机构推动前沿技术研发，并促成了互联网等重大技术的商业化应用。新型举国体制应推动高校、科研院所和企业之间的协同创新，构建更加完善的产学研合作机制。在未来产业（如量子计算、5G 通信等）中，必须打通创新链与产业链，确保技术迅速走向市场。

美国、日本都提供了国家实验室和公共研发平台，促进重大科研设施开放共享。应在新型举国体制下推动科研设施的开放共享，通过设立大科学装置、国家级科研平台，让科研院所、企业和高校共享技术基础设施和研发平台。这不仅能避免重复建设，还能提升科技资源的使用效率，加快技术突破与创新。

4. 坚持开放合作，引进国际先进技术

从发达国家经验看，新型举国体制不仅应聚焦自主创新，还需保持对外开放，积极吸收国际先进技术和管理经验。在全球化背景下，开放式创新与国际合作仍是技术发展的重要途径。中国可以通过参与国际科研合作、建立全球联合实验室等方式，与其他国家共同推动前沿技术研究，提升国际竞争力。

5. 推动区域协同创新，形成产业集群效应

美国硅谷等科技园区依托区域优势，整合了高校、企业、资本等资源，形成了全球领先的创新生态系统，推动了高科技产业的集群效应。日本通过 VLSI 计划推动了多个企业的集群合作，助力半导体产业形成了集约化发展的优势。新型举国体制可以通过推动区域协同创新，促进不同地区在科技和产业发展中的资源互补。以京津冀、长三角、粤港澳大湾区等区域为重点，利用区域的科研、人才、产业和政策优势，打造科技创新和产业集群的生态圈，形成全球竞争力强的未来产业集群。

第十一章　加快推动未来产业发展的挑战和对策建议

我国正经历百年未有之大变局，要加快打赢关键核心技术攻坚战，努力实现高水平科技自立自强。本书在构建关键技术创新生态系统的基础上，从多个视角分析了关键技术突破的路径，得到了一些具有借鉴作用的结论。从更具普适性出发，新发展格局下如何打好未来产业关键核心技术攻坚战，助力未来产业发展，推动科技自立自强和经济社会高质量发展，提出一些建议和路径。

一、未来产业发展面临的重点挑战

1. 未来产业如何研判，如何提升关键技术突破能力？

美国、日本等发达国家高度重视未来产业的技术预见，有的国家成立专门机构预判未来产业的技术方向，有的国家组织政府部门、科研机构、高校、行业协会、企业等多个主体共同研判未来产业技术路径。未来产业的研判需要基于对技术发展、市场需求、全球竞争格局等因素的综合评估，如何准确把握未来产业发展规律，选择有效方法综合研判未来产业的发展方向，是发展未来产业的重要前提。

当前，我国战略性新兴产业和未来产业在各细分领域的关键技术领域和环节仍存在一些堵点，部分环节仍需借力国际领先技术、部件、配套组装、整机采购等，且对关键核心技术溢出的持续吸收能力存在不足，影响了产业链关键环节的自主可控能力。下一步，需加快突破受制于人的关键核心技术，打好关键技术攻坚战，抢占科技制高点、争夺未来产业主导权。

未来产业的发展高度依赖于科技创新人才，前沿科技和未来产业等领域存在较大的人才缺口。我国研究人员总量虽高，但在全部研发活动人员中占比明显低于主要发达国家的平均水平，亟须强化高端人才引培，健全以科技为导向的人才战略，系统培养具有交叉复合背景的未来产业高层次人才。

2. 未来产业发展需要聚焦重点赛道，优化区域布局

地方政府发展未来产业时普遍面临一个问题，到底是“买开始下蛋的母鸡”还是从“鸡蛋”开始孵化未来产业？上海、北京、深圳等国内一些先进城市已经在未来产业孵化培育上取得显著成效，但仍有很多地方政府习惯了过去招商思路，没有从培育未来产业的角度出发，而是重点考虑如何直接引进成熟企业。多地政府将战略性新兴产业和未来产业列入了业绩衡量指标中，但照搬顶层设计的政策难免会脱离地方实际，自发选择人工智能、新能源、量子信息等“热门赛道”，很容易带来重复布局、资源浪费、优势不突出等问题。根据报道，2023 年地方两会显示，当时已有 18 省市布局生物健康产业、17 省市布局类脑智能、13 省市布局氢能与储能产业和量子信息产业等。雷同竞争关系带来低水平恶性竞争、重复建设现象频发，武汉弘芯夭折、济南泉芯烂尾等项目也给我们带来了较大的警醒。

未来产业的布局需要突出动态调整、因地制宜的原则，下一步需要加强重点行业的统筹布局和投资引导，避免同质化无序竞争和低水平重复建设。对于那些欠发达地区，更应该明确发展未来产业的战略，因地制宜找准自身细分赛道发展未来产业，围绕未来技术产业化与重点领域未来化，探索各具特色、各显优势的发展路径模式。

3. 未来前沿性技术并不等同于未来产业，需要完善创新生态建设

历史经验表明，并不是所有的科学技术创新成果都可以形成新产业，不能简单只从科学技术研究趋势来判断未来产业形成与发展的可能。前沿科学技术是高技术领域中具有前瞻性、先导性和探索性的重大技术，是未来高技术更新换代和新兴产业发展的重要基础。未来产业由前沿技术驱动，但不仅是技术的应用场景，还涉及技术的规模化应用、市场需求、产业链的构建，以及最终为社会提供产品和服务，是对技术的商业化、产业化的实现过程。前沿科学技术不等同于未来产业，但未来产业一定需要前沿科学技术的支持。

未来产业的形成，需要通用技术、专有技术和生产工艺技术等多种前沿性技术的协同。通用技术是指技术突破不局限于某一个具体行业，能够影响大多数行业的技术，能够全面解决经济社会发展所面临的一些基本问题，带来全面、系统、普遍的产业流程改观和产品换代升级。专有技术是指在通用技术的基础上，结合不同领域进一步深化形成的新技术，如新能源技术、航天技术等，一般只能适用于某一个具体领域。生产工艺技术是指用于改进产品制造流程、提高生产效率和产品质量的技术，聚焦如何优化资源利用、提升产能和质量控制，最终推动整个制造或服务流程的进步。要形成一个新的未来产业，仅靠某一个领域的技术成果是难以实现的，需要三类技术协同创新、相互作用。

三类技术的背后分别对应了基础研究、应用研究与开发研究，基础研究是应用研究和开发研究的源头。要从源头和底层解决关键核心技术问题，必须加强基础研究。发展未来产业，更要加强基础研究，提升研究实力。因此，前瞻布局未来产业，需要打通从基础研究、应用研究到产业化的创新全流程过程。习近平总书记指出，科技成果转化为现实生产力，表现形式为催生新产业、推动产业深度转型升级。打通基础研究到产业化的链条，更迫切需要完善科技成果转化机制，将具体潜力的技术转化为生产力，推动前沿科技成果落地。

4. 未来产业具有长周期、高风险和不确定性等特征，需要健全容错纠错机制、加大耐心资本支撑

未来产业的复杂性、技术不确定性和创新性使其在发展过程中不可避免地会遇到失败和错误，如何建立健全鼓励创新、包容创新的容错纠错机制，在全社会营造鼓励创新、宽容失败的良好氛围，是加快培育未来产业的重要前提。从国际经验看，硅谷的创新文化高度容忍失败，并善于从错误中吸取教训，也是其成功的一个重要因素。目前国内多数地方的监管制度体系仍以传统体系为主，不能完全匹配未来产业未知性的特征，对新技术和新产业的预评估和包容性不足。借鉴国际经验，下一步亟须优化前沿领域失败容错纠错机制，建立健全与创新相适应的长周期考核和监管机制。

腾讯研究院发布的《数字化转型指数报告 2023——构建未来产业竞争力》显示，从投资次数分布情况来看，未来产业在初创阶段和风险投资早期

的企业占比较高，占到获得融资且未上市企业的 3/4 以上，表明大量未来产业企业仍属于发展初期。未来产业需要多样化的资金来源，包括政府资金、风投资本、私募基金以及银行贷款等。但当前未来产业的基础设施建设略显不足，国家层面暂无专门支持未来产业技术研究的重大专项，和未来产业紧密相关的基础科研与前沿技术研究主要来自专项资金、政策性引导基金的部分支持。大部分资金主要集中在传统产业和短期见效的项目中，能够用于支持未来产业的长期资金较少。耐心资本是相对于短期投资而言的长期投资资本，是具有明确指向性、长周期成长性、风险规避性和总体收益性的中长期投资。无论是突破“卡脖子”技术，还是培育未来产业新动能，耐心资本都是科创长跑中极为重要的支撑力量，未来产业迫切需要“耐心资本”提供服务保障。2024 年 9 月，上海宣布组建总规模 100 亿元的未来产业基金，采用“直接投资+子基金投资”模式，以政府投资引导的方式提振早期科技投资市场信心，促进创新源头的优秀成果转化为新质生产力。如何壮大耐心资本，创新顶层制度机制，加强政策引导、政府支持，引导更多社保资金、保险资金参与创投基金，都将是下一步要解决的重要问题。

二、多措并举，推动未来产业高质量发展

1. 发挥新型举国体制优势，统筹优化未来产业发展布局

一是加强顶层设计，解决“往哪投”的难题。利用新型举国体制优势，发挥政府重大科技创新组织者作用，探索“国家出题+专家答题+市场阅卷”的模式，面向一些科技源头问题、基础问题做好探索性研究，尤其是一些已知的关键技术，发布前沿技术攻关目录与未来产业发展指引，部署一批战略性、储备性技术研发项目。落实好正确处理顶层设计与实践探索关系的要求，借鉴发达国家经验并结合我国产业发展的基础和条件，以国家战略需求为导向，科学谋划布局，使制定的规划和政策体现时代性、把握规律性、富于创造性。优化未来产业的时序布局，按照近期、中期、远期的发展策略，近期实现重点赛道突破，中期打造一批未来产业重点集群，远期抢占未来产业全球战略制高点。加强前瞻谋划和政策引导，坚持“全国一盘棋”统筹优化未来产业布局，避免各地区各部门大量重复建设，因地制宜构建未来产业培育

链条。

二是完善资金保障体系，解决“谁领投”的难题。针对未来产业孵化培育周期长、不确定性大等特点，匹配相适应的长期资本，形成政府引导、社会资本为主的投资格局。发挥财政资金的杠杆效应和导向作用，鼓励耐心资本参与未来产业发展，支持保险资金、社保资金等各类长线资金依法投资市场化国家级科创引导基金。鼓励金融机构创新开发适合未来产业特征的金融产品与服务，引导社会资本“投早、投小、投长期、投硬科技”，探索投贷联动、投保联动、投债联动、投贷保联动等新模式。

三是培育市场主体，解决“谁来干”的难题。引导和鼓励现有企业布局未来产业前沿领域，积极培育一批未来产业龙头企业。加快推动高成长性创新型企业发展，鼓励未来产业领域创新创业，发掘和培育高技术、高成长、高价值的中小企业，培育扶持壮大一批未来产业细分领域中的专精特新“小巨人”企业。

2. 加快培育科技领军企业，打造世界级现代产业集群

一是聚焦重点技术领域培育科技领军企业。要发挥新型举国体制的优势，以体系化和整体性思想，前瞻性、系统性地科学布局和有组织地培育科技领军企业。科技领军企业作为中国企业参与科技强国建设和国际科技竞争的“国家队”，要发挥引领支撑作用，赋能传统产业数智化改造，促进新兴产业发展，推动未来产业前瞻性布局，打通从科技强到企业强、产业强、经济强的通道。用好国内大市场和丰富应用场景，聚焦人工智能、智能网联新能源汽车、新型储能、氢能、生物制造、商业航天等重点未来产业，超前部署，加快产出原创性、突破性、引领性重大科技成果。聚焦产业基础高级化、产业链现代化，打造具有国际竞争力的创新型产业集群。

二是强化民营企业创新的主体地位。相关数据显示，从事空天技术、类脑智能等未来产业的企业数量从 2019 年底的 14 万余家上升到 2024 年 5 月底的 36 万余家，其中民营企业占比超过 96%。发展未来产业，既要发挥国有企业“顶天立地”的优势，也要充分利用民营企业最贴近市场、最清楚应用、最有条件把科技成果转化的优势，支持民营企业参与重大科技创新项目、积极参与未来产业发展之中，在开展关键核心技术攻关中形成一批未来产业的初创企业、瞪羚企业和独角兽企业。充分发挥民营经济在创新上具有承担风

险的独特作用，激发民营企业市场竞争和技术革新意识。引导大型民营企业建立研究院等研发平台，并以效果为评价导向给予资金支持。重点支持民营企业在创新成果转化孵化的关键节点发力，引导产业研究院、国家和省级实验室、技术转化中心等向民营经济组织开放，鼓励大型企业以“众研、众包、众筹”方式支持中小企业深度参与产业链、创新链配套协作，为民营经济组织科技研究开发、科技成果转化提供基础条件、技术服务和支撑。

3. 加强产业链上下游协同创新，提高产业链供应链韧性

一是引导和建立以产业链纵向技术关系为基础的技术创新联盟。以产业链纵向技术关系为基础的技术创新联盟，是指以同一条产业链上下游不同产业的企业为主体，以促进产业链关键技术、核心技术突破为主要目标，形成的联合开发、优势互补、利益共享、风险共担的技术创新合作组织。政府要通过政策支持、搭建平台、提供基础设施等方式，引导企业建立或直接建立以产业链纵向技术关系为基础的技术创新联盟，通过纵向协同和资源整合，加速技术创新、技术共享、数据互通，减少研发中的重复和孤立，提升整体竞争力，推动整个产业链技术升级和未来产业突破。

二是构建沿产业链的“竞合”创新路径。加强产业共性技术创新平台建设，鼓励发展“官产学研”合作创新模式进行未来产业共性技术开发。通过制定政策、优化环境、提供补贴、减少税收等手段，提供有利于高等院校、科研院所和企业合作进行产业共性技术开发的创新环境，推进研发合作链条的形成，从而加快共性技术开发速度。建议由政府主导，企业、高校、科研机构共同参与，设立联合研发中心或实验室，各方可以根据各自的技术优势和资源贡献，共同推进特定共性技术的研发。

4. 建设高水平新型研发机构，提升前沿技术创新能力

一是创新新型研发机构体制机制。探索新型研发机构设立非营利科研机构独立法人身份，完善相关法律保障，研究设立《新型研发机构法》等。支持新型研发机构通过企业化管理模式，设立理事会或董事会，负责战略规划和重大决策。鼓励新型研发机构引入市场化的考核和激励机制，推行自负盈亏的经营模式，通过技术服务、技术转让、成果孵化等多种方式获得收益，增强机构的自我造血能力。支持新型研发机构对科研人员的科研成果、专利

转让、技术服务等给予明确的收益分配比例，通过技术入股、股权激励等方式，确保科研人员在成果转化过程中能够获得实质性的回报。

二是依托新型研发机构，全方位推进重大科技基础设施建设。发挥新型研发机构的特点，加强各种创新主体的协同创新，打造跨学科、跨领域、产学研用协同的高效科技攻关体系，强化未来产业领域的基础研究能力，不断提升新型研发机构的创新能力。把握科技创新融合发展态势，着力构建相互渗透、交叉融合的科研体系，提升前沿科技研究能力，推动基础研究与产业应用的结合，推动新兴学科与传统学科融合发展。

5. 推动综合性国家科学中心建设，凸显创新资源集聚效应

一是完善综合性国家科学中心布局。推动怀柔、张江、合肥、大湾区等综合性国家科学中心建设，推动优势科研力量和重大科技基础设施集群发展，进一步提高集中度、显示度和国际影响力。建设全国综合性国家科学中心网络，协同组织国际大科学计划和大科学工程。

二是夯实战略科技力量。以国家目标和战略需求为导向，统筹布局国家重大科技基础设施，强化基础研究和应用基础研究，加快建设一批体量更大、学科交叉融合、综合集成的国家实验室。加快建设中试验证和成果转化基地，破解科技成果转化难题，提升行业和企业自主创新能力。

三是推进综合性国家科学中心攻关关键核心技术。以科技创新引领产业创新，聚焦提升重点产业链的创新能力和创新水平，以“揭榜挂帅”的方式组织实施一批关键技术攻关项目，提升创新硬实力，打造关键核心技术发源地。积极探索完善社会主义市场经济条件下关键核心技术攻关新型举国体制，打好关键核心技术攻坚战。

6. 优化区域协同创新布局，提升区域创新能级和竞争力

一是完善产业链与创新链协同升级机制，提升原始创新能力。产业链和创新链各自有其自行的运行规律，既不能将其完全等同，也不能将其完全割裂，高质量的发展必定是产业链与创新链协同的发展，高水平开放式区域协同创新体系必须是一种能促进产业链和创新链双向互嵌、协同升级的体系。围绕重点领域，应打造一批综合实力强、创新体系完善、产学研用结合紧密的创新利益共同体，通过区域创新体系的社会网络，动员各类创新资源共同

参与，在较短时间内推动未来产业关键技术实现突破。

二是完善区域创新网络，提高创新的质量与效率。进一步推动开放创新合作，推进政产学研资深度融合，提升科技成果转化能力，推动一批重要科研成果“沿途下蛋、就地转化”。完善科技金融服务体系，建立多元化的风险投资主体，打造覆盖科技企业全生命周期的科技金融支持和服务体系。着力优化创新创业生态，把开放创新作为新时代发展动能，吸引全球高端人才、先进技术、资金等创新要素集聚，提升区域创新能力。

7. 突出产业需求导向，以市场机制拉动创新链升级

一是建立以产业需求为导向的研发模式。探索“科产教”融合发展，依托重点龙头企业，深化教育改革，增强科技创新对产业需求支撑作用，强化政府统筹推动作用，促进教育链、人才链、创新链、产业链有机衔接，全面提升人才培养、学科建设、科技创新、产业创新协同能力，打造企业、高校与科研机构等创新主体间的创新共同体。

二是实施需求导向型技术攻关。充分发挥技术创新的市场需求筛选功能，探索建立未来产业需求年度征求机制，组织开展需求导向型的科技创新项目，着重解决未来产业发展中碰到的共性关键问题，提升技术转化率与应用率。建立健全产业界与高校、科研机构等的信息沟通交流平台，完善技术熟化、计量、标准化、认证认可、检验检测等支撑平台，推动科研成果和产业发展互利互惠。

8. 完善创新要素一体化市场，提供技术突破的要素支撑

一是构建人才自由流动机制。在创新部门中，采用互派挂职、项目合作等方式，推动高校、研究机构、企业及政府间人才的交流互动。在区域间，避免各自实施短期人才政策进行恶意竞争，打造吸引人才的宏观环境，形成共享科技人才的良性格局。

二是打造统一的科技大市场。部分区域建设了科技大市场，但未实现区域之间的协同发展。建议加强区域战略合作，共同构建规模更大、标准更统一的科技大市场，汇聚共享专利、科技论文、科研仪器设备等科技创新资源。

9. 推进科技体制改革，打造创新要素活力迸发的新局面

一是健全科技成果转化体制机制。加大对科技人员的创新激励，积极落实国家赋予科研人员职务科技成果所有权或长期使用权试点的工作。探索建立科技成果决策尽职免责机制，加大对创新活动的支持和保障。探索建立同股不同权制度，保证科技企业健康可持续发展。

二是优化科研项目组织方式。基础研究采取“集中+分散”的项目制组织方式，给予长期稳定的财政支持，给予高等院校、科研机构更大的科研项目自主选择权。应用研究聚焦产业重大需求和“卡脖子”问题，以链主型、生态引领型企业为中心，采用“揭榜挂帅”“全球悬赏”“直接委托”等支持方式，联合产业链各类创新主体共同开展攻关，构建活力迸发的创新创业生态。

参考文献

[1] Banerjee S., Lin P. Vertical research joint ventures [J]. International Journal of Industrial Organization, 2001, 19 (2): 285-302.

[2] Belderbos R., Carree M., Lokshin B., et al. Inter-temporal patterns of R&D collaboration and innovative performance [J]. Journal of Technology Transfer, 2015, 40 (1): 123-137.

[3] Birgit A., Tobias S. Empirical Evidence on the Success of R&D Cooperation-Happy Together [J]. Review of Industrial Organization, 2008, 3 (1): 41-61.

[4] Boons F., Chertow M., Park J., Spekkink W., et al. Industrial symbiosis dynamics and the problem of equivalence: proposal for a comparative framework [J]. Journal of Industrial Ecology, 2017, 21 (4): 938-952.

[5] Borgstedt P., Neyer B., Schewe G. paving the road to electric vehicles-a patent analysis of the automotive supply industry [J]. Journal of Cleaner Production, 2017, 167: 75-87.

[6] Burhop C., Lübbers T. Incentives and innovation? RD management in Germany' s chemical and electrical engineering industries around 1900 [J]. Explorations in Economic History, 2010, 47 (1): 100-111.

[7] Chen Y., Rong K., Xue L., et al. Evolution of collaborative innovation network in China' s wind turbine manufacturing industry [J]. International Journal of Technology Management, 2014, 65 (1-4): 262-299.

[8] Cooke P. The New wave of regional innovation networks: analysis, Characteristics and Strategy [J]. Small Business Economics, 1996, 8 (2): 159-171.

[9] Corredoira R. A., Banerjee P. M. Measuring patent' s influence on

technological evolution: a study of knowledge spanning and subsequent inventive activity [J]. Research Policy, 2015, 44 (2): 508-521.

[10] Daim T. U., Rueda G., Martin H., et al. Forecasting emerging technologies: use of bibliometrics and patent analysis [J]. Technological Forecasting and Social Change, 2006, 73 (8): 981-1012.

[11] D' Aspremont C. Cooperative and non-cooperative R&D in duopoly with spillover [J]. The American Economic Review, 1988 (78): 1133-1137.

[12] Gao J., Han H., Hou L., et al. Pricing and effort decisions in a closed-loop supply chain under different channel power structures [J]. Journal of Cleaner Production, 2015. In press.

[13] Geum Y., Lee H., Lee Y., et al. Development of data-driven technology roadmap considering dependency: an ARM-based technology roadmapping [J]. Technological Forecasting and Social Change, 2015, 91: 264-279.

[14] Gibbs D. Eco-industrial parks and industrial ecology: strategic niche or mainstream development [M]. Cheltenham, UK: Edward Elgar, 2009: 73-102.

[15] Hess S., Siegwart R. Y. RD Venture: proposition of a technology transfer concept for breakthrough technologies with RD cooperation: a case study in the energy sector [J]. The Journal of Technology Transfer, 2013, 38 (2): 153-179.

[16] Ishii A. Cooperative R&D between vertically related firms with spillovers [J]. International Journal of Industrial Organization, 2004 (22): 1213-1235.

[17] Johnston R. Future critical and key industrial technologies as driving forces for economic development and competitiveness [C]. UNIDO Technology Foresight Summit, 2007.

[18] Kapoor R., Furr N. R. Complementarities and competition: unpacking the drivers of entrants' technology choices in the solar photovoltaic industry [J]. Strategic Management Journal, 2015, 36 (3): 416-436.

[19] Kapoor R., Lee J. M. Coordinating and competing in ecosystems: how organizational forms shape new technology investments [J]. Strategic Management Journal, 2013, 34 (3): 274-296.

[20] Klarin A., Ray P., Sharmelly R. Industrial modernization and business

strategies in transition economies [C]. Australian and New Zealand International Business Academy Conference (ANZIBA), 2018.

[21] Lee C., Song B., Park Y. An instrument for scenario-based technology roadmapping: how to assess the impacts of future changes on organisational plans [J]. Technological Forecasting and Social Change, 2015, 90: 285-301.

[22] Li Y. R. The technological roadmap of Cisco' s business ecosystem [J]. Technovation, 2009, 29 (5): 379-386.

[23] Loof H. Multinational enterprises and innovation: firm level evidence on spillover via R&D collaboration [J]. Journal of Evolounary Economics, 2009, 19 (1): 41-71.

[24] Maiti T., Giri B. C. A closed loop supply chain under retail price and product quality dependent demand [J]. Journal of Manufacturing Systems, 2014, 9: 9.

[25] Moore J. F. Predators and prey: a new ecology of competition [J]. Harvard Business Review, 1993, 71 (3): 75-86.

[26] Nieth L., Benneworth P., Charles D., et al. Embedding entrepreneurial regional innovation ecosystems: reflecting on the role of effectual entrepreneurial discovery processes [J]. European Planning Studies, 2018, 26 (11): 2147-2166.

[27] Oh D. S., Phillips F., Park S., et al. Innovation ecosystems: a critical examination [J]. Technovation, 2016, 54: 1-6.

[28] Pandza K., Wilkins T. A., Alfoldi E. A. Collaborative diversity in a nanotechnology innovation system: Evidence from the EU Framework Programme [J]. Technovation, 2011, 31 (9): 476-489.

[29] Radziwon A., Bogers M., Bilberg A.. Creating and capturing value in a regional innovation ecosystem: a study of how manufacturing smes develop collaborative solutions [J]. International Journal of Technology Management, 2017, 75 (1-4): 73.

[30] Strauss J. D., Radnor M. Roadmapping for dynamic and uncertain environments [J]. Research-Technology Management, 2004, 47 (2): 51-58.

[31] Taddeo R., Simboli A., Ioppolo G., et al. Industrial symbiosis, networking and innovation: the potential role of innovation poles [J]. Sustainability, 2017, 9 (2): 169.

［32］ Vonortas. Research joint ventures in the US ［J］. Research Policy, 1997, 26 (4): 577-595.

［33］ Wagner C. S. Critical technologies in a global context: a review of national reports ［C］. In Technology Foresight. Asia Pacific Economic Forum: Bangkok, Thailand, 1997.

［34］ Wagner C. S., Popper S. W.. Identifying critical technologies in the united states: a review of the federal effort ［J］. Journal of Forecasting, 2003, 22 (2-3): 113-128.

［35］ Wei J., Zhao J., Li Y. Pricing decisions for complementary products with firms different market powers ［J］. European Journal of Operational Research, 2013, 224 (3): 507-519.

［36］ Yasunaga Y., Watanabe M., Korenaga M. Application of technology roadmaps to governmental innovation policy for promoting technology convergence ［J］. Technological Forecasting and Social Change, 2009, 76 (1): 61-79.

［37］ 安璐. 全球科技创新中心：内涵、要素与发展方向 ［J］. 人民论坛·学术前沿，2020 (6): 6-15.

［38］ 曹方，王楠，何颖. 我国四大综合性国家科学中心的建设路径及思考 ［J］. 科技中国，2021 (2): 15-19.

［39］ 曹如中，刘长奎，曹桂红. 基于组织生态理论的创意产业创新生态系统演化规律研究 ［J］. 科技进步与对策，2011，28 (3): 64-68.

［40］ 曹霞，刘国巍. 基于博弈论和多主体仿真的产学研合作创新网络演化 ［J］. 系统管理学报，2014，23 (1): 21-29.

［41］ 曾国屏，苟尤钊，刘磊. 从“创新系统”到“创新生态系统” ［J］. 科学学研究，2013，31 (1): 4-12.

［42］ 曾路，汤勇力，李从东. 产业技术路线图：探索战略性新兴产业培育路径 ［M］. 北京：科学出版社，2014.

［43］ 曾宪奎. 我国构建关键核心技术攻关新型举国体制研究 ［J］. 湖北社会科学，2020 (3): 26-33.

［44］ 常青. 科技创新推动区域经济高质量发展的对策研究——以广西为例 ［J］. 安徽科技，2020 (8): 30-33.

［45］ 陈芳，眭纪刚. 新兴产业协同创新与演化研究：新能源汽车为例 ［J］. 科研管理，2015，36 (1): 26-33.

［46］陈进东，张永伟，梁桂林，等．中国工程科技 2035 关键技术选择与评估［J］．中国软科学，2019（8）：144-153.

［47］陈劲，阳镇，尹西明．双循环新发展格局下的中国科技创新战略［J］．当代经济科学，2021，43（1）：1-9.

［48］陈劲，阳镇，朱子钦．“十四五”时期“卡脖子”技术的破解：识别框架、战略转向与突破路径［J］．改革，2020（12）：5-15.

［49］陈劲，尹西明，阳镇．新时代科技创新强国建设的战略思考［J］．科学与管理，2020，40（6）：1-5.

［50］陈劲，朱子钦．关键核心技术“卡脖子”问题突破路径研究［J］．创新科技，2020，20（7）：1-8.

［51］陈劲．产业关键核心技术“卡脖子”问题的突破路径［J］．中国经济评论，2021（2）：64-67.

［52］陈雪，李炳超，叶超贤．广东省新型研发机构竞争力评价指标体系研究［J］．科技管理研究，2019，39（1）：70-76.

［53］陈衍泰．创新管理：从创新网络、创新系统到创新生态系统的演化［J］．研究与发展管理，2018，30（4）：1，6.

［54］丛知．试论“未来产业”［J］．中国科技信息，2005，（23）：173.

［55］代建生，孟卫东．基于 CVaR 的供应链联合促销的回购契约协调研究［J］．中国管理科学，2014（7）：43-51.

［56］邓龙安，刘文军．产业技术范式转移下区域战略性新兴产业自适应创新管理研究［J］．科学管理研究，2011，29（2）：7-11.

［57］杜传忠，刘忠京．基于创新生态系统的我国国家创新体系的构建［J］．科学管理研究．2015，（4）：6-9.

［58］樊纲，樊建平．国家战略科技力量：新型科研机构［M］．北京：中国经济出版社，2022.

［59］樊纲，郑宇劼，曹钟雄．双循环：构建“十四五”新发展格局［M］．北京：中信出版社，2021.

［60］樊纲．构建新发展格局，如何补短板创新机？［N］．华夏酒报，2021-02-23（A02）.

［61］樊纲．“发展悖论”与发展经济学的“特征性问题”［J］．管理世界，2020，36（4）：34-39.

［62］樊纲．“新型举国体制”要防“科技烂尾”［J］．中国中小企业，

2021（4）：19.

［63］樊纲．中国经济双循环：布局全球与扩大内需［J］．开放导报，2021（2）：7-10.

［64］樊海林，程远．产业生态：一个企业竞争的视角［J］．中国工业经济，2004，（3）：29-36.

［65］樊继达．以新型举国体制优势提升关键核心技术自主创新能力［J］．中国党政干部论坛，2020（9）：48-51.

［66］樊建平，杨建华．新型科研机构建设的创新实践与认识［J］．广东科技，2018，27（4）：25-29.

［67］冯冠平，王德保．创新技术平台对深圳科技经济发展的作用［J］．中国软科学，2005（7）：15-19，24.

［68］付苗，张雷勇，冯锋．产业技术创新战略联盟组织模式研究——以td产业技术创新战略联盟为例［J］．科学学与科学技术管理，2013，34（1）：31-38.

［69］高照军，张宏如．企业成长与创新视角下的产业链升级研究［J］．科研管理，2019，40（5）：24-34.

［70］巩永华，薛殿中．不同合作方式下ICT低碳技术产业链协同创新博弈分析［J］．系统工程，2016（11）：39-46.

［71］苟尤钊，林菲．基于创新价值链视角的新型科研机构研究——以华大基因为例［J］．科技进步与对策，2015，32（2）：8-13.

［72］官建成，何颖．基于dea方法的区域创新系统的评价［J］．科学学研究，2005，23（2）：265-272.

［73］郭本海，陈玮，吕东东．基于GERT网络的战略性新兴产业技术瓶颈探测模型［J］．系统管理学报，2017，26（4）：728-736.

［74］郭燕青，何地．新能源汽车产业创新生态系统研究——基于网络关系嵌入视角［J］．科技管理研究，2017（22）：141-147.

［75］韩健，李雨凌，孙美玉．解码未来空间产业的新图景［J］．经济，2024（8）：43-46.

［76］韩正涛，张悟移．供应链协同创新中知识转移的收益共享机制［J/OL］．计算机工程与应用：1-10［2019-11-26］．http：//kns. cnki. net/kcms/detail/11. 2127. TP. 20190815. 1708. 029. html.

［77］胡京波，欧阳桃花，谭振亚，等．以sf民机转包生产商为核心企业

的复杂产品创新生态系统演化研究［J］．管理学报，2014（8）：1116-1125.

［78］胡旭博，原长弘．关键核心技术：概念、特征与突破因素［J/OL］．科学学研究，1-15［2021-10-13］．https：//doi.org/10.16192/j.cnki.1003-2053.20210811.002.

［79］黄鲁成，成雨，吴菲菲，等．关于颠覆性技术识别框架的探索［J］．科学学研究，2015，33（5）：654-664.

［80］黄鲁成．关于区域创新系统研究内容的探讨［J］．科研管理，2000（2）：43-48.

［81］黄欣，蔡煜锋，胡德华，等．全球医疗领域脑机接口技术专利分析及启示［J/OL］．世界科技研究与发展，1-18［2024-10-16］.

［82］黄幸婷，杨煜．后危机时代战略性新兴产业发展研究——基于核心技术联盟知识创造过程的视角［J］．中国科技论坛，2010，8：36-40.

［83］黄永春，郑江淮，张二震．依托于nvc的新兴产业开放互补式技术突破路径——来自昆山新兴产业与传统产业的比较分析［J］．科学学研究，2014，32（4）：519-530.

［84］蒋石梅，吕平，陈劲．企业创新生态系统研究综述——基于核心企业的视角［J］．技术经济，2015，34（7）：18-23.

［85］解学梅，罗丹，高彦茹．基于绿色创新的供应链企业协同机理实证研究［J］．管理工程学报，2019，33（3）：116-124.

［86］金常飞，王馨．再制造绿色供应链中企业决策与政府激励策略分析［J］．中国科技论坛，2012，191（3）：74-80.

［87］金瑛，方晓东．韩国科学技术预测调查及其对我国的启示［J］．世界科技研究与发展，2018，40（2）：182-190.

［88］巨星，徐超，郝俊红，等．新型储能技术进展与挑战Ⅲ：储能集成技术、安全技术和系统规划调度［J］．太阳能，2024（9）：39-48.

［89］黎欢，彭爱东．专利引文三种关键技术挖掘方法比较分析——以全息摄影技术为例［J］．图书情报工作，2013，57（20）：98-103.

［90］黎晓东，孟潇，西桂权，等．美欧科技创新概念验证对北京建设全国科技创新中心的启示［J］．科技智囊，2020（10）：76-80.

［91］李建玲，李纪珍．产业共性技术与关键技术的比较研究——基于北京市科委资助科研项目的统计［J］．技术经济，2009，28（6）：11-17.

［92］李静，高飞，秦素娟，等．量子网络系统研究进展与关键技术分

析［J］．中国工程科学，2023，25（6）：80-95.

［93］李军凯，高菲，龚轶．构建面向未来产业的创新生态系统：结构框架与实现路径［J］．中国科学院院刊，2023，38（6）：887-894.

［94］李升泉．外部冲击对企业供应链协同创新的影响和最优决策研究［J］．系统工程，2017（6）：40-48.

［95］李万，常静，王敏杰，等．创新 3.0 与创新生态系统［J］．科学学研究，2014，32（12）：1761-1770.

［96］李晓锋．“四链”融合提升创新生态系统能级的理论研究［J］．科研管理，2018，39（9）：113-120.

［97］李晓华，王怡帆．未来产业的演化机制与产业政策选择［J］．改革，2021（2）：54-68.

［98］李欣，黄鲁成，吴菲菲．面向战略性新兴产业的技术选择模型及应用［J］．系统管理学报，2012，21（5）：634-641.

［99］李宗活，杨文胜，陈信同．基于零售商创新投入的双渠道供应链协调策略［J］．控制与决策，2019，34（8）：1754-1760.

［100］刘钒，吴晓烨．国外创新生态系统的研究进展与理论反思［J］．自然辩证法研究，2017（11）：49-54.

［101］刘志彪．用现代化产业链理念认识国有和民营经济［N］．人民政协报，2018-10-25（003）.

［102］刘志迎，范云，晋盛武．需求约束下的产业创新动态系统进化博弈研究［J］．科学学与科学技术管理，2007（12）：55-59.

［103］刘志迎，冷宗阳．中国制造业企业创新链协同发展实证研究［J］．管理现代化，2015，35（6）：34-36.

［104］刘志迎，李芹芹．产业链上下游链合创新联盟的博弈分析［J］．科学学与科学技术管理，2012（6）：36-41.

［105］刘志迎，马朝良．中国自主创新道路演化及特征比较研究［J］．管理现代化，2014，34（3）：43-45.

［106］柳卸林，马雪梅，高雨辰，等．企业创新生态战略与创新绩效关系的研究［J］．科学学与科学技术管理，2016，37（8）：102-115.

［107］柳卸林，杨博旭，肖楠．我国区域创新能力变化的新特征、新趋势［J］．中国科学院院刊，2021，36（1）：54-63.

［108］龙海波．未来产业创新生态：框架、实践与动能［J］．人民论坛·

学术前沿，2024（12）：29-39.

［109］吕璞，林莉．基于开放式创新的供应链企业协同创新模型研究［J］．科技管理研究，2014，34（1）：197-200.

［110］吕巍，郭冰，王丽丽．纵向研发联盟的稳定性及社会福利分析［J］．系统管理学报，2009，18（4）：421-427.

［111］吕一博，蓝清，韩少杰．开放式创新生态系统的成长基因——基于ios、android和symbian的多案例研究［J］．中国工业经济，2015（5）：148-160.

［112］马朝良．产业链现代化下的企业协同创新研究［J］．技术经济，2019，38（12）：42-50.

［113］马朝良．西部区域科技创新发展方略［J］．开放导报，2021（5）：95-102.

［114］马玎，叶建木，刘思施．制度压力调节下的企业生态创新与盈利性的关系研究［J］．管理学报，2016，13（2）：275.

［115］马茹，王宏伟．科技人才红利与中国区域经济增长［J］．广东社会科学，2019（2）：40-48.

［116］梅亮，陈劲，刘洋．创新生态系统：源起、知识演进和理论框架［J］．科学学研究，2014，32（12）：1771-1780.

［117］穆荣平，任中保．技术预见德尔菲调查中技术课题选择研究［J］．科学学与科学技术管理，2009，7：70-74.

［118］欧忠辉，朱祖平，夏敏，等．创新生态系统共生演化模型及仿真研究［J］．科研管理，2017（12）：52-60.

［119］潘巧，范琼，汤书昆．“巴斯德式”发展模式——法国巴斯德研究所科技创新模式［J］．世界科技研究与发展，2018，40（5）：528-532.

［120］祁明，林晓丹．基于triz论区域创新生态系统的构建［J］．科技管理研究，2009，29（9）：444-446.

［121］钱照明，陈辉明，吕征宇，等．电力电子系统集成理论及若干关键技术［J］．科学技术与工程，2004，4（7）：580-583.

［122］瞿浩翔，徐江，徐静妤．未来产业颠覆性技术创新的时空现象学研究［J］．中国工程科学，2024，26（3）：239-256.

［123］任保平，朱晓萌．新时代我国区域经济高质量发展转型和政策调整研究［J］．财经问题研究，2021（4）：3-10.

［124］芮明杰．构建现代产业体系的战略思路、目标与路径［J］．中国工业经济，2018（9）：24-40．

［125］盛朝迅．打好产业链现代化攻坚战［N］．经济日报，2019-09-10（013）．

［126］苏敬勤．重视中小制造企业在解决卡脖子技术中的关键作用［J］．中国科技论坛，2020（6）：7-9．

［127］孙冰，周大铭．基于核心企业视角的企业技术创新生态系统构建［J］．商业经济与管理，2011，1（11）：36-43．

［128］孙海鹰．关于新型研发机构创建和发展的若干问题［J］．经济导刊，2024（7）：84-89．

［129］孙涛涛，金碧辉．关键技术挖掘与企业技术竞争情报——以 dvd 激光头技术为例［J］．图书情报工作，2008，52（5）：129-132．

［130］孙正心，顾光青，陶纪明．上海新型研发机构案例调研分析［J］．科学发展，2015（1）：98-106．

［131］谭玲玲，李倩，喻冬冬．公平关切下供应链协同创新中的知识共享行为博弈［J］．工业技术经济，2018，37（10）：109-119．

［132］谭天伟．生物制造助力加快培育新质生产力［J］．人民论坛·学术前沿，2024（16）：5-12．

［133］汤志伟，李昱璇，张龙鹏．中美贸易摩擦背景下“卡脖子”技术识别方法与突破路径——以电子信息产业为例［J］．科技进步与对策，2021，38（1）：1-9．

［134］陶爱萍，张丹丹，刘志迎．链合创新：概念模型、模式和效率分析［J］．科技进步与对策，2013，30（11）：51-55．

［135］田晓．企业技术创新生态化及其发展思路探索［J］．郑州大学学报（哲学社会科学版），2006，39（5）：85-88．

［136］万劲波，崔志明，浦根祥．技术预见、关键技术选择与产业发展［J］．科学学研究，2003，21（1）：41-46．

［137］汪发元．构建“双循环”新发展格局的关键议题与路径选择［J］．改革，2021（7）：64-74．

［138］王春法．关于科技社团在国家创新体系中地位和作用的几点思考［J］．科学学研究，2012，30（10）：1445-1448．

［139］王聪聪，钟新龙，高旖蔚，等．人形机器人发展动向、趋势研判

及有关建议［J］. 机器人产业，2024（4）：16-29.

［140］王海花，谢富纪，周嵩安．创新生态系统视角下我国实施创新驱动发展战略的“四维”协同框架［J］. 科技进步与对策，2014（17）：7-11.

［141］王宏．创建综合性国家科学中心城市的科创资源比较［J］. 杭州科技，2020（6）：43-44.

［142］王立军，王书宇．四大综合性国家科学中心建设做法及启示［J］. 杭州科技，2020（6）：22-28.

［143］王文隆，王成军，胡海华．基于制造商创新的零售商需求预测信息共享研究［J］. 软科学，2019，33（7）：70-78.

［144］王小林，谢妮芸．未来产业：内涵特征、组织变革与生态建构［J］. 社会科学辑刊，2023（6）：173-182.

［145］王雪莹．未来产业研究所：美国版的“新型研发机构”［J］. 科技智囊，2021（2）：12-17.

［146］王元地，刘凤朝．国家创新体系国际化实现模式与中国路径——基于中、德、日、韩的案例［J］. 科学学研究，2013，31（1）：67-78.

［147］王振旭，朱巍，张柳，等．科技创新中心、综合性国家科学中心、科学城概念辨析及典型案例［J］. 科技中国，2019（1）：48-52.

［148］闻卉，曹晓刚，黎继子. 基于 CVaR 的供应链回购策略优化与协调研究［J］. 系统工程学报，2013（2）：211-217.

［149］吴绍波，刘敦虎，彭双．战略性新兴产业创新生态系统技术标准形成模式研究［J］. 科技进步与对策，2014（18）：68-72.

［150］伍春来，赵剑波，王以华．产业技术创新生态体系研究评述［J］. 科学学与科学技术管理，2013（7）：113-121.

［151］武春友，邓华，段宁．产业生态系统稳定性研究述评［J］. 中国人口·资源与环境，2005，15（5）：20-25.

［152］武建龙，于欢欢，黄静，等．创新生态系统研究述评［J］. 软科学，2017（3）：1-3.

［153］肖群，马士华. CVaR 准则下考虑信息预测成本的供应链协调机制［J］. 系统工程理论与实践，2014（12）：3043-3049.

［154］谢富纪．我国突破关键核心技术制约的几个根本性问题［J］. 国家治理，2020（45）：26-28.

［155］徐浩然，许箫迪，王子龙．产业生态圈构建中的政府角色诊断

［J］. 中国行政管理，2009（8）：83-87.

［156］薛澜，陈玲，王刚波，等. 中美产业创新能力比较：基于对 ic 产业的专家调查［J］. 科研管理，2016，37（4）：1-8.

［157］闫瑞峰. 科技创新新型举国体制：理论、经验与实践［J］. 经济学家，2022（6）：68-77.

［158］杨建华. 新型科研机构建设的实践与思考［J］. 支部建设，2019（10）：7-8.

［159］杨思莹. 政府推动关键核心技术创新：理论基础与实践方案［J］. 经济学家，2020（9）：85-94.

［160］杨耀武. 技术预见学概要［M］. 上海：上海科学普及出版社，2006.

［161］叶茂，江洪，郭文娟，等. 综合性国家科学中心建设的经验与启示——以上海张江、合肥为例［J］. 科学管理研究，2018，36（4）：9-12.

［162］余东华. "十四五"期间我国未来产业的培育与发展研究［J］. 天津社会科学，2020（3）：12-22.

［163］余江，陈凯华. 中国战略性新兴产业的技术创新现状与挑战［J］. 科学学研究，2012，5：82-95.

［164］袁野，汪书悦，陶于祥. 人工智能关键核心技术创新能力测度体系构建：基于创新生态系统视角［J］. 科技进步与对策，2021，38（18）：84-93.

［165］詹湘东. 技术创新生态化区域创新系统研究的新视角［J］. 科技管理研究，2005，25（2）：70-72.

［166］张杰. 中国关键核心技术创新的特征、阻碍和突破［J］. 江苏行政学院学报，2019（2）：43-52.

［167］张羽飞，原长弘. 产学研深度融合突破关键核心技术的演进研究［J/OL］. 科学学研究，1-15［2021-10-13］. https：//doi. org/10. 16192/j. cnki. 1003-2053. 20210811. 001.

［168］张治河，苗欣苑. "卡脖子"关键核心技术的甄选机制研究［J］. 陕西师范大学学报（哲学社会科学版），2020，49（6）：5-15.

［169］张子健，刘伟，张婉君. 基于不确定条件下的供应商参与协同设计决策分析［J］. 中国管理科学，2008，16（3）：95-101.

［170］赵放，曾国屏. 多重视角下的创新生态系统［J］. 科学学研究，2014，32（12）：1781-1788.

［171］赵磊. 中国制造业产业链存在的问题及对策研究［D］. 长春：吉林大学，2011.

［172］赵天一. 战略性新兴产业科技金融支持路径及体系研究［J］. 科技进步与对策，2013，30（8）：24-26.

［173］赵一鸣，孙运涛，孙晓蕾. 颠覆性技术早期识别方法及其在氢能源领域的应用［J］. 图书情报工作，2024，68（17）：95-108.

［174］周华，周水银. 基于顾客价值的供应链企业协同创新研究［J］. 管理学报，2016，13（10）：1557-1562.

［175］周绍东，王昌盛. 基于合作博弈的战略性新兴产业技术路线选择研究［J］. 科技管理研究，2014，34（24）：90-95.

［176］周文辉，林华，陈晓红. 价值共创视角下的创新瓶颈突破案例研究［J］. 管理学报，2016，13（6）：863-870.

［177］朱桂龙，蔡朝林，许治. 网络环境下产业集群创新生态系统竞争优势形成与演化：基于生态租金视角［J］. 研究与发展管理，2018，30（4）：7-18.

［178］邹艳，陈宇科，董景荣. 三级供应链内中游企业纵向合作研发策略［J］. 管理工程学报，2011（1）：216-220.